Baltes/Dorp/Schnell/Trischler

Ist die Vorlesung noch zu retten?
Entwicklungslabor akademische Beredsamkeit

Saarbrücker Schriften zur Rhetorik

herausgegeben von

Prof. Dr. Norbert Gutenberg
Prof. Dr. Maximilan Herberger
Prof. Dr. Peter Riemer
Prof. Dr. Stephan Weth

Band 1

Ist die Vorlesung noch zu retten?

Entwicklungslabor
akademische Beredsamkeit

von

Eva Baltes
Katharina Dorp
Marco Schnell
Franziska Trischler

Verlag Alma Mater

Die Deutsche Bibliothek verzeichnet diese Veröffentlichung in der Deutschen Natio-
nalbibliographie. Die bibliographischen Daten im Detail finden Sie im Internet unter
http://dnb.ddb.de

ISBN 978-3-935009-48-5

Vorwort

Schlüsselkompetenzen zu fördern und zu vermitteln, das hat sich die Universität des Saarlandes auf die Fahnen geschrieben, als sie 2008 das Zentrum für Schlüsselkompetenzen gründete. Parallel dazu wurden die Studiengebühren eingeführt. Dadurch wurde es möglich, zahlreiche Initiativen, Projekte und Angebote für Studierende und Lehrende in der Universität zu fördern, die unter anderem ihre Weiterentwicklung in Richtung ihrer Lehr-Lern-Kompetenzen unterstützen sollten.

Hier tritt das Projekt „Entwicklungslabor akademische Beredsamkeit" und die kollegiale Zusammenarbeit zwischen den Professoren Prof. Dr. Norbert Gutenberg, Prof. Dr. Maximilian Herberger, Prof. Dr. Peter Riemer und Prof. Dr. Stephan Weth auf den Plan. Sie sind mit dem Projektziel in der Studiengebührenkommission angetreten, zu prüfen, ob und wie die Vorlesung zu retten sei. So der allererste Blick.

Sehr schnell erkannte die damals zuständige Studiengebührenkommission, dass die Initiative der vier Professoren wunderbar mit den Aufgabengebieten des Zentrums für Schlüsselkompetenzen – darin insbesondere der Hochschuldidaktik – in eine kooperative Verknüpfung gebracht werden konnte. So begann eine Zusammenarbeit, die sich wechselseitig in ihrer Entwicklung bereicherte. Das Zentrum für Schlüsselkompetenzen hat die hoch motivierten Projektakteure – die vier Professoren, zwei wissenschaftliche Mitarbeiter/innen und viele studentische Hilfskräfte – mit einem Initiativworkshop unterstützt, in dem die Feedback-Kultur im Rahmen der Projektentwicklung „Entwicklungslabor akademische Beredsamkeit" kooperativ reflektiert wurde. Die verantwortlichen Professor/innen haben auf der Basis der Ergebnisse des Entwicklungsprojekts einen Hochschuldidaktik-Workshop „Die Vorlesung" für das Zentrum für Schlüsselkompetenzen angeboten. Dieser ermöglichte es den Lehrenden der Universität des Saarlandes, spezifische Elemente und Methoden kennen zu lernen, wie noch vielfältiger, interaktiver, kooperativer und zielorientierter mit den Studierenden und in Zusammenarbeit mit Hochschullehrer/innen in der Vorlesung gearbeitet werden kann.

Dieses Buch enthält einen wahren Schatz von Möglichkeiten, die Vorlesung aus einem zu engen Korsett mit der möglichen Zuspitzung – der Professor spricht und der Studierende empfängt schweigend - zu befreien; und diesen Anspruch auch in und für große Gruppen zu realisieren. Denn es ist gar nicht so einfach, eine Gruppe von 50-200 Studierenden in den Lehr-Lern-Prozess kooperativ und aktiv einzubinden. In diesem Buch finden Sie zahlreiche Anregungen und Alternativen, wie dies umgesetzt werden kann.

Eingehen möchte ich darüber hinaus auf die besondere Art und Weise der Zusammenarbeit, die die Projektgruppe pflegte, um auch die Spezifität der akademischen Beredsamkeit produktiv weiterzuentwickeln. Die vier Professoren sagten mir einmal: „Wir versuchen die Vorlesung von unten. Die Studierendenperspektive ist uns bei der Weiterentwicklung der Vorlesung besonders wichtig." Im vorliegenden Buch finden Sie diesbezüglich spannende Erfahrungselemente, wie die Einbindung der Studierendenperspektive umgesetzt und in den Lernprozess der Projektgruppe engagiert eingebunden wurde.

Besonders beeindruckend war die kollegiale Zusammenarbeit, die zwischen den vier Professoren selbst entwickelt wurde. Mit ihr wurde an eine kooperative Praxis angeknüpft, in der Hochschullehrer/innen mehr und mehr die Türen der Vorlesungen, Seminare und Übungen füreinander öffnen und in einen Kompetenz- und Erfahrungsaustausch miteinander treten.

Vor all diesen Hintergründen ist es mir eine Ehre, von der Projektgruppe angesprochen worden zu sein, zu den vorgelegten Projektergebnissen des „Entwicklungslabors akademische Beredsamkeit" ein Vorwort zu schreiben; ein Projekt, das im wahrsten Sinne des Wortes die akademische Beredsamkeit reflektiert, weiterentwickelt und das Format „Vorlesung" mit vielfältigsten Umsetzungsvarianten fundiert.

Birgit Roßmanith

(Zentrum für Schlüsselkompetenzen – Hochschuldidaktik)

Vorbemerkung

Was bringt zwei Juristen, einen Altphilologen und einen germanistischen Sprechwissenschaftler an einen Tisch? Nicht die Tatsache, dass sie ein und derselben Universität angehören und einander gelegentlich auf dem Campus begegnen, auch nicht, dass sie allesamt in dieser oder jener Form interdisziplinär arbeiten. Nein, es ist das gemeinsame Interesse an Sprache in ihrer bewusst gestalteten Form, im Redevortrag oder im fachlichen und interdisziplinären Dialog, mit einem Wort: es ist das gemeinsame Interesse an Rhetorik.

Die fachlich je verschiedene, aber konvergierende Neigung zu rhetorischer Grundlegung und rhetorischer Praxis führten Max Herberger, Norbert Gutenberg, Peter Riemer und Stephan Weth im Jahre 2006 zum ersten Mal im Gespräch zusammen. Die Juristen suchten nach Möglichkeiten, Rhetorik als berufsspezifische Qualifikation in das Studium einzubinden und darüber hinaus weiter zu erfassen. Der Klassische Philologe betrachtet die Rhetorik vornehmlich aus ihrer historischen Perspektive. Dem Sprechwissenschaftler sind Sprache und Sprechen täglich Brot.

Alle vier sind fasziniert vom interdisziplinären Wesen der Rhetorik als abendländischem Bildungsideal. Und so formierten sie sich zu einem rhetorischen Quartett. Die erste Komposition, die sie einstudierten, war das ‚Entwicklungslabor Akademische Beredsamkeit'. Während Philipp Melanchthon und Friedrich Schleiermacher explizit das Pädagogische als ein rhetorisches Genus verstanden, behandelt die Hochschuldidaktik diese sektorale Rhetorik sine verbo.

So begannen wir mit zwei Mitarbeiterinnen und studentischen Hilfskräften im Sommersemester 2009 das Projekt ‚Entwicklungslabor akademische Beredsamkeit (ELAB)' unter der Leitfrage: Ist die Vorlesung noch zu retten?

Finanziert wurde das Projekt zunächst aus Studiengebühren, später dann aus den Kompensationsmitteln für eben diese Studiengebühren.

Alle Rettungsringe, -boote, -westen und -bojen die wir gefunden haben, sind in diesem Band versammelt, der gleichzeitig der erste unserer neuen Reihe ist: Saarbrücker Schriften zur Rhetorik.

Saarbrücken, im Frühjahr 2011   *Die Herausgeber*

Inhaltsverzeichnis

1
Entstehung und Vorbereitung
des Projekts im 1. Projektsemester

„Ist die Vorlesung noch zu retten?" Unter dem Druck einer eher größer werdenden Studierendenzahl und verschulterer Studiengänge aufgrund der Umstellung auf Bachelor- und Master-Abschlüsse wird sich auf absehbare Zeit wohl nichts daran ändern, dass die Vorlesung die wichtigste und dominante Lehrform im universitären Lehrbetrieb ist.[1] Im Zuge des Bologna-Prozesses wurden nicht nur Studiengänge und Abschlüsse starken Veränderungen unterzogen, damit einher ging auch eine Veränderung in Bezug auf den Stellenwert der Lehre. Entsprechend empfiehlt der Wissenschaftsrat: „Die Studierenden in ihrem Lernen bestmöglich zu unterstützen, steht im Mittelpunkt aller Anstrengungen der Lehrenden und der Hochschulen in Studium und Lehre. (...) Eigeninitiative und Eigenverantwortung der Studierenden sollten gleichermaßen gefördert und eingefordert werden. Ein solches Rollenverständnis von Lehrenden und Lernenden ist zu flankieren mit Veranstaltungsformen, die förderliche Lehr- und Lernsituationen schaffen und das aktive Lernen unterstützen."[2] Die „Bologna-Ideen" wie Lernerzentrierung und die Berücksichtigung der studentischen Gesamtarbeitszeit fordern auch eine Veränderung der Lehrmethoden.[3] Nicht zuletzt bedarf es deswegen eines stärkeren Fokus auf die Hochschuldidaktik, insofern auch „als Lernziel dezidiert Methodenkompetenzen festgeschrieben werden".[4] Das Entwicklungslabor akademische Beredsamkeit (ELAB) an der Universität des Saarlandes hat deshalb das Augenmerk auf die Vorlesung gerichtet.

---

1   Vgl. Apel, Hans J. *Die Vorlesung. Einführung in eine akademische Lehrform.* Köln, Weimar, Wien: Böhlau, 1999. S. 30.

2   Wissenschaftsrat. „Empfehlungen zur Qualitätsverbesserung von Studium und Lehre." [www.wissenschaftsrat.de/texte/8639-08.pdf] . 25.2.2010.

3   Vgl. Ertel, Helmut und Silke Wehr. „Bolognagerechter Hochschulunterricht." *Lernprozesse fördern an der Hochschule. Beiträge aus der hochschuldidaktischen Praxis.* Bern, Stuttgart, Wien: Haupt Verlag, 2008. S.13 - 28.

4   Waldherr, Franz und Claudia Walter. *didaktisch und praktisch: Ideen und Methoden für die Hochschullehre.* Stuttgart: Schäffer-Pöschel, 2009.

Wurzelnd in der Tradition der Philosophenschulen im antiken Griechenland[5], hat sich die Vorlesung als akademische Grundform der Wissensvermittlung über die Jahrhunderte hinweg und weltweit etabliert.[6] Doch bedenkt „man den Tenor der deutschsprachigen Literatur der Hochschuldidaktik seit den sechziger Jahren, dann liegt scheinbar nichts ferner, als die hergebrachte Vorlesung kultivieren zu wollen."[7] Die Vorlesung vermittle monologisch und autoritär, könne durch die in ihr herrschende „authoritarian social situation"[8] kritisches Denken nicht fördern und sei ineffizient, da sie statt aktiver Aneignung von Wissen nur „Nach-Denken und Nach-Schreiben" fördere.[9] Dies sind die wichtigsten Kritikpunkte an Vorlesungen, wie sie immer wieder aufgeführt werden.[10]

So wie schon seit dem 19. Jahrhundert scharfe Kritik an der Vorlesung geübt wird[11] gibt es allerdings auch positive Stimmen, die die Vorzüge dieser Lehrform herausstellen. Die Vorlesungssituation könne sehr wohl zum Widerspruch und zur Auseinandersetzung mit der dargebotenen Lehrmeinung anregen. An Lehrvorträge könnten sich durchaus auch Einsprüche und heiße Diskussionen anschließen, so dass keineswegs nur von „Einbahnkommunikation" gesprochen werden könne.[12] Außerdem dürfe die Bedeutung nicht unterschätzt werden, die die direkte Ansprache der Zuhörenden gegenüber dem einsamen Lernen mit einem Lehrbuch habe. „Die Anregung beginnt mit der Lebendigkeit des Dozierenden, der aktuelle Bezüge herausstellen, kürzliche Ereignisse einbeziehen, Gewichtungen vorliegender Positionen vornehmen und begründen kann. Auf diese Weise können Lehrende das Interesse der Zuhörenden (...) unterschiedlich ansprechen."[13]

Die häufige Kritik am didaktischen und rhetorischen Können der Lehrenden, das besonders in Vorlesungen beklagt wird, macht deutlich, dass diese Mängel behoben werden müssen. Hochschuldidaktische Weiterbildungsmaßnahmen, wie z.B. die „berufsbegleitende Weiterbildung zur hochschuldidaktischen Moderation", setzen dort an, indem sie den Hochschullehrenden Kurse wie

---

5   Vgl. Apel, 1999. S. 20.
6   Vgl. ebd. S. 29.
7   Apel, 1999. S. 7.
8   Bligh, Donald. *What's the Use of Lectures?* Exeter: Intellect, 1998. S. 8.
9   Vgl. Apel, 1999. S. 30.
10 Vgl. Ardjomandy, Amir. *Virtuelle Vorlesung. Die kognitiven, intentiven und kommunikativen Aspekte einer emergenten Lehr- und Lernkultur.* München: Univ. Diss., 2004. S. 198.
11 Vgl. Apel, 1999. S. 31.
12 Vgl. ebd. S. 36.
13 Ebd. S. 38. Vgl. auch Johannes Wildt, der den Vorteil einer Vorlesung „gerade in der persönlichen Perspektive auf den Lehrstoff und die Art seiner Durcharbeitung" sieht. (Wildt, Johannes, Encke, Birgit und Karen Blümcke (Hg.). *Professionalisierung der Hochschuldidaktik: Ein Beitrag zur Personalentwicklung an Hochschulen.* Bielefeld: Bertelsmann, 2003. S. 201).

„Lehrveranstaltungen lerngerecht planen" oder „(Klein-)Gruppenarbeit anleiten in Lehrveranstaltungen" anbieten.[14] Diese Herangehensweise suggeriert allerdings auch, dass es „in der Macht der Dozierenden liegt, diese Lehrform so umzugestalten, dass Studierende mitdenken und nachfragen können."[15] Dass der/die Lehrende und die Form der Vorlesungsgestaltung eine große Rolle für den Erfolg einer Vorlesung spielt, steht außer Frage. Damit die Vorlesung auch in Zukunft gegen berechtigte Einwände bestehen kann, muss dafür gesorgt werden, dass „die Darbietung in rhetorischer wie in didaktischer Hinsicht"[16] zufriedenstellend bewerkstelligt wird. Vernachlässigt wird jedoch durchweg der Punkt, dass zum Erfolg einer Lehrveranstaltung genauso auch die Zuhörenden beitragen können und müssen. „Die Hörsaalsituation wird immer von zwei Seiten gestaltet, von den Studierenden ebenso wie von den Dozenten."[17] Das betonte auch schon Friedrich Daniel Ernst Schleiermacher, der „Lehren/ Lernen im wesentlichen als einen Kommunikationsprozeß"[18] verstanden wissen wollte. Der/die beste Redner/in kann keinen Erfolg erzielen, wenn das Auditorium nicht zuhören will. Hier ist bei den studentischen Zuhörenden „Selbständigkeit durch Selbsttätigkeit" gefragt.[19] Nicht „die Menge an Vorlesungen, sondern die Art, wie dieselben orientieren und anregen", d.h. auch, wie sich Studierende orientieren und anregen lassen, wirke bildend, so Fries[20]. Der Lecture-Forscher John McLeish beklagt, die Vorlesung würde „not necessarily engage the attention or the active participation of the auditor."[21] Die Aufgabe der Zuhörenden ist es, "wie bei jeder Informationsaufnahme"[22], zu entscheiden, was sie aufnehmen und wie sie das Aufgenommene weiterverarbeiten wollen. Hier setzt das „Entwicklungslabor akademische Beredsamkeit" (ELAB) an: Nach Schleiermacher, muss die Vorlesung bzw. der „Kathedervortrag (...) die Natur des Dialogs haben, wenn auch nicht seine äußere Form."[23]

---

14 Wildt, Johannes, 2003. S. 184 - 191 und S. 204 - 211.
15 Apel, 1999. S. 32.
16 Apel, 1999. S. 41.
17 Ebd. S. 56.
18 Gutenberg, Norbert. „Die Kunst der Mitteilung : Gedanken über die didaskalische, dabei besonders die akademische Beredsamkeit bei Friedrich Schleiermacher." Angela Biege und Ines Bose (Hrsg.). *Theorie und Empirie in der Sprechwissenschaft: Festschrift für Eberhard Stock.* Hanau, Halle: Dausien, 1998. S. 58.
19 Apel, 1999. S. 31.
20 Fries, 1895. S. 15 zit. nach Apel, 1999. S. 31.
21 McLeish, John. "The lecture method." Nathanael L. Gage (Hrsg.). *The psychology of teaching methods: seventy-fifth yearbook of the National Society for the Study of Education.* Chicago, Illinois: University of Chicago Press, 1976. S. 253.
22 Apel, 1999. S. 39.
23 Schleiermacher, Friedrich Daniel Ernst. „Gelegentliche Gedanken über Universitäten im deutschen Sinn." E. Weniger (Hrsg.). *Pädagogische Schriften.* Düsseldorf, München, 1957. S. 106. zit. nach Gutenberg, Norbert. „Über das Rhetorische und das Ästhetische - Ansichten Schleiermachers." Joachim Dyck, Walter Jens und Gert Ueding. *Literatur - Rhetorik - Poetik. Jahrbuch Rhetorik*

Eine Vorlesung, das ist der unverrückbare Ausgangspunkt, ist wie jede Form (mündlicher) Kommunikation „virtuell-dialogischer"[24] Natur. Das bedeutet, dass mindestens zwei Menschen etwas zur gemeinsamen Sache machen - redend wie hörend.[25] Zwar sind die Aufgaben des Redens und Zuhörens in der Vorlesung nicht paritätisch verteilt, doch lassen sich überhaupt nur wenige Kommunikationssituationen finden, in denen ein wirkliches Gleichgewicht vorherrscht. Die Kommunikationssituation einer Vorlesung ist also, wenn sie Kommunikation sein soll, eine „reziproke Verständigungshandlung"[26]. Nicht nur der/die Dozierende muss die Sache und sich selbst an die Zuhörenden vermitteln wollen, sondern auch die Zuhörenden müssen sich auf den Kommunikations- und Verständigungsprozess einlassen wollen, müssen also aktiv sein und aktiv sein wollen. „Diese dann und erst dann wechselseitige Gerichtetheit ist das Ergebnis absichtlicher Tätigkeit; es ist die das Miteinandersprechen prinzipiell fundierende Intentionalität."[27] Das ELAB hat daher auch zum Ziel, Möglichkeiten der Selbst-Aktivierung der Zuhörer/innen oder Aktivierung durch andere zu eruieren.

Dafür mussten sowohl Vorarbeiten geleistet werden, die in Erfahrung bringen sollten, wie Zuhören-Wollen oder Mitdenken-Wollen, also aktive Mitarbeit oder Aufmerksamkeit der Zuhörenden, erfasst werden können, als auch solche, die die jeweiligen Eigenheiten der Dozierenden und der Vorlesungssituationen beschreiben sollten.

1.1 Entstehung des Projektes

Es wurde ein Antrag[28] an die „Kommission zur Verwendung der Studiengebühren für fachübergreifende und zentrale Aufgaben" gestellt, um das Vorhaben aus allgemeinen Studiengebühren zu finanzieren. Das Projekt wurde im Antrag als fakultätsübergreifendes „Entwicklungslabor zum Thema Akademische Beredsamkeit" (kurz ELAB) benannt. Dort wurde als Konzeption beschrieben, dass innerhalb des gemeinsam die Vorlesung begleitenden Entwicklungslabors die Studierenden zu Gesprächspartnern der Dozierenden werden sollen und gewissermaßen die Professoren/innen aus ihrer Erfahrung heraus „coachen", was die studentische Erwartungs- und

---

Band 19. Tübingen: Niemeyer, 2000. S. 79.

24   Vgl. Geißner, Hellmut. „Rhetorische Kommunikation: Basisartikel." *Praxis Deutsch 33.* Seelze/ Velber: Friedrich Verlag, 1979. S. 10-21. S. 16.

25   Vgl Geißner, Hellmut. *Sprechwissenschaft: Theorie der mündlichen Kommunikation.* Königstein/ Ts.: Scriptor-Verlag, 1981. S. 45.

26   Vgl. ebd.

27   Ebd. S. 40.

28   Vgl. Anhang 1. Antrag an die Kommission. S. 1.

Wahrnehmungsperspektive angeht. Hier sollten sich Lehrende und Lernende auf Augenhöhe begegnen[29].

Der Antrag führte bereits einige mögliche Ansätze für die Durchführung des Projektes auf. So war beabsichtigt, aus den Vorlesungsteilnehmern/innen heraus ein Team von Studierenden zu bilden, welche im Rahmen eines Hilfskraftvertrages im Dialog mit den für die Vorlesung verantwortlichen Professoren (und in informeller Rückkoppelung zu den Kommiliton/inn/en in der Vorlesung) einen die Vorlesung begleitenden Optimierungsprozess organisieren sollten.[30] Auch sollte das ELAB Instrumente für eine Verbesserung der Lehre entwickeln, die auf dem gesamten Campus eingesetzt werden könnten. Da Vorlesungen seit der Modularisierung der Studiengänge einen noch höheren Stellenwert erhalten hatten, wäre eine Optimierung der Effizienz dieser akademischen Form von erheblicher Bedeutung. Ziel war es daher, eine Feedbackkultur zu initiieren, die in diesem Projekt mit dem Terminus **Vorlesungsintegrierter Dialog** bezeichnet wird und einen Beitrag zur Verbesserung der Kooperation zwischen Studierenden und Dozierenden leisten soll.[31]

Das Projekt ELAB wurde schließlich am 05. Dezember 2008 der Studiengebührenkommission vorgestellt. Dort standen die Studierenden dem Projekt zunächst mit größter Skepsis gegenüber. Bedenken bestanden vor allem darin, dass die studentischen Hilfskräfte als Entwicklungscoaches bzw. Feedbackgeber der Dozierenden auf gleicher Augenhöhe nach kritischen Feedbacks Nachteile bei Prüfungen bzw. Bewertungen erfahren könnten. Um diesen Bedenken zu begegnen, wurde vorgeschlagen und beschlossen, dass ein gemeinsames Feedbackseminar durchgeführt und ein Fairnessvertrag abgeschlossen werden sollte. Dieses Feedbackseminar sollte von einer außenstehenden Person organisiert und geleitet werden, damit Lehrende wie auch Studierende gemeinsam und in Unabhängigkeit daran teilnehmen könnten. Ziel des Fairnessvertrages sollte sein, dass sich die Dozierenden dazu verpflichten, niemanden wegen eines - wenn auch kritischen Feedbacks - zu benachteiligen. Damit konnten die Bedenken der Studierenden der Kommission ausgeräumt werden, sodass das ELAB schließlich im Januar 2009 vom Präsidium und von der „Kommission zur Verwendung der Studiengebühren für fachübergreifende und zentrale Aufgaben" bewilligt wurde.

Im „Antrag zur Förderung eines Vorhabens aus allgemeinen Studiengebühren" waren für die Detailkonzeption und -entwicklung der Instrumente

---

29 Vgl. Anhang 1. Antrag an die Kommission. S. 1.
30 Vgl. ebd.
31 Vgl. ebd. S. 3.

sowie der Methoden, der Dokumentation der wissenschaftlichen Auswertung, das Training und die Koordination der studentischen Hilfskräfte zwei wissenschaftliche Hilfskräfte mit einer halben Stelle geplant. Jedoch zeigte sich sehr schnell, dass das Anforderungsprofil der Aufgabe für wissenschaftliche Hilfskräfte zu hoch war, weshalb auch keine geeigneten Bewerbungen eingingen. Dies führte zur Entscheidung, zwei wissenschaftliche Mitarbeiter/innen einzustellen.

Für die Modellvorlesungen waren acht studentische Hilfskräfte á fünf Semesterwochenstunden je Semester geplant[32].

Zu Beginn wurden ab dem Sommersemester 2009 neben den beiden wissenschaftlichen Mitarbeiterinnen zur Unterstützung der Vorbereitung für den geplanten eigentlichen Projektstart zwei studentische Hilfskräfte eingestellt.

Vorgestellt wurde ELAB den Studierenden am 26. Mai 2009 in der Vorlesung Individualarbeitsrecht I. Diese Vorlesung wurde von den Mitarbeiter/inne/n des ELAB stets besucht und im anschließenden jour fixe diskutiert. In den wöchentlichen jours fixes traf sich das gesamte Team zum Austausch über den Stand des Projektes, entschied über mögliche Kooperationen sowie über zukünftige Aufgaben.

1.2 Vorlesungsbesuche

Als es um die Frage ging, welche Vorlesungen zu besuchen und auszuwerten seien, wurde auf Vorlesungen der am Projekt beteiligten Professoren zurückgegriffen.

Der wöchentliche Besuch der juristischen Vorlesung Individualarbeitsrecht I sowie die (etwas selteneren) Besuche von Vorlesungen in der Altphilologie und der Germanistik während des Sommersemesters 2009 wurden genutzt, um Instrumente zu Beobachtung des Kommunikationsverlaufs und -verhaltens der Teilnehmenden neu zu entwickeln oder zu verfeinern. Dieser Bemühung liegt die Auffassung zugrunde, dass wir auch in Vorlesungen von einer reziproken Verständigungshandlung ausgehen müssen. Daher bemühten wir uns, nicht allein die kommunikativen Tätigkeiten des/der Dozierenden zu erfassen, sondern auch die des Publikums, also der Gesprächspartner/innen des/der Dozierenden.

Es fiel auf, dass in der wöchentlich besuchten und beobachteten Vorlesung Individualarbeitsrecht I neben Phasen der reinen Informationsvermittlung

---

32 Anhang 1. Antrag an die Kommission. S. 4.

auch interaktive Phasen das Vorlesungsgeschehen prägten. Auslösend für solche interaktiven Phasen waren u.a. das Erzählen von Witzen durch den Dozierenden, das gemeinsame Nachlesen im Gesetzbuch, die Visualisierung komplexer Zusammenhänge, das Stellen prozeduraler Fragen oder auch das fragend-entwickelnde Unterrichtsgespräch.[33] Ausgehend von diesen Beobachtungen wurde der Untersuchungsschwerpunkt für das erste Projektsemester auf die Methode des Fragens, insbesondere des fragend-entwickelnden Unterrichtsgesprächs, gelegt. Die Methode des fragend-entwickelnden Unterrichtsgesprächs verfolgt das Ziel, die Lernenden durch Fragen der Lehrperson darin zu unterstützen, „einen Gegenstand zu durchdenken und ihn im gemeinsamen Gespräch zu erarbeiten. Daher wird die Methode auch häufig mit dem sokratischen Dialog verglichen."[34] Dabei wird für die Schule nach Prof. Cornelia Gräsel allerdings schon seit geraumer Zeit „die ausschließliche oder vorwiegende Verwendung dieser Methode aus der Perspektive der Lehr-Lernforschung (...) problematisch betrachtet".[35] Es besteht die Gefahr, dass den Beiträgen der Lernenden zu wenig Raum gegeben wird und diese lediglich als Stichworte für das weitere Vorgehen verwendet werden. Falsche Antworten werden häufig, so Gräsel, ignoriert oder ohne Begründung abgewiesen, so dass der Lernende nicht weiß, was an seiner Antwort unpassend oder falsch war. Schließlich stehen die Antwortenden unter großem Zeitdruck, da kaum längere „Denkzeiten" gegeben werden, sondern die Antwort schnell kommen muss, wenn nicht ein anderer oder die Lehrperson selbst die Frage beantworten soll.[36] So birgt „das fragend-entwickelnde Unterrichtsgespräch (...) insgesamt die Gefahr einer *geringen kognitiven Aktivierung der Schüler/innen*. Das sichtbarste Zeichen dafür besteht in der Regel in der Beteiligung weniger Schüler/-innen (...)."[37] Mithilfe des Beobachtungsinstrumentariums und der zweifachen Befragung der Besucher/innen der Vorlesung zu dieser Methode sollte überprüft werden, ob und inwieweit die Probleme, die Gräsel für die Schule aufzählt, auch für die Hochschule gelten. Dem liegt die Überlegung zugrunde, dass insbesondere in juristischen Vorlesungen keine Anwesenheitspflicht herrscht - im Gegensatz zum Schulunterricht - und die Lernenden Erwachsene sind, die sich freiwillig und aus Interesse für ihr Studium entschieden haben. Zu erwarten wäre daher also eine höhere Motiviertheit der Vorlesungsbesucher/

---

33 Für die Aufführung der wichtigsten beobachteten Tätigkeiten siehe Anhang 20. „Diagramme aus den Aufmerksamkeitsbögen."

34 Gräsel, Cornelia. „Das fragend-entwickelnde Unterrichtsgespräch: Eine problematische Kommunikationsform für das Lernen?" Norbert Gutenberg (Hrsg.). *Kommunikation in der Schule.* München: Reinhardt, 2004. S. 79.

35 Ebd.

36 Vgl. ebd. S. 81.

37 Ebd.

innen, sich mit Meldungen am Vorlesungsgeschehen zu beteiligen sowie das Wegbleiben solcher Studierender, die diese Methode grundsätzlich ablehnen. In diesem Zusammenhang muss berücksichtigt werden, dass in der beobachteten Vorlesung nicht nur Fragen gestellt wurden, auf die die Studierenden per Meldung Antwort gaben, sondern Vorlesungsbesucher/innen oftmals ohne Meldung aufgerufen wurden. Wie dieses Vorgehen von den Studierenden bewertet wurde, erweckte unser Interesse. Die erste Überlegung, die in einer Veranstaltung aufgerufenen Studierenden direkt im Anschluss an die Vorlesung zu interviewen[38], wie die Befragung bewertet wird, konnte nicht durchgeführt werden, da eine Vorstellung des Projektes und der Projektbeteiligten noch nicht stattgefunden hatte und solche Interviews zu Irritationen hätten führen können. Stattdessen einigte sich das Team des ELAB darauf, einen Fragebogen zu erstellen, der gleich alle Vorlesungsbesucher/innen dazu befragen sollte.

1.3 Fragebogen

Einer der ersten Versuche der Auswertung einer Veranstaltung stellte die Befragung der Studierenden in der Vorlesung Individualarbeitsrecht I von Prof. Dr. Weth dar.

Es wurde ein Fragebogen erstellt und an die Besucher/innen der Vorlesung verteilt, der u.a. den persönlich eingeschätzten Lernerfolg, den die Studierenden durch das fragend-entwickelnde Unterrichts- bzw. Vorlesungsgespräch erreichen würden, erfragt. Ebenso war die emotionale Befindlichkeit in der Vorlesungssituation, Antwort auf eine Frage geben zu müssen, von Interesse.[39] Da zum Zeitpunkt der Befragung 57,5% der befragten Studierenden weder aufgerufen worden waren noch sich gemeldet hatten, im Laufe des Semesters aber immer mehr Studierende das Wort ergriffen hatten, lag es nahe, einen zweiten Fragebogen zu erstellen, der noch einmal die Einstellung zum fragend-entwickelnden Unterrichtsgespräch und zu den Aufrufen von Seiten des Professors erfragte.[40] Weiterhin wurden die Studierenden im zweiten Fragebogen gebeten, andere Methoden, die in einer Vorlesung angewandt werden oder angewandt werden könnten, nach ihrer Tauglichkeit für Vorlesungen zu bewerten.

Die Ergebnisse der beiden Fragebögen bestätigen die These, dass sich die Studierenden mit der Zeit an die Methode gewöhnten und sich als Aufgeru-

---

38 Vgl. Anhang 5. Geplante Befragung Frageverhalten.
39 Vgl. Anhang 6. Erster Fragebogen Individualarbeitsrecht I.
40 Vgl. Anhang 7. Zweiter Fragebogen Individualarbeitsrecht I.

fene weniger unwohl fühlten als zuvor: Unter den Befragten gaben im zweiten Fragebogen 12% weniger als im ersten an, sich unwohl oder überrumpelt zu fühlen, wenn sie aufgerufen wurden, und 15 % mehr als bei der ersten Befragung fanden es „okay" befragt zu werden. Allerdings gaben im Mai insgesamt nur 13 von 88 Studierenden an, dass sie sich „wohl" oder sogar „sehr gut" fühlten, über die Fragen ein besonderer „Lerneffekt" erzielt würde oder sie sich dadurch mehr trauten, Wortbeiträge zu liefern. Im zweiten Fragebogen war es gerade 1% mehr. Vor allem zeigte sich durch den ersten Fragebogen, dass gerade diejenigen, die noch nicht aufgerufen worden waren und in den hinteren 10 Reihen saßen, sich zu 72% „nervös" und „überfordert" oder „nicht gut" und „unwohl" fühlen würden.

Dennoch gaben in der zweiten Befragung 76 % der Befragten an, die Methode „Fragen des Dozierenden" als sehr geeignet oder geeignet zu bewerten.[41]

Da der zweite Fragebogen die Bewertung der Eignung von Fragen als Methode für eine Vorlesung erhob, konnte allerdings auch festgestellt werden, dass nur 7 von 93 Befragten (das sind 7,6%) die Methode als nicht oder gar nicht geeignet bewerteten und von denen, die in letzter Zeit aufgerufen worden waren, lediglich 3% die Methode ungeeignet fanden.

Die befragten Studierenden in der Vorlesung bewerteten die Methode der Fragen des Dozierenden an die Studierenden durchschnittlich als durchaus geeignet für eine Vorlesung (der Mittelwert liegt in der zweiten Befragung bei 2,04 und wird nur von der Methode „Visualisierung" mit dem Mittelwert 1,35 übertroffen)[42]. Doch saßen in der Vorlesung sicher nicht nur Befürworter der Methode des fragend-entwickelnden Unterrichtsgespräches: Der erste Fragebogen erhob als Antwort auf die vierte Frage eine Bestimmung dessen, was eine gute Vorlesung bieten müsse. Lediglich zwei Studierende gaben hier Fragen als geeignete Methode an. Darüber hinaus wünschten sich 5 Studierende, dass der Dozent nur die Studierenden aufrufen solle, die sich freiwillig meldeten.[43]

Als Ergebnis der Fragebogenauswertung kann also festgehalten werden, dass sich im Laufe des Semesters die Gefühle geringfügig geändert haben, die Meinungen zur Methode aber nicht.

Weiterhin lässt sich feststellen, dass für Studierende, die in den hinteren Reihen sitzen, Visualisierungen und ein gutes Skript wichtiger zu sein scheinen als für die Studierenden in den vorderen Reihen: Zwei Studierende saßen in

---

41 Vgl. Anhang 8. Ergebnisse Fragebögen.Tabelle 9.
42 Vgl. ebd. Tabelle 7 und 9.
43 Vgl. Anhang 8. Ergebnisse Fragebögen. Tabelle 1.

den ersten 5 Reihen, 11 in den hinteren 5 Reihen.[44] Schließlich ließ die Beantwortung der vierten Frage des ersten Fragebogens erkennen, dass bei den Studierenden die Methode der Fallbeispiele großen Anklang findet. Ca. 27 % der Befragten gaben an, eine gute Vorlesung würde viele Fallbeispiele beinhalten.[45] Der erste Fragebogen hatte ergeben, dass die Einstellung dazu, von dem/der Dozierenden aufgerufen zu werden, in den verschiedenen Reihen unterschiedlich war. Um genaueres über die Dynamik des Fragens, Aufrufens und Wort Erteilens innerhalb der besuchten Vorlesung zu erfahren, wurden Beobachtungsbögen entwickelt.[46]

Zunächst stand im Beobachtungszeitraum vom 12. Mai bis 2. Juni 2009 das Antwortverhalten der Studierenden und Frage- und Aufrufverhalten des/der Dozierenden im Mittelpunkt.[47] Notiert wurden die Anzahl der Fragen und Antworten, der Aufrufe und Meldungen innerhalb der Vorlesung, die Zahl der „Wiederholungstäter/innen", also der Männer und Frauen, die innerhalb einer Veranstaltung mehrmals zu Wort kamen, sowie die geschlechtliche Verteilung[48] der zu Wort gekommenen. In den vier beobachteten Vorlesungen kamen zwischen 28 und 41 Studierende zu Wort. Bei einer Besucher/innen/zahl von etwa 150 Studierenden sind das 19 bis 27%. Während in den vier Veranstaltungen 77 Meldungen auftraten erfolgten doch deutlich mehr Aufrufe durch den Dozierenden (nämlich 108). Dabei stieg allerdings die Anzahl der Meldungen stetig an. Während sich am 12. Mai nur 7 Personen trauten, sich auf eine Frage zu melden, konnten am 2. Juni 32 Meldungen gezählt werden. Diese Beobachtung legt den Schluss nahe, dass Vorlesungsbesucher/innen durch die Methode des Aufrufens, auch wenn es im Moment nur wenigen gefällt, ihre Angst verlieren, sich in der Vorlesung zu äußern, und dazu ermuntert werden, mitzudenken und sich zu Wort zu melden. Bestätigen lässt sich diese These auch dadurch, dass es in jeder Vorlesung „Wiederholungstäter/innen" gab, also Student/innen, die mehrmals zu Wort kamen. Einschränkend muss allerdings erwähnt werden, dass die „Wiederholungstäter/innen" nicht immer zuerst aufgerufen worden waren und sie sich danach meldeten, sondern dass

---

44 Vgl. ebd.
45 Vgl. ebd.
46 Da die Auswertung der Bögen nach jeder Vorlesung zu neuen Fragestellungen und Schwerpunktverschiebungen führte, sind nahezu alle Bögen unterschiedlich. Dennoch sind viele Beobachtungspunkte gleich geblieben und ihre Ergebnisse ließen sich so über die Wochen hinweg vergleichen.
47 Vgl. Anhang 10. Beobachtungen Frage- und Antwortverhalten 12.05.09; Anhang 11. Beobachtungen Frage- und Antwortverhalten 19.05.09; Anhang 12. Beobachtungen Antwort- und Reaktionsverhalten 26.05.09; Anhang 13. Beobachtungen Frage- und Reaktionsverhalten 02.06.09.
48 Zu diesem Punkt lässt sich hinzufügen, dass in der Rechtswissenschaft grundsätzlich eine Verteilung von etwa 60% weiblichen zu 40% männlichen Geschlechts anzutreffen ist. Das kann den leichten Überschuss an Äußerungen von Studentinnen erklären.

auch die umgekehrte Reihenfolge der Fall sein konnte. Bemerkenswert ist jedoch, dass zwar in einer Veranstaltung nur zwischen 3 und 7 % mehrfach zu Wort kamen, sich diese Zahl aber von Veranstaltung zu Veranstaltung erhöhte (am 12. Mai ließen sich 4, am 2. Juni 10 „Wiederholungstäter/innen" ausmachen).[49]

Da der Lehrende die Angewohnheit besaß, mehrere Fragen zu stellen, bevor er eine Antwort per Meldung zuließ oder aufrufend einforderte, war die Unterteilung der gezählten Fragen in Fragenkomplexe und Teilfragen nötig geworden. Das hat vermutlich den Effekt, dass Studierende, die sich zu Wort melden wollten, ihre Antwort aufgrund der immer neuen Fragen verändern mussten. Negativ scheint sich dies allerdings selten auf die Meldefreudigkeit ausgewirkt zu haben.

Von zwei der Frage-Phasen wurde innerhalb einer Veranstaltung ein Tonmitschnitt und daraus wiederum eine Transkription erstellt, die die Beobachtung Gräsels bestätigt, dass sich die Antworten der Lernenden im fragendentwickelnden Unterrichtsgespräch weitgehend auf Stichworte reduzieren.

Aus den Ergebnissen des Fragebogens, des Tonmitschnitts und der Beobachtungsbögen lässt sich folgendes Fazit ziehen: Die These, dass das fragendentwickelnde Unterrichtsgespräch die Aktivität der Lernenden verringert, kann im universitären Kontext nicht bestätigt werden. Maßgeblich zu diesem Ergebnis beigetragen hat allerdings die Tatsache, dass der Lehrende Studierende auch aufrief, so dass die Studierenden unter permanentem Druck stehen, mitzudenken und gegebenenfalls schnell Antworten zu geben.

1.4 Beobachtungsbögen

„Die bekannte Tatsache, dass sowohl bei den Lehrenden als auch bei den Studierenden die Aufmerksamkeit während des Lehrvortrags - wenn auch unterschiedlich - nachlässt, wird viel zu wenig in ihrer Bedeutung für die Effektivität der Vorlesung erörtert."[50]

Die oft zitierte Studie zur Aufmerksamkeit in Vorlesungssituationen, veröffentlicht von Lloyd im Jahr 1968, stellte heraus, dass in einer idealtypischen Vorlesung von 50 Minuten die Aufmerksamkeit der Studierenden in den ersten 10 Minuten steigt, um dann im Zeitverlauf immer mehr zu sinken, und sich

---

49 Vgl. Anhang 144. Zusammenfassung Beobachtungen Frage- und Antwortverhalten; Anhang 15. Zusammenfassung Ergebnisse Beobachtungsbögen.
50 Apel, 1999. S. 88.

11

nur gegen Ende der Vorlesung, etwa 10 Minuten vor Schluss, wieder erhöht[51]. Dieser idealtypische Verlauf der Aufmerksamkeit von Studierenden - aber auch Lehrenden - innerhalb einer Vorlesung ist allerdings durchaus zu beeinflussen.[52] Der Fragestellung, welche Abwechslungen[53] zum Lehrvortrag die Aufmerksamkeit der Studierenden erhöhen können und für etwa wie lange, sollte im zweiten Beobachtungszeitraum nachgegangen werden.

In einer Vorlesung ist die Dialogizität nicht an der Verteilung der Redeanteile des Auditoriums zu messen, wie es in einem Gespräch getan werden kann. Der/die Dozierende spricht weitgehend alleine und selbst die Antworten auf Fragen, die der/die Dozierende an die Studierenden stellt, sind, wie wir mit Hilfe der Beobachtungsbögen und Tonmitschnitte registrieren konnten, meist stichwortartig kurz gehalten. Wir gehen allerdings davon aus, dass in einer Vorlesung gemeinsam Sinn konstituiert werden kann, und versuchen die Beteiligung des Auditoriums an der Sinnkonstitution über das Konzept der Aufmerksamkeit zu erfassen. Da die Vorlesung aber keine eins-zu-eins-Kommunikation ist, sondern eine/r mit vielen Zuhörer/inne/n Sinn konstituiert, ging es darum, eine Möglichkeit zu finden, die Aufmerksamkeit des gesamten Publikums zu erfassen, um gelingende oder weniger gelingende Sinnkonstitution zwischen den Kommunikationspartner/inne/n einer Vorlesung auszumachen. Im Zeitraum vom 9. bis 22. Juni 2009 wurden daher Vorarbeiten für einen „Aufmerksamkeitsbogen" durchgeführt.[54] Leitend für die Vorarbeiten war die Überlegung, dass die Aufmerksamkeit des Auditoriums längst nicht allein am Lärmpegel zu messen ist, den es während des Kommunikationsprozesses verursacht[55], sondern sich als Summe mehrerer Faktoren manifestiert. So wurden über drei Wochen hinweg Beobachtungen von Zuhörer/innenverhalten aller Art gemacht und gesammelt und ad hoc eine situative Bewertung vorgenommen, ob dieses Verhalten eher höherer oder niedrigerer Aufmerksamkeit zugeordnet werden könnte. Für diese Ex-

---

51 Vgl. zu diesem Ergebnis allerdings die kritische Diskussion bei Wilson, Karen und James H. Korn. „Attention During Lectures: Beyond Ten Minutes." *Teaching of Psychology* 34. London: Routledge, 2007. S. 85 - 89.

52 Gibbs und Habeshaw schlagen kurze Unterbrechungen, Wechsel im Gebrauch der Medien und der Präsentationsmethode vor, um die Studierenden immer wieder „aufzuwecken" und deren Aufmerksamkeit zu steigern. Da diese Vorschläge allerdings nicht durch Untersuchungen gestützt werden, ergibt sich hier ein Forschungsdesiderat, zu dem ein Beitrag geleistet werden sollte. (Vgl. Apel, 1999. S. 91).

53 Apel schlägt als Möglichkeiten vor: „zusammenfassende Strukturierung an der Tafel, anregend gestaltete Folie auf dem OHP, Beispiel(e), pointierte sprachliche Zusammenfassung mit erstens, zweitens, drittens". Ebd. S. 91 f.

54 Vgl. Anhang 16. Beobachtungsbogen Aufmerksamkeitsmanifestationen 16.6.09; Anhang 17. Beobachtungsbogen Aufmerksamkeitsmanifestationen 22.6.09.

55 Ein hoher Lärmpegel könnte z.B. dafür sprechen, dass viele Neben-Unterhaltungen stattfinden und dass mit dem Dozierenden nichts zur gemeinsamen Sache gemacht wird.

ploration dienten auch zwei weitere Vorlesungen, je eine in der Altphilologie und in der Germanistik, als Beobachtungslaboratorien. Die Beobachtungen in den drei verschiedenen Vorlesungen führten dazu, dass als Manifestationsmöglichkeiten von Aufmerksamkeit folgende Kategorien ausgemacht werden konnten: Mündliches (wie z.B. Flüstern, Dreiergespräche oder laute Kommentare), Körperliches (wie z.b. Zu- oder Abgewandtheit von den Dozierenden, Zusammenpacken), direkte Reaktionen (wie z.b. lachen, nicken, klopfen) und Artefakte (wie z.b. sicht- oder hörbares Mitschreiben, Blättergeräusche, Knistern oder Knacken von Papier oder Wasserflaschen) und Sonstiges (wie z.B. Husten, Räuspern oder Niesen).

Bis auf die Kategorie „direkte Reaktionen" ließ sich für die gefundenen Kategorien allerdings keineswegs eine klare Zuordnung zu höherer oder geringerer Aufmerksamkeit finden. Im Gegenteil erwiesen sich die meisten Kategorien als Manifestationen für hohe, genauso aber auch für niedrige Aufmerksamkeit.[56] Erst in der Zusammenschau der verschiedenen Verhaltensweisen und der jeweiligen spezifischen Situation lässt sich wohl sagen, wie aufmerksam das Publikum jeweils war. Um Aufmerksamkeitsschwankungen, aufgrund von endlicher geistiger Kapazität in einer 3-stündigen Vorlesung, nachzeichnen zu können und daraus gegebenenfalls Schlüsse für Veränderungen des Vorlesungsstils ziehen zu können, wurde ein Instrument entwickelt, das ein möglichst akkurates Abbild der Vorgänge im Publikum in Zusammenhang mit der jeweiligen Tätigkeit der Dozierenden und des gerade behandelten Themas zeichnen soll.

Aus den Vorarbeiten wurde ersichtlich, dass es zunächst mehrere Beobachter/innen geben müsste, die sich jeweils zwei Kategorien widmen und diese beobachtend notieren sollten.

Im Zeitraum vom 23. Juni bis 7. Juli 2009 wurde in den Individualarbeitsrecht I - Vorlesungen mit dem Aufmerksamkeitsbogen[57] gearbeitet. Drei Mitarbeiter/innen des Projektes beobachteten jeweils 2 Teilbereiche des Spektrums. Der Bogen ist an das Gesprächsverlaufssoziogramm[58] angelehnt und enthält eine vertikale Zeitachse, die Zuordnungen im 10 Sekunden-Takt möglich macht. Auf der horizontalen Ebene finden sich Spalten, die die Notation des spezifischen Verhaltens der Dozierenden und das Thema, das gerade besprochen wird[59] ermöglichen. In der Mitte kann das hör- und sichtbare Verhalten der

---

56 Vgl. Anhang 18. Erste Ergebnisse Beobachtungsbogen Aufmerksamkeit.
57 Vgl. Anhang 19. Aufmerksamkeitsbogen 1 -3.
58 Vgl. Geißner, Hellmut. *Sprecherziehung: Didaktik und Methodik der mündlichen Kommunikation.* Scriptor: Frankfurt am Main, 1982. S. 108 ff.
59 Der Fokus der Notation der Tätigkeiten des Professors lag zunächst darauf, außergewöhnliches

Studierenden in der Vorlesung nach Kategorien geordnet links und rechts notiert werden. Die Kategorien Mündliches, körperlicher Ausdruck und Artefakte sind dabei skalenartig angeordnet, so dass z.b. eine Markierung an der Stelle M1 bedeutet, dass hier keine mündlichen Äußerungen zu hören waren, während eine Markierung an der Stelle M7 wiedergibt, dass an dieser Stelle der ganze Saal in Gemurmel und Gerede ausgebrochen ist. Je nachdem wurde hier also entweder M1 oder M2 usw. notiert. In den Kategorien direkte Reaktionen, Kommunikationsräume und Sonstiges dagegen wurden keine Kontinua sondern einmalige Ereignisse erfasst, so dass hier etwa R1 - nicken, R2 - lächeln und R4 - klopfen gleichzeitig auftraten und notiert werden konnten.

Die Zusammenstellung der Beobachtungen der sechs Kategorien förderte ein sehr komplexes Bild zutage, das eindeutige Zusammenhänge nicht erkennen ließ. Es bestätigte sich der Eindruck, dass Stille längst nicht mit Konzentration und hoher Aufmerksamkeit gleichzusetzen ist und dass von einem hohen Lärmpegel nicht auf niedrige Aufmerksamkeit zu schließen ist. So wurde z.B. trotz hohen mündlichen Lärmpegels (M6) auf einen Witz des/ Dozierenden mit Lachen reagiert[60] - also offensichtlich zugehört - oder körperliche Unruhe (Ka3) registriert bei gleichzeitigem Schweigen (M1).[61] Je nach Fragestellung ließen sich durchaus weitere interessante Beobachtungen machen, die aufzuzählen aber den Rahmen an dieser Stelle sprengen würden.

Deshalb sind im Vergleich zur idealtypischen Aufmerksamkeitskurve von Lloyd starke Unterschiede festzustellen: Ginge man davon aus, dass anhand des mündlichen und körperlichen Unruhezustands Aufmerksamkeit festgestellt werden könnte, dann würden unsere Vorlesungen schwankungsreicher sein als die von Lloyd.[62]

Diese Abweichungen[63] lassen sich zum einen dadurch erklären, dass hier konkrete Vorlesungen beobachtet wurden und mit drei beobachteten Vorlesungen noch kein idealtypischer Durchschnitt zu erfassen ist, zum anderen dadurch, dass wir es hier mit den Vorlesungen eines Dozierenden zu tun haben, der die Aufmerksamkeit der Studierenden durchaus steuert, z.B. indem er Fragen

---

oder besonders Verhalten zu notieren. Das schlägt sich insbesondere im ersten Aufmerksamkeitsbogen (vom 23.06.2009) nieder, in dem ab Minute 60 keine professoralen Tätigkeiten mehr notiert wurden (vgl. Anhang Aufmerksamkeitsbögen Ergebnisse Vorlesungen aggregiert Tabelle 23.6.09_4 Professorale Tätigkeiten). In den folgenden Aufmerksamkeitsbögen wurden auch weniger außergewöhnliche Tätigkeiten des Professors notiert.

60 Vgl. Anhang 20. Diagramme aus den Aufmerksamkeitsbögen 07.07.09, 0:20:10 - 0:20:20 (Diagramm (1)).
61 Vgl. ebd. 07.07.09, 0:20:30 - 0:20:50 (Diagramm (1)).
62 Vgl. die Übersichten über den Verlauf der studentischen und professoralen Tätigkeiten der Vorlesungen vom 30.06.09 und 07.07.09 (Ebd. Diagramm (3)).
63 Vgl. z.B. 30.06.09, 0:00:00 - 15:00:00 (Ebd. Diagramm (3) oberer Teil).

stellt, Witze erzählt, anschauliche Beispiele gibt oder explizit um Ruhe bittet[64]. Hier liegt der entscheidende Unterschied zum Modell von Lloyd, das den Verlauf einer Vorlesungsstunde aufzuzeigen versucht, „in der Dozierende sich überhaupt nicht um die didaktische Gestaltung des Vortrags bemühen."[65]

Dieses im ELAB entwickelte Instrument hat zunächst nicht den Anspruch, eine idealtypische Aufmerksamkeitskurve darzustellen, sondern kann dazu dienen, dem/der Dozierenden im Nachhinein einen konkreten Eindruck der abgehaltenen Vorlesung zu geben und gegebenenfalls als Analysemanuskript Defizite oder Veränderungsmöglichkeiten für die Zukunft aufzuzeigen.

Verfeinert werden müssten für einen aussagekräftigen Gebrauch des Aufmerksamkeitsbogens allerdings die ausführlichere Notation der Handlungen des/der Dozierenden und die Skalen der kontinuierlichen Kategorien. Schließlich müssten die körperliche Zu- oder Abwendung vom Dozierenden, antwortende Studierende bzw. die Visualisierung am besten per Videoaufzeichnung festgehalten werden.

1.5 Einzelne Methoden zur Aktivierung

Weiterhin wurden Ideen zur Aktivierung gesammelt, um unserem Ziel näher zu kommen, dass Studierende sich mehr in die Vorlesung einbringen können. Deshalb wurden Methoden zur Aktivierung der Studierenden in verschiedenen Methodensammlungen und Handbüchern zur Schul- und Hochschuldidaktik gesucht und nach dem Kriterium der Anwendbarkeit - nicht nur in Seminaren und Kleingruppenveranstaltungen - sondern gerade in Vorlesungen ausgewählt.

Einige der gefundenen Methoden wurden bereits in der wöchentlich besuchten Vorlesung ausprobiert und die Studierenden dazu befragt, wie sie die entsprechenden Methoden bezüglich der Eignung in einer Vorlesung beurteilten.[66]

Am 26. Mai 2009 wurden die **Murmelgruppen**[67] (buzz groups) erprobt. Murmelgruppen können zur Auflockerung des Frontalunterrichts eingesetzt

---

64 Vgl. 30.06.09, 0:58:10 - 1:00:00 (Ebd. Diagramm (2)) Hier ist eine deutliche Veränderung der studentischen Aktivitäten sogar auf mehreren Ebenen ersichtlich: M, A und Ka sinken nach der professoralen Äußerung deutlich ab.
65 Apel, 1999. S. 90.
66 Vgl. Anhang 7. Zweiter Fragebogen Individualarbeitsrecht I.
67 Vgl. Berendt, Brigitte. „Hochschuldidaktischer Methoden-Fundus: Basiswissen." Berendt, Brigitte/ Voss, Hans P./ Wildt, Johannes (Hrsg.). *Neues Handbuch Hochschullehre: Lehren und Lernen effizient gestalten.* Stuttgart: Raabe, 2006. S. 16.

werden, z.B. im Anschluss an einen Vortrag. Die Studierenden sollen sich mit dem eben Gehörten auseinandersetzen und feststellen, ob sie alles verstanden haben. Sie werden aufgefordert, sich mit einem oder höchstens zwei Nachbarn zusammenzusetzen und vorgegebene Leitfragen zu besprechen, z.B. „Was muss ich noch nachfragen?" oder aber auch „Wie würde ich den Fall lösen?". Nach ungefähr fünf Minuten „Gemurmel" in den Murmelgruppen fragt der/ die Lehrende kurz nach: „Gibt es noch Informationsbedarf?" oder „Sind noch Fragen offen?", fragt einzelne Gruppen nach eventuell gefundenen Lösungsansätzen und fährt mit der Vorlesung fort. Die Methode der Murmelgruppen ist als Aktivierungsmethode in Vorlesungen sinnvoll, weil sie bei jeder Sitzordnung, auch bei großem Auditorium, anwendbar ist. Die Leitfragen und die Stellen in der Vorlesung, wo gemurmelt werden soll, müssen jedoch genau überlegt und vorbereitet werden. Bei häufigerem Einsatz lohnt es sich, hin und wieder die Sitzordnung zu ändern, was bei Vorlesungen freilich von ganz alleine geschieht, damit neue Gruppen miteinander murmeln können. Der Einsatz der Murmelgruppen in der Vorlesung Individualarbeitsrecht I wurde sehr unterschiedlich aufgenommen.[68]

Seit dem 02. Juni 2009 wurde der **Zettelkasten** in jeder Vorlesung eingesetzt.[69] Der Zettelkasten wurde im Vorlesungssaal aufgestellt und der Inhalt nach jeder Vorlesung ausgewertet.

Die Grundidee des Zettelkastens ist es, dass den Studierenden die Möglichkeit gegeben wird, Fragen und Anregungen, die während der Vorlesung (noch) nicht präsent oder aber auch aus Scheu nicht gestellt werden, auf „Zettel" zu schreiben und in den Zettelkasten einzuwerfen. In der nächsten Vorlesung werden die Fragen beantwortet und als Anregungen für eine Diskussion an das Publikum weitergegeben.

In den Vorlesungsstunden seit seiner Einführung wurde der Zettelkasten immer wieder genutzt, um organisatorische, aber auch um inhaltliche Fragen zu stellen oder Anregungen zu geben. Diese positive Aufnahme des Zettelkastens wurde noch einmal in der Beantwortung des zweiten Fragebogens sichtbar: Mehr als 2/3 der Befragten empfinden ihn als Methode in einer Vorlesung geeignet oder sehr geeignet.[70]

---

68 Vgl. Anhang 21. Protokoll vom 26.5.2009, aber auch das Ergebnis der zweiten Befragung (siehe Anhang 8. Ergebnisse Fragebögen Tabelle 8) Vgl. zu diesem Phänomen der erstaunlich schlechten Aufnahme der Methode der Murmelgruppe auf Seiten der Studierenden in der Vorlesung Individualarbeitsrecht I den Hinweis von Donald Bligh: „(…) it can cause resentment if students come expecting only to listen (…) as with all techniques that break the long-established habits of teaching, its purpose must first explained to obtain student assent." (Bligh,1998. S. 162).
69 Vgl. Anhang 22. Protokoll vom 02.6.2009.
70 Vgl. Anhang 8. Ergebnisse Fragebögen Tabelle 6.

Die **Visualisierung** des Vorgetragenen regt andere Sinne an als das bloße Zuhören und fördert damit in vielfältiger Weise das Lehren, Verstehen und Lernen.[71] Strukturen können sichtbar gemacht werden und bildliche Analogien können als Hilfestellungen dienen, das Gehörte leichter in seinen Kontext einzuordnen. Dadurch werden die Anforderungen an das Gedächtnis verringert und geistige Kapazitäten für die weiterführende Reflexion des eben Gelernten freigesetzt.

Schon im ersten Fragebogen erwähnten zahlreiche Befragte, dass eine gute Visualisierung die Güte einer Vorlesung ausmache.[72] Dieses Urteil bestätigte sich in der zweiten Befragung. Fast 96% der Befragten gaben an, Visualisierungen für ein geeignetes oder sehr geeignetes Instrument in Vorlesungen zu halten.[73]

---

71 Vgl. Görtz, Wim, Marks, Frank und Joachim Starry. „Visualisierung: Folien, Poster, Flipcharts. Prinzipien und Beispiele zur Gestaltung von Folien, Poster und Flipcharts für den Hochschulunterricht, für Tagungen und Workshops." Brigitte Berendt, Hans P. Voss und Johannes Wildt, (Hrsg.). *Neues Handbuch Hochschullehre: Lehren und Lernen effizient gestalten.* Stuttgart: Raabe, 2006. S. 3.
72 Vgl. Anhang 8. Ergebnisse Fragebögen Tabelle 1.
73 Vgl. ebd. Tabelle 7.

2
Versuchslabor im 2. Projektsemester

Zum Ende des ersten Projektsemesters wurde per Ausschreibung bekannt gegeben, dass für das ELAB 6 studentische Hilfskraftstellen á 4 Wochenstunden zu vergeben seien. Daraufhin meldeten sich 6 interessierte Studierende, drei Jura-Studierende und drei Studierende der Germanistik, die sich alle als geeignet erwiesen, sodass die Stellen auf Anhieb besetzt werden konnten.

Die Aufgabe der studentischen Hilfskräfte war es, praktische Ideen zu entwickeln, welche die Aktivierung ihrer Mitstudierenden in den von den Hilfskräften besuchten, für das Projekt zugänglichen, Vorlesungen voranzutreiben. Dazu mussten die Hilfskräfte die im ELAB involvierten Vorlesungen besuchen, die die Hilfskräfte bereits kannten oder die ebenso neu für sie waren wie für ihre Mitstudierenden. Zum anderen sollten konkrete Vorschläge entwickelt werden, wie eine höhere Studierendenaktivität in der Vorlesung erzielt werden könnte. Um diese Ideen zu entwickeln, schlug man den Studierenden vor, sich in sogenannten *Quality Circles*[74] zu organisieren. Über die *Quality Circles*, die bereits erfolgreich in Unternehmen realisiert wurden, sollte nicht nur das Vorwissen der Studierenden genutzt werden, sondern die Studierenden auch zu ständiger Mitarbeit und zum Weiterdenken motiviert werden.[75] Wie diese Qualitätszirkel im Rahmen des ELABs genau durchgeführt und organisiert wurden (Terminfindung, Durchführung etc.), wurde in die Verantwortung der Studierenden gelegt.

Darüber hinaus sollten die Kompetenzen der Studierenden für das Projekt erweitert werden. Es wurden Workshops geplant, die sie in wichtigen Schlüsselkompetenzen fortbilden sollen. Über die Teilnahme an diesen Workshops erhielten die Hilfskräfte eine Bescheinigung. Um Ideen, Anregungen und Kritikpunkte an die Dozierenden weiterzureichen und mit ihnen zu diskutieren, war es zunächst nötig, sich genauer mit dem Phänomen Feedback auseinanderzusetzen. Deshalb fand Anfang Oktober 2009 ein Feedbackseminar statt, das alle Projektbeteiligten des ELAB zusammenführen und dabei Techniken

---

74 Darunter versteht man eine Runde von 3 bis 10 hierarchisch gleichgestellten Mitarbeiter/inne/n (eines Unternehmens beispielsweise oder auch eine Runde von Studierenden), die auf freiwilliger Basis regelmäßig arbeitsbezogene Probleme besprechen und Vorschläge zur Verbesserung der Arbeitsprozesse zu finden suchen.

75 Vgl. Fritz, Patrick. *Methode Qualitätszirkel.* [http://www.slideshare.net/patrickfritz/ippm01-qualitaetszirkel-20071119]. 05.08.09.

und Möglichkeiten wechselseitigen Feedbacks vermitteln sollte. Die für offenes und konstruktives Feedback notwendige hierarchiefreien Atmosphäre, sorgte Frau Dr. Roßmanith, die das Zentrum für Schlüsselkompetenzen der Universität des Saarlandes leitet.

Da Gesprächsfähigkeit und Gesprächsleitungskompetenzen gefragt waren, um untereinander zu klären und entscheiden zu können, wie eine Aktivierung der Studierenden gelingen kann, und Feedback diesbezüglich an die Dozierenden weiterreichen zu können, besuchten die Hilfskräfte Ende August 2009 einen Gesprächsleitungsworkshop. Die ELAB-Mitarbeiterinnen leiteten diesen Workshop und gaben den Hilfskräften Möglichkeiten an die Hand, einen Klärungsprozess einzuleiten und aufrechtzuerhalten sowie Entscheidungen herbeizuführen und Gespräche zu strukturieren.[76] Für konstruktives Feedback war es überdies nötig, den Hilfskräften Wissen an die Hand zu geben, das ihnen half, Phänomene, die ihnen auffielen, benennen und einordnen zu können. Dass sich die Hilfskräfte eine Erweiterung ihres Wissens diesbezüglich wünschten, wurde schon im Einstellungsgespräch deutlich. Von 5 an dem Gespräch teilnehmenden Hilfskraftstellenbewerber/inne/n erwähnten 4 ausdrücklich, dass sie die Erwartung hatten, „Bewertungstechniken", „Methoden" und „Hintergrundwissen" zu lernen, die sie für ihre Aufgabe brauchen würden. Alleine für die Strukturierung von Gesprächen mit ihren Mitstudierenden war es hilfreich, entsprechende Oberbegriffe zu kennen, um diese z.B. in einem Clustering einsetzen zu können. Dazu sollte den Hilfskräften aber auch ihren Mitstudierenden ein Reader zur Verfügung gestellt werden, der wichtige rhetorische Phänomene benennt und erläutert, den Gesprächsprozess in einer Vorlesung veranschaulicht und sonstiges für ihre Tätigkeit relevantes Wissen vermittelt. Zur Debatte stand zudem, diesen Reader (zusätzlich) online zu stellen, um schnellen und problemlosen Zugang zu gewähren.

Am 19. Dezember fand ein Kreativtag statt, an dem die Hiwis gemeinsame Überlegungen zu zielführenden Methoden erarbeiten sollten. Die Betreuung durch die ELAB-Mitarbeiter hatte das Ziel, kreative bis kühne Ideen zu fördern, indem gemeinsam Utopien und Ideale erdacht wurden. Anschließend hatten die Studierenden vier Wochen Zeit, um sich zu beraten, ob die entwickelten Ideen durchführbar sind oder nicht.

Ende Januar 2010 fand ein gemeinsames Treffen ohne die Professoren statt. Eine Woche später wurde diese dann mit einbezogen. Geklärt werden sollte, ob die zuvor vorgestellten Methoden auch aus Sicht der Lehrenden realisierbar

---

76 Vgl. Anhang 23. Ablauf Workshop Gesprächsleitung.

waren. Die Methoden sollten im Anschluss, mit einer Deadline am 28.02.2010, in eine schriftliche Form gebracht werden.

Die Aufgabe der studentischen Hilfskräfte im ELAB war eine gänzlich neue. Es gibt mittlerweile eine Vielzahl an Literatur, die Hochschullehrer/inne/n Methoden an die Hand gibt, wie sie ihre Vorlesungen und Seminare besser und aktivierender gestalten können. Handbücher, Ratgeberliteratur und vor allem auch Weiterbildungsinstitute für Hochschullehrende an verschiedenen Universitäten und Fachhochschulen gibt es bereits recht viele und es werden mehr. Handreichungen für Studierende, wie diese ihre Vorlesungen besser „überstehen" oder wie sie aktiver werden können, damit ihre Lerneffizienz erhöht wird, gibt es bislang aber noch keine. Hier galt es anzusetzen. Aus diesem Grund wurden die sechs studentischen Hilfskräfte damit beauftragt, aktivierende Konzepte von Studierenden für Studierende in Vorlesungen zu entwickeln.

Im Laufe des Semesters beobachteten die studentischen Hilfskräfte zwei ausgewählte Vorlesungen (eine Vorlesung zu „Individualarbeitsrecht II" in der Rechtswissenschaft und eine zu „Einführung in die Sprechwissenschaft und Sprecherziehung" in der Germanistik), führten qualitative Interviews mit Vorlesungsbesucher/inne/n durch, recherchierten zu Gruppendynamik und Aktivierung und trafen sich regelmäßig zum gemeinsamen Austausch. Aus dieser Arbeit entstand eine Vielzahl von Ideen, die schließlich zu den vorliegenden elf Konzepten ausgearbeitet wurden.

Die daraus resultierende Methodensammlung richtet sich vorrangig an interessierte Studierende, ist aber auch eine empfehlenswerte Lektüre für Hochschullehrende. Dabei soll diese Sammlung nicht die Verantwortung von den Hochschullehrenden nehmen, sich um aktivierenden Unterricht zu bemühen, sondern geradezu Ansporn sein, geeignete Methoden anzuwenden oder auch in Zusammenarbeit mit den Studierenden zu entwickeln.

Die Ergebnisse der Arbeit der Studentischen Hilfskräfte wird nachfolgend vorgestellt.

2 Versuchslabor im 2. Projektsemester

2.1 Von den Studierenden vorgeschlagene Methoden zur Aktivierung

Aktuelle Bezüge

Kurzbeschreibung

Aspekte aus dem alltäglichen Leben, die den Studierenden bekannt und wichtig sind, werden in die Vorlesung eingebracht. Diese aktuellen Themen werden durch Fragen und Diskussion in Bezug zum Vorlesungsthema gesetzt. Idealerweise bietet das Thema auch einen Anknüpfungspunkt für den weiteren Vortrag des/der Dozenten/in.

Sinn und Ziel

Die Studierenden werden aktiv, indem sie selbst die von ihnen ausgewählten aktuellen Bezüge präsentieren und zur Diskussion stellen. Studierende werden motiviert mitzuarbeiten, da die Bezugnahme quasi eine Studierende-zu-Studierende-Kommunikation ist. Darüber hinaus wird die Lern- und Aufnahmefähigkeit der Studierenden gesteigert, indem auf bereits bekannte Themengebiete zurückgegriffen, neuer Lehrinhalt darauf aufgebaut und an den Interessen der Studierenden angeknüpft wird.

Zeitbedarf:

a) für die Vorbereitung

Flexibel (Aktuelle Bezüge werden eher nebenbei gefunden – der Bezug und das Thema selbst muss allerdings von Studierenden zuhause vorbereitet werden – das dauert ca. 15 Minuten)

b) für die Durchführung

ca. 15 Minuten (es könnte z.B. immer die erste Viertelstunde der Vorlesung genutzt werden)

Häufigkeit des Einsatzes

Flexibel (Die Bezugnahme auf aktuelle Themen kann entweder nur einmalig, in jeder Vorlesungssitzung oder auch nur in einigen Vorlesungen stattfinden)

Nötige Ressourcen

Keine (Es ist jedoch abhängig von dem Thema der Vorlesung und der Fragestellung der Studierenden, ob Hilfsmittel (z.B. Medieneinsatz) erforderlich sind → Siehe Beispiel Sprecherziehung.)

Detailliertere Beschreibung

Der/die Dozierende stellt das Konzept am Anfang des Semesters vor und fordert die Studierenden zur Mitarbeit auf oder die Studierenden sprechen den/die Dozenten/in darauf an, dass sie das Konzept gerne durchführen möchten.

Danach stellen die Studierenden die aktuellen Themen oder ihre eigenen Erfahrungen in der Vorlesung vor. Der/die Dozierende leitet als „Moderator/in" das Gespräch und kann dabei den Gesprächsverlauf an ein auch für die Vorlesung relevantes Themengebiet heranführen.

Die angesprochenen Themen können vielseitig in Aufbau, Form und Inhalt sein (dies hängt natürlich auch von dem Inhalt und Fachgebiet der jeweiligen Vorlesung ab).

Die Studierenden können sowohl Fragen als auch provokante Thesen in den Raum stellen. Der/die Dozent/in sollte hierbei zunächst eine moderierende Funktion einnehmen und erst dann an der Diskussion aktiv teilnehmen, wenn entweder von Seiten der Studierenden die Diskussion „einzuschlafen" droht, die Studierenden nicht mehr weiter wissen oder falsche Aspekte (in fachlicher Hinsicht) eingebracht werden.

Wie findet man geeignete Themen?

1. Der/die Dozierende erfragt die Erwartungen, die die Studierenden an die Vorlesung haben. Ein solches Gespräch führt in der Regel dazu, dass sich Themen herauskristallisieren, die für Studierende von besonderem Interesse sind.

2. Diskussion über verschiedene Themen während der Vorlesung. Der/die Dozierende sollte Raum für Diskussionen schaffen. So können auch im weiteren Verlauf der Vorlesung neue Fragen und Themen auftauchen. Außerdem erweitert sich durch das „Darüber-Reden" das Verständnis für das Vorlesungsthema.

Chancen und Gefahren

Gefahr 1: Ein Thema wird vorgestellt, das ausschließlich der/die Studierende interessant findet, der/die es vorgestellt hat. Oder der/die Dozierende sieht im Thema wenige Verknüpfungen mit dem Inhalt der Vorlesung.

Abhilfe 1: Der/die Dozierende wird spätestens eine Woche vor Vorstellung des Themas über dieses informiert und signalisiert sein Einverständnis oder nicht.

Gefahr 2: Die Studierenden suchen sich ein Thema aus, auf das der/ die Dozierende nicht direkt reagieren kann.

Abhilfe 2: Die Studierenden stellen ihr Thema eine Woche vorher dem/ der Dozierenden vor, sodass er/sie sich angemessen vorbereiten kann.

Varianten

Beispiel Sprechwissenschaft/Sprecherziehung:

Die Stimmen der Studierenden selbst werden zum Thema gemacht:

-> Onlineforum kreieren zum Upload von Audiodateien

-> Studierende laden ihre Stimmen oder die von Prominenten hoch und analysieren sie.

Beispiel Rechtswissenschaft:

Aktuelle Gerichtsentscheidungen werden zum Thema gemacht:

Studierende befassen sich mit aktuellen Gerichtsentscheidungen und stellen schwer verständliche oder besonders umstrittene Punkte der Entscheidung vor. Gemeinsam wird die Entscheidung diskutiert und es werden (Problem -)Schwerpunkte herausgearbeitet.

entwickelt von Daniel Mantel und Katrin Altmaier

Kurz-Drehbuch mit Checkliste

Was?	Wer?	Bis wann?
Studierende sprechen den/ die Dozierende/n der Vorlesung an, ob er/sie bereit ist für die Aktion „Aktuelle Bezüge schaffen"	Studierende, die sich für die Aktion interessieren	zu Beginn der Vorlesungszeit
der/die Dozierende stellt Konzept „Aktuelle Bezüge schaffen" den Studierenden vor.	Dozierender/Dozierende der Vorlesung	zu Beginn der Vorlesungszeit
Studierende überlegen sich, welche Themen sie auf welche Art und Weise vorstellen wollen	interessierte Studierende	während der Vorlesungszeit mindestens 2 Wochen vor der bestimmten Vorlesung

23

Bewegung

Kurzbeschreibung

Eine Gruppe Studierender (optimal wäre ein Duo) aus einer Vorlesung stellt am Anfang einer Vorlesungsstunde kurz und knapp je eine bis drei Bewegungs-/Körper-Übungen zur Förderung der Konzentration und gegen die Müdigkeit während der Vorlesung vor.

Sinn und Ziel

Im besten Falle wirkt dieses Konzept Müdigkeit und einem steifen Nacken in Vorlesungen entgegen und kann eine große Hilfe dabei sein, die Aufmerksamkeit der Studierenden wieder auf den Inhalt der Vorlesung zu lenken und sie zu motivieren. Die Studierenden müssen nichts anderes tun als zuzuschauen und die Bewegungen, die ihre Kommiliton/innen/en ihnen zeigen, nachmachen.

Zeitbedarf:

a) für die Vorbereitung

Das Konzept „Bewegung" sollte so schnell wie möglich in der Vorlesung eingesetzt werden. Sowohl vor der ersten Präsentation als auch während des Semesters sind jede Woche mindestens zwei Stunden für die Recherche und Vorbereitung der Übungen nötig.

b) für die Durchführung

Das Vorführen der Übungen soll am Anfang der Vorlesungsstunde stattfinden und max. 5 Minuten dauern. Zur Festigung der Bewegungsabläufe ist es zu empfehlen, die Übungen in der Pause zu wiederholen (falls diese zur Verfügung steht), damit eventuelle Fragen direkt geklärt werden können.

Häufigkeit des Einsatzes

Je nachdem, wann die Vorlesung stattfindet (früh/spät/mittags) und wie lange diese dauert, sollten je nach Bedarf entweder jede Woche oder alle zwei Wochen neue Übungen gezeigt werden. Vor der Klausur werden Übungen gezeigt, die speziell für Klausursituationen geeignet sind.

Nötige Ressourcen

In erster Linie sollen die Studierenden, die sich dafür entscheiden, dieses Konzept durchzuführen, mit Leib und Seele dabei zu sein, da es wichtig ist, dass man genau das beim Vorführen der Übungen ausstrahlt, um ernst genommen zu werden.

Detailliertere Beschreibung

Früh- und Spätvorlesungen können unheimlich anstrengend und ermüdend sein, was zu Konzentrations- und Motivationsverlusten führt. Mit Bewegung kann man dieser Müdigkeit und den Konzentrationsproblemen in einer Vorlesung oder Klausur entgegenwirken. Dazu müssen sich am Anfang des Semesters (z.B. in der ersten Vorlesungsstunde) eine Gruppe Studierender (ein Duo) aus dieser Vorlesung einfinden, die sich dazu bereit erklärt, kontinuierlich in dieser Vorlesung je am Anfang der Vorlesungsstunde in einer 2-5 minütigen Präsentation Übungen vorzustellen und vorzuführen. Diese sollten trotz des Platzmangels in Vorlesungssälen durchführbar sein, eine Konzentrationssteigerung ermöglichen und der Müdigkeit entgegenwirken. Diese Studierenden planen die Gestaltung der Präsentation der Übungen (z.B. Wer sollte wann welche Übungen vorstellen? Was brauche ich, um die Übung vorzuführen?) und finden durch kontinuierliche Recherche in Literatur und Internet passende und wirksame Übungen. Diese könnten wie folgt aussehen:

a) bei einem schweren Kopf und steifem Hals:

Den Kopf erst nach links, dann nach rechts, dann nach vorne und anschließend nach hinten neigen. Aber Vorsicht! Den Kopf nicht zu stark nach hinten neigen, das kann gefährlich werden und ist ungesund.

Anschließend den Kopf ganz langsam kreisen lassen, erst drei bis fünf Mal im Uhrzeigersinn und dann drei bis fünfmal entgegen dem Uhrzeigersinn.

b) bei schmerzendem Rücken und zu langem Sitzen:

Kurz aufstehen, die Beine durchdrücken und fest in den Boden pressen, die ganze Kraft in die Beine schicken, dann lockern. Jetzt die Arme nach oben strecken, sich durchstrecken, den Rücken leicht wölben. Wenn möglich, die Arme locker fallen lassen.

c) bei verkrampften Armen:

Arme soweit wie möglich nach vorne strecken und die Hände abwechselnd aufmachen und zur Faust ballen. Anschließend die geballten Fäuste kreisen lassen – die Arme bleiben dabei immer noch ausgestreckt.

Anschließend die linke Hand auf die rechte Schulter legen und mit der anderen Hand leichten Druck gegen den Ellenbogen ausüben. Danach Arm wechseln. Abschließend die Arme locker hängen lassen und ausschütteln.

Chancen und Gefahren

Gefahr 1: Der/die Dozierende will die Vorlesungszeit nicht für die Bewegungs-Präsentationen nutzen.

Abhilfe 1: In diesem Fall müssen die Studierenden den Dozierenden von der Nützlichkeit dieses Konzepts und der Übungen überzeugen, indem sie ihm Studien vorlegen, die beweisen, dass gute Übungen tatsächlich die Konzentration, Motivation und Leistungsfähigkeit der Studierenden steigern.

Gefahr 2: Die Studierenden nehmen die Präsentationen negativ auf, sehen die Übungen nicht als nützlich an.

Abhilfe 2: Damit das Konzept bei den Studierenden, die die Übungen nachmachen sollen, gut ankommt, muss das Konzept überzeugend mit Slogans wie „Bewegung heißt Gesundheit" oder „Bist du fit – im Kopf?" vorgestellt werden. Dabei muss das Konzept seriös rübergebracht.

Gefahr 3: Im schlimmsten Fall finden sich nicht genügend Studierende zusammen, um das Konzept durchzuführen.

Abhilfe 3: Gegen dieses Problem kann die Universität selbst und die Dozierenden vorgehen, indem sie dieses Konzept Studierenden vorstellen und ans Herz legen.

Varianten

Variante A: Die Gruppe der Studierenden kann durch eine/n Physiotherapeuten/in, Sport- oder Yogalehrer/in oder Fitnesstrainer/in ersetzt werden, was allerdings Kosten mit sich bringen würde. Und auch wenn ein Profi die Vorträge hält und die Übungen zeigt, wirkt es doch viel sympathischer wenn „eine/r von uns" vorne steht, also ein Studierender.

Variante B: Falls sich mehr als zwei Studierende dafür interessieren, dieses Konzept umzusetzen, können sie in Zweier-Teams arbeiten. Jedes Team bereitet für je eine Vorlesungsstunde die Übungen vor, was natürlich Recherche und Vorführen einschließt.

entwickelt von Marina Rosov

Kurz-Drehbuch mit Checkliste

Was?	Wer?	Bis wann?	Hilfestellung
aufmerksam machen der Studierenden auf das Konzept „Bewegung"	Studierende, Dozierende, Universität	Anfang des Semesters	Homepage der Universität, Flyer
Zusammenfinden der Teams	freiwillige Studierende	bis spätestens 3. Vorlesungswoche	Ermutigung durch die Dozierenden
Recherche, Finden der Übungen	das Duo	ab der Bildung der Zweiergruppe bis Ende des Semesters, kontinuierlich	Internet, Literatur, Physiotherapeuten, Sportstudierende, Yogalehrer/innen, Fitnesstrainer/innen
Vorbereitung der ersten Präsentation	das Duo	bis spätestens 4. Vorlesungswoche	Rechercheergebnisse
Durchführung der Präsentationen	das Duo, bzw. jeder darf abwechselnd die Präsentationen machen und die Übungen vorstellen	die ersten 5 Minuten der Vorlesung	

Debatten

Kurzbeschreibung

Um die argumentative Auseinandersetzung der Studierenden während einer Veranstaltung zu fördern, sollen Debatten eingeführt werden. Zum Beispiel im juristischen Bereich bietet sich die Lösung von vorlesungsbegleitenden Fällen mithilfe von Gerichtssimulationen bzw.

Rollenspielen an. Zwangsläufig werden an entsprechenden Stellen Diskussionen auftauchen und sich Meinungen zu verschiedenen Standpunkten herausbilden.

Sinn und Ziel

Die Vorlesung wird lebhafter und die Studierenden werden durch den Spaß an der Diskussion aktiviert. Daneben werden wichtige Lerneinheiten dadurch vermittelt, dass sich die Studierenden mit der jeweiligen Materie auseinandersetzen müssen, um gute Lösungswege zu erarbeiten, und diese während der Debattensitzung vortragen. Das berühmte „learning by doing" tritt ein. Mit diesem Vorgehen rückt das Ziel, „nicht für die Klausuren, sondern für das Leben zu lernen", etwas näher. Außerdem fordert man innerhalb einer „Streitsituation" eine Stellungnahme der Studierenden bezüglich gewisser Themen heraus, so wird dieser auf zukünftige fachspezifische Diskussionen (mündliche Prüfungen) vorbereitet und durch die Übung außerdem sicherer.

Zeitbedarf

a) für die Vorbereitung

Der/die Dozierende sollte sich mindestens eine Stunde lang mit der Planung der Debatte des nächsten Vorlesungstermins beschäftigen. Er/ Sie muss sich vorher Gedanken darüber machen, welche Streitfragen für eine Diskussion geeignet sind und an welcher Stelle der Vorlesung eine Debatte sinnvoll wäre. Auch den Studierenden, die am Rollenspiel teilnehmen (höchsten drei für jede Position) bzw. dazu ausgewählt wurden, sollte bei Bedarf etwas Bedenkzeit eingeräumt werden.

b) für die Durchführung

Die Debatte sollte nicht länger als 10 Minuten dauern. Man kann die Sprechzeit der jeweiligen Streitparteien auf 3 Minuten beschränken und mit einer Stoppuhr kontrollieren. Während dieser Zeit sollen sie die von ihnen vertretene Auffassung darlegen. Danach bleiben 4 Minuten für spontane Gegenreaktionen auf das Vorgetragene der Gegenseite.

Häufigkeit des Einsatzes

Flexibel, da es darauf ankommt, ob und wie häufig der Vorlesungsstoff interessante Fälle mit genügend Diskussionspotenzial bereithält und ein Streitgespräch überhaupt möglich ist. Aber auch ein spontaner Einsatz ist denkbar z.B. dann, wenn die Studierenden eigene (aktuelle) Streitfragen, eventuell aus der Presse, besprechen wollen.

Nötige Ressourcen

Eine Tafel, damit man das Streitthema, die unterschiedlichen Meinungen und die Personen, die sie jeweils vertreten, anschreiben kann. Dies dient nicht nur der Übersichtlichkeit, sondern soll vor allem eine neue Phase innerhalb der Vorlesung einleiten und für gesteigerte Aufmerksamkeit sorgen.

Detailliertere Beschreibung

Meldet sich ein/e Studierende/r zu einem Vorlesungsthema, das Raum für Diskussionen lässt, so ist das die ideale Vorlage um eine Debatte einzuleiten. Bietet sich eine solche Gelegenheit gerade nicht, so kann der/die Dozierende an passender Stelle eine Streitfrage vortragen, die in den Vorlesungsstoff passt und die Studierenden fragen, ob es Freiwillige gibt, die eine Position in einer Debatte verteidigen würden. Kontrovers diskutierte Fragestellungen finden sich nahezu in jedem Studiengang, sodass dieses Konzept nahezu überall angewendet werden kann.

Chancen und Gefahren

Gefahr 1: Es besteht die Gefahr, dass die Studierenden sich nicht trauen, bei einer Debatte mitzumachen, weil sie vor ihren Kommilitonen argumentieren und frei sprechen müssten.

Abhilfe 1: Indem sich die Mehrheit der Vorlesungsbesucher/innen in einem Vorgespräch mit dem/der Dozierenden darauf festlegt, dass jeder mindestens einmal bei einer Debattensitzung mitmacht, kann die Scheu überwunden werden.

Gefahr 2: Studierende könnten sich zur Teilnahme an den Streitgesprächen gezwungen fühlen (s.o. Abhilfe 1).

Abhilfe 2: Dem kann dadurch entgegengewirkt werden, dass die Personen, die für sich eine (obligatorische) Teilnahme ausschließen, dies in dem Vorgespräch mit dem/der Dozierenden äußern, sodass demokratisch darüber entschieden werden kann. Oder aber der/die Dozierende sieht direkt davon ab, diese Personen ohne Meldung als Diskussionsmitglieder auszuwählen.

entwickelt von Daniel Mantel und Dragana Spahic

Kurz-Drehbuch mit Checkliste

Was?	Wer?	Bis wann?
Vorgespräch, in dem die Vorgehensweise bezüglich der Auswahl der Teilnehmer/innen geklärt wird	Studierende und Dozierende	am Anfang des Semesters
Vorbereiten der Vorlesungsstunde: Wann ist eine Debatte am sinnvollsten? Aufgaben/ Fälle/Themen, mit Streitpotenzial raussuchen.	Dozierende	bis zur nächsten Vorlesungsstunde, in der eine Debatte stattfinden soll
wenn aktuelle Themen und Fälle auch einmal zur Debatte stehen sollen, so muss dies früh genug mit der/dem Dozierenden abgesprochen werden	Studierende	am Anfang des Semesters oder ein paar Wochen vorher abklären
eine Meldung oder der ausgewählte Fall bzw. die ausgewählte Aufgabe dienen als Vorlage zu einer Debatte. An der Tafel werden das Streitthema und die streitenden Personen aufgeschrieben.	Studierende	während der Vorlesung
Diskussion: Pro Person werden 3 Minuten Sprechzeit eingeräumt, um die jeweilige Ansicht zu erklären. Danach 4 Minuten für spontane Gegenreaktionen auf das Vorgetragene der anderen „Partei".	Studierende	während der Vorlesung

Exkursionen

Kurzbeschreibung

Studierende organisieren im Zuge einer Vorlesung eine Exkursion zu einem Ort außerhalb der Universität, an dem dann anstelle des üblichen Hörsaals die Vorlesung stattfindet

Sinn und Ziel

Aktivierung der Studierenden durch ein neues, an der Praxis orientiertes Umfeld.

Die Studierenden können aktiv an der Gestaltung der Vorlesung teilnehmen und müssen dabei ihr Organisationstalent beweisen.

Studierende und Dozierende werden aus ihrem üblichen „Trott" herausgerissen.

Zeitbedarf für die Vorbereitung

mehrere Wochen

a) für die Durchführung

ist ebenfalls mit einigem Zeitaufwand zu rechnen

b) Häufigkeit des Einsatzes:

einmal im Semester pro Vorlesung

Nötige Ressourcen

Für die Variante a): Wenn eine Organisation zur Unterstützung der Studierenden eingerichtet wird, bedarf es der Einrichtung eines Büros für feste Mitarbeiter/innen an dem Projekt und der Bereitstellung von Material und Werbung.

Detailliertere Beschreibung

Eine Gruppe Studierender entwickelt Interesse an einer Exkursion im Rahmen der Vorlesung. Dazu setzen sie sich mit dem/der Dozierenden zusammen, um gemeinsam über sinnvolle Möglichkeiten zu reden. Nachdem der/die Dozierende sein OK gegeben hat, müssen die anderen Studierenden überzeugt werden. Ist dies geschehen, kann es an die konkrete Planung der Exkursion gehen.

Dabei soll die Exkursion möglichst eng mit dem Vorlesungsstoff in Verbindung stehen. Es bietet sich an, den jeweiligen Ort auch für besondere Aktivitäten zu nutzen.

Beispiele

Politik: Die Studierenden besuchen den Landtag. Dort schlüpfen sie in die Rolle der Abgeordneten: Es wird ein Thema zur Debatte gestellt und von den Teilnehmer/inne/n diskutiert.

Sprechwissenschaft und Sprecherziehung: Die Studierenden besuchen das Staatstheater im Zuge des Themenkomplexes „Prozesse ästhetischen Sprechens und Hörens" und sehen sich dort eine Theaterszene an. Der/die Dozierende diskutiert gemeinsam mit den Studierenden Stil und Wirkung.

Rechtswissenschaften: Die Vorlesung wird in einem Gerichtssaal gehalten. Dort kann z.B. im Rahmen einer Prozessrechtsvorlesung der Gang einer Gerichtsverhandlung simuliert werden. Auch kann dort eine erweiterte Debatte (siehe Konzept Debatten) zu einem Thema in Form einer fiktiven Gerichtsverhandlung mit dem/der Dozierenden als Richter/in stattfinden. In der nächsten Sitzung kann dann, wenn nötig, noch eine Nachbesprechung der Exkursion erfolgen.

Chancen und Gefahren

Gefahr 1: Die Studierenden müssen viel Arbeit in die Organisation einer Exkursion stecken. Der Zeitaufwand ist generell ein problematischer Faktor: Nicht jede/r Studierende will oder kann z.B. zwischen zwei Vorlesungen die Uni verlassen.

Abhilfe 1: Die Exkursion findet außerhalb der Vorlesungszeit statt.

Gefahr 2: Die verantwortlichen Stellen außerhalb der Uni haben keine Absicherung und lehnen deshalb eine Zusammenarbeit mit den Studierenden ab. Die investierte Arbeit steht in keinem Verhältnis zum wirklichen Nutzen.

Varianten

Einrichten einer Organisation zur Unterstützung der Studierenden: Sie setzt sich zusammen aus Studierenden, die sich besonders in diesem Projekt engagieren wollen und sollte durch die Universität finanziell unterstützt werden. Die Gruppe hält Kontakt zu Institutionen außerhalb der Universität und stellt Kontakte zwischen ihnen und Studierenden her, die an einer Exkursion interessiert wären. Außerdem unterstützt sie die Studierenden bei der Planung und Kontaktaufnahme.

Nur jeweils eine Gruppe macht eine Exkursion und stellt dann ihre Eindrücke und Erkenntnisse in der Vorlesung vor.

entwickelt von Andreas Frank und Daniel Mantel

Kurz-Drehbuch mit Checkliste

Was?	Wer?	Bis wann?
erste Planung und Ideensammlung, Besprechung mit dem/der Dozierenden	Studierende	am Anfang des Semesters
Kontaktaufnahme mit den jeweiligen Ansprechpartnern, Planung	Studierende, Dozierende und Ansprechpartner	in den ersten Wochen des Semesters

Zusammenfassungen

Kurzbeschreibung

Eine Gruppe von anwesenden und zuhörenden Studierenden soll am Ende der Vorlesung eine mündliche oder schriftliche Zusammenfassung des Vorlesungsinhalts vortragen.

Sinn und Ziel

Durch die Erstellung und Präsentation einer Zusammenfassung wird der Vorlesungsstoff sowohl von den Mitgliedern der Gruppe als auch von den restlichen zuhörenden Studierenden wiederholt und auch gelernt. Falls es Verständnisschwierigkeiten gibt, werden diese früher wahrgenommen und offen in der Gruppe angesprochen. Kurz darauf wird dann eine Zusammenfassung vor den Mitstudierenden wiedergegeben. Diese zeigt der/dem Dozierenden was verstanden. Außerdem erhalten die Studierenden nach jeder Vorlesung eine gute Übersicht, die hilfreich beim Lernen ist.

Zeitbedarf

a) für die Vorbereitung

Die Zusammenfassung wird am Ende der Vorlesung innerhalb von 10 Minuten unter Verwendung der während der Vorlesung gemachten Mitschriften erstellt.

b) für die Durchführung

Die Präsentation der Zusammenfassung sollte nicht länger als 15 Minuten dauern.

Häufigkeit des Einsatzes

Jede Vorlesungsstunde, sofern sich genügend Gruppen gebildet haben, die die Zusammenfassung machen.

Nötige Ressourcen

Eventuell Overheadprojektor/Tafel, um die Zusammenfassung schriftlich festzuhalten.

Detailliertere Beschreibung

Statt der Dozierenden übernehmen die Studierenden die Aufgabe am Schluss einer jeden Vorlesung, den Inhalt der Veranstaltung zusammenzufassen.

Die daran interessierten Studierenden sprechen den/die Dozierende/n auf ihr Vorhaben an und wenn seinerseits keine Einwände bestehen, können von ihnen direkt Gruppen gebildet werden. Letztlich soll jede dieser Gruppen im Laufe des Semesters eine Zusammenfassung zu einer Vorlesungseinheit erstellen und mündlich vor dem Plenum vortragen.

Um dies zu bewerkstelligen, machen sich die jeweiligen Gruppenmitglieder während der Vorlesung Notizen, die sie dann in der Vorbereitungszeit (10 Minuten) zusammentragen und besprechen. Im Anschluss daran stellen sie die Zusammenfassung ihren Mitstudierenden vor. Unterstützend dazu können sich die Studierenden vorher Leitfragen überlegen, anhand derer eine Vorlesung gut zusammengefasst werden kann.

Chancen und Gefahren

Chance: Die Studierenden setzen sich noch einmal selbstständig mit dem Vorlesungsinhalt auseinander und vermitteln ihn in ihren eigenen Worten. Daraus lässt sich auch für den/die Dozierende/n erkennen, was die Studierenden mitgenommen und als wichtig erachtet haben und was nicht.

Gefahr 1: Eine mündliche Zusammenfassung am Ende nimmt viel Zeit in Anspruch.

Abhilfe 1: Kann der/die Dozierende die Zeit nicht entbehren, bietet es sich an, dass die Zusammenfassungen schriftlich weitergegeben werden.

Varianten

Die Zusammenfassung erfolgt ausschließlich schriftlich (die Zusammenfassung kann dann z.B. an alle per Email verschickt oder in einem Forum hochgeladen werden)

Es ist auch denkbar, dass es nicht nur um inhaltliche Aspekte geht. Man könnte das Konzept nutzen, um dem/der Dozierenden ein Feedback zu geben. Hier bietet sich gerade die Form der gemeinsamen Erarbeitung am Schluss an: Die Studierenden tragen im Plenum ihre Anregungen und Meinungen zusammen, während die für die Zusammenfassung zuständige Gruppe alle Beiträge sammelt und an die Dozierenden weitergibt.

Eine weitere Möglichkeit bei sehr langen bzw. inhaltlich sehr komplexen Vorlesungen besteht darin, dass nicht eine Gruppe eine Zusammenfassung für alle erstellt, sondern sich jeweils eine Gruppe um einen Teil der Vorlesung kümmert und diesen dann zusammenfasst.

entwickelt von Andreas Frank und Dragana Spahic

Kurz-Drehbuch mit Checkliste

Was?	Wer?	Bis wann?	Hilfestellung
Besprechung mit dem/der eigenen Dozierenden	interessierte Studierende und der/die Dozierende der Vorlesung	möglichst früh im Semester	Am besten in der Beschreibung der Vorlesung über diese Möglichkeit berichten
Kontaktaufnahme mit dem/der Dozierenden	interessierte Studierenden bzw. eine Gruppe aus dem Kurs	vor dem Vorlesungstermin	das „Zeitproblem" klären
vorherige Ankündigung	alle VL-Teilnehmer/innen	am Anfang der Vorlesung	
Durchführung der Zusammenfassung	die interessierten Studierenden	Ende der Vorlesung, ca. 10 Minuten	

Fremddozent/inn/en einladen

Kurzbeschreibung

Studierende laden andere Dozierende in die Vorlesung ein, die dort der Vorlesung folgen, wie es die Studierenden tun und gegebenenfalls (Verständnis-)Fragen stellen.

Sinn und Ziel

Der/die Fremddozent/in hilft den Studierenden durch seine/ihre Fragen beim Verständnis der Vorlesung und motiviert sie wiederum dazu, selbst Fragen zu stellen.

Studierende und Dozierende werden aus ihrer Routine gerissen, wodurch ihre Aufmerksamkeit erhöht wird.

Zeitbedarf

a) für die Vorbereitung

wenige Stunden: Die Suche nach einem/r Fremddozent/en/in und Terminabsprache mit Dozierenden und Fremddozent/in nehmen recht wenig Zeit in Anspruch.

b) für die Durchführung

die Zeit des/r Fremddozent/in, ansonsten kurze Vor- und Nachbesprechung

Häufigkeit des Einsatzes

einmal oder mehrmals während des Semesters

Detailliertere Beschreibung

Studierende sprechen den/die Dozierende/n der jeweiligen Vorlesung, in der eine solche Aktion stattfinden soll, an, ob er mit der Idee – eine/n fremde/n Dozierende/n in seiner/ihrer Vorlesung teilnehmen zu lassen - einverstanden ist. Danach kontaktieren die Studierenden eine/n „Fremddozent/in" ihrer Wahl.

Wenn beide Dozierende ihr Einverständnis geben, können sich die Studierenden überlegen, ob sie dem/der Fremddozent/en/in eventuell ein Leitfragenblatt an die Hand geben wollen. Außerdem können sie mit ihm vorher besprechen, was ihnen besonders wichtig ist – z.B. dass er/sie zu bestimmten Inhalten der Vorlesung Fragen formuliert.

Sinnvoll ist es auch, dass sich die beiden Dozierenden vor der Durchführung noch kurz einander vorstellen. Nach der Vorlesung können sich die beiden Dozierenden und die Studierenden, die die Aktion initiiert haben, noch zu einer Nachbesprechung treffen.

Chancen und Gefahren

<u>Gefahr 1:</u> Nicht alle Studierenden sind mit der Aktion einverstanden und fühlen sich von der Anwesenheit des/der Fremden irritiert.

<u>Gefahr 2:</u> Der/die Dozierende passt seinen Vortrag wegen der Anwesenheit des/der Fremddozent/en/in an.

<u>Gefahr 3:</u> Die Anwesenheit des/der Fremddozent/en/in wirkt auf die Studierenden eher demotivierend.

Varianten

a) Vertrag unter den Dozierenden: Sie erklären sich bereit, Fremddozent/inn/en zu ihren Vorlesungen zuzulassen und selbst wiederum Vorlesungen ihrer Kolleg/inn/en auf Anfrage der Studierenden zu besuchen.

b) Organisation, von den Studierenden geleitet: Sie unterstützen interessierte Studierende bei der Kontaktaufnahme mit den fremden Dozierenden und geben Anleitung und Tipps zur Durchführung.

entwickelt von Andreas Frank und Katrin Altmaier

Kurz-Drehbuch mit Checkliste

Was?	Wer?	Bis wann?	Hilfestellung
Besprechung mit den eigenen Dozierenden	interessierte Studierende und der/die Dozierende der Vorlesung	möglichst früh im Semester	
Kontaktaufnahme mit dem/der Fremddozent/en/in	interessierte Studierende	möglichst frühzeitig vor der besagten Vorlesungssitzung	Evtl. Leitfragen
Besprechung mit allen Studierenden der Vorlesung	alle Studierenden	vor der jeweiligen Vorlesungssitzung, in der der/die Fremddozent/in erscheint	

Arbeitsgruppen

Kurzbeschreibung

Die Studierenden bilden private Arbeitsgruppen zur Vorlesung, in welchen sie den Vorlesungsstoff dann gemeinsam aufarbeiten oder auch miteinander diskutieren und sich gegenseitig prüfen können.

Sinn und Ziel

Mithilfe der Arbeitsgruppen wird der Lernerfolg der Studierenden um ein Vielfaches gesteigert, da die Gruppenmitglieder das während der Vorlesung bereits Verstandene ihrem Gegenüber noch einmal wiedergeben und das noch unklar Gebliebene einander erklären. Dadurch trainieren sie auch das freie Sprechen. Außerdem führen diese Arbeitsgruppen im besten Falle dazu, dass die Studierenden ein gesteigertes Interesse für ihr Fachgebiet entwickeln und besser vorbereitet in die Veranstaltung gehen, was sich idealerweise in einer verstärkten Mitarbeit äußert.

Zeitbedarf

a) für die Vorbereitung

Jedes Gruppenmitglied sollte vor dem Treffen eine halbe bis ganze Stunde investieren, die eigenen Aufzeichnungen noch einmal durchzugehen und das in der Vorlesung Besprochene zu wiederholen.

b) für die Durchführung

Das Gruppentreffen dauert mindestens eine, höchstens zwei Stunden. Es kommt darauf an, wie viel Gesprächsbedarf von Treffen zu Treffen vorliegt.

Häufigkeit des Einsatzes

Die Gruppen tagen einmal wöchentlich, damit der Vorlesungsstoff immer aktuell besprochen werden und über Fragen zeitnah diskutiert werden kann.

Nötige Ressourcen

Ein Treffpunkt für die Arbeitsgruppe muss ausgemacht werden.

Detailliertere Beschreibung

Studierende, die sich eine Lerngemeinschaft wünschen, sprechen andere Kommilitonen darauf an, ob sie nicht gemeinsam mit ihnen eine Arbeitsgruppe bilden wollen. Bestehen Hemmungen, auf unbekannte Kommilitonen zuzugehen oder will man nicht nur ein paar Studierende, sondern alle Vorlesungsteilnehmer/innen mit dem Anliegen erreichen, so wird eine Liste während der Vorlesung herumgereicht in die sich alle Interessierten eintragen können, oder es werden Einladungen über studi-VZ verschickt. Sofern eine studi-VZ-Gruppe zu der Vorlesung besteht (siehe Konzept studi-VZ) kann dort ein Thread zum Thema Arbeitsgruppen integriert werden. Der Vorteil des Internets besteht darin, dass sowohl von dem Vorhaben, Arbeitsgruppen bilden zu wollen, als auch von dem Organisatorischen (wann und wo man sich trifft) viel mehr Personen erfahren können. Schon am Anfang des Semesters sollten dort Vorschläge bezüglich Zeit und Ort eingestellt werden. Haben sich genügend Teilnehmer/innen gefunden, so treffen sich diese einmal pro Woche und arbeiten die vergangene Vorlesungsstunde nach.

Chancen und Gefahren

<u>Gefahr 1:</u> Da es sich um ein Konzept handelt, das außerhalb der Vorlesung realisiert wird, bleibt die Frage offen, wer die Leitung übernimmt.

Abhilfe 1: Um zu verhindern, dass das Konzept aufgrund von Führungslosigkeit nicht umgesetzt wird, wählen die Studierenden aus ihren eigenen Reihen Personen, die die Rolle der Organisatoren übernehmen.

Chancen: Es bleibt zu klären, ob die Arbeitsgruppen etwas zu der Aktivierung der Studierenden in der Vorlesung beitragen. Durch das Aufarbeiten des Vorlesungsstoffes und die Wiederholung kann man davon ausgehen, dass sich die Studierenden in der Vorlesungsmaterie besser auskennen und sich sicherer fühlen werden, so dass sie in der nächsten Veranstaltung eher geneigt sein werden, sich zu melden und vom/von der Dozierenden gestellte Fragen zu beantworten. Aber auch diejenigen Themen, die in der Gruppe nicht geklärt werden konnten, werden dann möglicherweise in der Vorlesung zur Sprache gebracht, so dass sich eine konstruktive Diskussion entwickeln kann. Das bedeutet, dass die zusätzliche Zeit, die die Studierenden dem Vorlesungsstoff widmen, dazu führen wird, dass sie sich auch an der Vorlesung reger beteiligen. Im Ergebnis führen die Arbeitsgruppen also dazu, dass die Teilnehmer/innen selbst aktiver werden. Andererseits wird durch den Einsatz von Arbeitsgruppen auch die gegenseitige Aktivierung der Studierenden eingeleitet. Dies ist dann der Fall, wenn die Personen, die zusammen in der Gruppe lernen und sich aktiv an der Vorlesung beteiligen (als Ergebnis der guten Vorbereitung in der Arbeitsgruppe) eine Art „Vorbildfunktion" übernehmen. Die in der unmittelbaren Nähe sitzenden Kommilitonen werden vermutlich positiv beeinflusst und dazu ermuntert, sich ebenfalls in die Vorlesung einzubringen.

entwickelt von Dragana Spahic

Kurz-Drehbuch mit Checkliste

Was?	Wer?	Bis wann?	Hilfestellung
Kommilitonen suchen, die eine Arbeitsgruppe gründen wollen	Studierende, die eine Lerngruppe suchen	am Anfang des Semesters	durch direktes Ansprechen, eine Liste oder über studi-VZ
Vorschläge zu Ort und Zeit machen	alle, die bei der Arbeitsgruppe mitmachen möchten bzw. die gewählten Organisatoren, die es stellvertretend übernehmen, Vorschläge zu machen	am Anfang des Semesters	
wöchentliches Treffen	Gruppenmitglieder	während des Semesters	

Kleingruppen

Kurzbeschreibung

Immer dann, wenn es in der Vorlesung Anzeichen dafür gibt (z.B. erhöhter Geräuschpegel), dass die Studierenden gerade nicht dem Gedankengang des/r Dozierenden folgen können, Verständnisfragen haben oder über aufkommende Streitfragen diskutieren möchten, geben sie dem/r Dozierenden ein Signal, dass sie Kleingruppen bilden möchten, und besprechen sich in eben diesen.

Sinn und Ziel

In einer Kleingruppe muss man sich gegenseitig etwas erklären und gemeinsam über Lösungswege nachdenken, was letztlich das Lernen fördert. Dies wird sich insofern positiv auf die Vorlesung auswirken, dass die Studierenden, dem/der Dozierenden wieder gedanklich folgen können. Dies ermöglicht der Lehrperson, besser und effektiver mit dem Vorlesungsstoff voran zu kommen. Ein weiterer Nutzen besteht darin, dass das gemeinsame Lernen mehr Spaß macht. Im günstigsten Falle wird sich dieser Spaß dann auch positiv auf die Lernmotivation innerhalb der Vorlesung auswirken.

Zeitbedarf

für die Vorbereitung

Die Einteilung aller Vorlesungsteilnehmer/innen in Kleingruppen wird ca. eine halbe Stunde in Anspruch nehmen und sollte am besten vor oder nach der Vorlesung stattfinden.

für die Durchführung

Damit die Kleingruppenmitglieder ihre Anliegen besprechen können, werden ihnen fünf Minuten der Vorlesungszeit zur Verfügung gestellt.

Häufigkeit des Einsatzes

Flexibel. Der Einsatz ergibt aber nur dann Sinn, wenn es den allgemeinen Anschein hat, dass die Mehrheit der Kommilitonen aufgrund des Vorlesungsstoffes Gesprächsbedarf hat.

Nötige Ressourcen

Papier und Stift um aufzuschreiben, wer mit wem eine Kleingruppe bildet. Es empfiehlt sich, dies deshalb aufzuschreiben, damit eine gewisse Beständigkeit gesichert wird. Die Konstellationen der Gruppen sollten nicht allzu oft verändert werden, da sich ein gewisses Vertrauensverhältnis innerhalb einer Gruppe bildet.

Detailliertere Beschreibung

Zu Beginn des Semesters teilen sich die Studierenden in mehrere Dreier- bzw. Vierergruppen ein bis alle Vorlesungsteilnehmer/innen in einer Kleingruppe sind, mit der sie sich austauschen können. Fällt es den Studierenden dann mitten in der Vorlesung schwer sich zu konzentrieren, weil sie Verständnisschwierigkeiten haben, oder ein Thema so kontrovers ist, dass Diskussionsbedarf besteht, meldet sich ein Kommilitone/eine Kommilitonin und gibt dem/der Dozierenden Bescheid, dass eine Kleingruppenphase angebracht ist. Daraufhin begibt sich jede/r Studierende zu seiner/ihrer Kleingruppe. Während der nächsten fünf Minuten haben die Studierenden dann Zeit sich auszutauschen. Bleiben am Ende der Sitzung noch Fragen offen, so werden diese dem/der Dozierenden persönlich oder per Mail gestellt. Hat man während der Kleingruppenphase über spannende Themen debattiert, so können diese in einer studiVZ-Gruppe veröffentlicht und damit einem breiteren Publikum als Diskussionsstoff zur Verfügung gestellt werden.

Chancen und Gefahren

Gefahr 1: Es traut sich keiner den/die Dozierende/n nach einer Kleingruppenphase zu fragen.

Abhilfe 1: Um dies zu verhindern, wird jede Vorlesungsstunde jemand anderes dazu bestimmt, die Aufgabe zu übernehmen, sich zu melden und darauf hinzuweisen, dass eine Kleingruppenphase notwendig ist. Damit die Person weiß, wann die Notwendigkeit zu einer Kleingruppe besteht, muss er/sie die Kommilitonen/innen beobachten, auf das Ansteigen des Geräuschpegels im Vorlesungsraum und auf direkte Aufforderungen, sich zu melden, achten.

Gefahr 2: Ein Umweg über eine Gruppe ist überhaupt nicht nötig, wenn die Studierenden sich direkt an den/die Dozierende/n wenden können.

Abhilfe 2: Dem ist entgegenzuhalten, dass sich immer noch die meisten Menschen (Schüler/inn/en, Studierende oder Teilnehmer/innen eines Seminars) bei Fragen zunächst an den/die Sitznachbar/in wenden und erst einmal eine Auseinandersetzung mit diesem beginnen, bevor sie mit dem/der Lehrenden sprechen. Ein Grund dafür ist, dass man bei Verständnisfragen auf eine kurze und prägnante Antwort des Nachbarn/der Nachbarin hofft. Außerdem schämen sich viele Menschen davor, etwas Falsches zu sagen. Daher schätzen sie es, zunächst mit jemandem auf gleicher Ebene zu diskutieren und sich bei diesem genügend Sicherheit und Bestätigung zu verschaffen bevor sie mit ihren Gedanken an den/die Dozierenden/e herantreten.

entwickelt von Dragana Spahic

Kurz-Drehbuch mit Checkliste

Was?	Wer?	Bis wann?
Einteilung der Vorlesungsteilnehmer/innen in Kleingruppen	Student/inn/en, die Interesse an Kleingruppen während der Vorlesung haben	am Anfang des Semesters
Benennung jeweils einer Person pro Vorlesung, die die Aufgabe übernimmt dem/der Dozierenden Bescheid zu geben, wenn die Studierenden Gespräche in der Kleingruppe führen möchten	Abstimmung unter den Kleingruppenmitgliedern	zunächst abwarten, ob es nötig ist, spätestens in der dritten Vorlesungsstunde
Kommiliton/e/in meldet sich bei allgemeiner Verwirrtheit in der Vorlesung. Danach setzen sich alle zu den anderen Mitgliedern ihrer Kleingruppe und beginnen mit der Aussprache.	Kleingruppenmitglieder	irgendwann während der Vorlesung
nach der Kleingruppenphase offen gebliebene Fragen werden dem/der Dozenten/in gestellt	Kleingruppenmitglieder	nach dem Gespräch in der Kleingruppe

Online-System

Kurzbeschreibung

Den Studierenden wird eine interaktive Plattform an die Hand gegeben, die sie bei ihrem Studium unterstützt und die gleichzeitig der sozialen Verknüpfung (auch mit den Dozierenden) dient. Ein Online-System wird für alle Studierenden und Dozierende zugänglich von der Universität zur Verfügung gestellt. Es gliedert sich in einen allgemeinen Teil, in dem sich z.B. Foren für Interessenverbände o.ä. finden, und vorlesungsspezifische Unterzweige. Letztere werden von dem/von der Dozierende/n der Vorlesung betreut und sind nur den Teilnehmer/inne/n der jeweiligen Vorlesung zugänglich. Dort können die Dozierenden – in speziellen Fällen aber auch die Studierenden – Inhalte online stellen, die die Vorlesung ergänzen. Darüber hinaus dient die Plattform aber auch der Kommunikation zwischen den Studierenden und zwischen Studierenden und Dozierenden. Dabei unterstützt die Plattform nicht allein das Lernen, sondern bekommt auch einen persönlichen Anstrich.

Sinn und Ziel

Den Studierenden wird mithilfe des Online-Systems eine aktive Teilnahme am Gestaltungsprozess der Vorlesung ermöglicht (wie z.B. durch Abstimmungsmöglichkeiten über gewünschte Themen). Außerdem werden ihnen dort interaktive Inhalte zur Vertiefung der Lerninhalte bereitgestellt.

Zeitbedarf

für die Vorbereitung

mehrere Monate

für die Durchführung

ständige Betreuung durch ein technisches Team, regelmäßige Beteiligung von Studierenden und Dozierenden.

Häufigkeit des Einsatzes

täglich

Nötige Ressourcen

Online-System, gute Internetverbindung auf dem Campus

Detailliertere Beschreibung

In einem ersten Schritt richten sich sowohl Dozierende als auch Studierende einen Account mit persönlichen Informationen ein. In einem allgemeinen Forum kann man Allgemeines zum Uni- und Studentenleben besprechen und organisieren. Gegebenenfalls könnten dort auch Abstimmungen abgehalten werden. Kern des Onlinesystems ist im Hinblick auf die Aktivierung der Studierenden jedoch der vorlesungsspezifische Teil.

1) Onlineinhalte seitens der Dozierenden

Dies können Multiple-Choice-Aufgaben und ähnliches sein, die zur Vertiefung des Vorlesungsstoffes dienen. Aber auch Videos und weiterführende Links, die zusätzliche (lebensnahe) Aspekte des Themas behandeln, lassen sich auf die Plattform stellen. Hier besteht weiterhin die Möglichkeit für den/die Dozierende/n, eine Art Blog einzurichten. Dort kann dieser jederzeit auf Terminumstellungen, interessante Internetseiten oder Veranstaltungen hinweisen. Eine weitere Option ist die Freischaltung einer Abstimmungsfunktion. Darüber könnte der/die Dozierende z.B. erfragen, für welches Themengebiet sich die Studierenden besonders interessieren oder wo sie noch Nachholbedarf sehen.

2) Onlineinhalte der Studierenden

Von den Studierenden hochgeladene Materialien werden in der Vorlesung besprochen. Eine Blogfunktion für Studierende, die z.B. gerade eine Versuchsreihe unternehmen, ein Praktikum machen oder über die Vorlesungsinhalte nachdenken, schafft eine Möglichkeit, die eigenen Erfahrungen und Gedanken zum Thema an Kommiliton/inn/en weiterzugeben.

3) Online-Hilfe

Studierende, die Probleme mit dem Stoff der Vorlesung haben, können ihre Fragen online stellen. Dort können ihnen andere Studierende helfen, die sich mit dem jeweiligen Themengebiet besser auskennen. Alternativ kann der/die Dozierende den Studierenden helfen, Fragen zu beantworten.

4) Bonus-System

Ein Zusatz, der die genannten Funktionen reizvoller macht: Bei jeder Teilnahme an einer Umfrage, Onlineaufgabe etc. bekommt der/die Studierende Bonuspunkte verliehen, die ihm/ihr dann nach einer gewissen Zeit einen höheren Benutzer-Titel einbringen. So kann man z.B. vom „Ersti" zum/zur „Wissenschaftlichen Mitarbeiter/in" werden.

Chancen und Gefahren

Chancen: Durch das Online-System können eventuell auf den ersten Blick trockene Fächer einen neuen Reiz bekommen. Die Studierenden sehen Bezugspunkte zu ihrem Alltag und gehen motivierter in die Vorlesung und in die Nachbereitung. Das liegt auch daran, dass sie nun aktiv an der Gestaltung der Vorlesung teilnehmen können. Genauso haben auch die Dozierenden die Möglichkeit, auf einer für die Studierenden attraktiven Basis Interesse am Fach zu vermitteln und weiterführende Informationen an die Hand zu geben. Mithilfe des Online-Systems, dem gemeinsamen bloggen und der virtuellen Atmosphäre kann die strikte Trennung zwischen Studierenden und Dozierenden gelockert werden und zu einem angenehmeren Arbeitsklima beigetragen werden.

Gefahr: Die Studierenden nutzen die Onlineplattform nur für private Zwecke oder lernen fast nur noch online, so dass der Besuch der Vorlesung selbst zur Nebensache wird.

Abhilfe: Gerade um eine solche Tendenz zu vermeiden, sollte auf eine sinnvolle Verknüpfung von Vorlesungs- und Online-Inhalten geachtet werden. Hier kommt der/die Dozierende ins Spiel, der/die dieses Online-System möglichst effektiv nutzen sollte, damit es bei den Studierenden auch tatsächlich Interesse weckt und angenommen wird. Ein Coaching der Dozierenden diesbezüglich könnte also ebenfalls zum Erfolg des Systems beitragen.

Varianten

Beispiel Rechtswissenschaft: Der/die Dozierende stellt die Aufgabe, interessante Fälle in der Zeitung aufzuspüren. Alle Studierenden haben die Aufgabe, einen Artikel hochzuladen. Die besten werden dann in der Vorlesung behandelt.

Beispiel Germanistik oder Sprechwissenschaft/Sprecherziehung: Jede/r Studierende kann eine für ihn/sie bedeutende Rede hochladen bzw. verlinken. Die interessantesten werden in der Vorlesung behandelt.

entwickelt von Andreas Frank

Kurz-Drehbuch mit Checkliste

Was?	Wer?	Bis wann?
Einrichten des Onlinesystems, Einrichten des vorlesungsspezifischen Teils und Erstellung erster Inhalte seitens des/der Dozierenden	Dozierende in Zusammenarbeit mit einem technischen Team	bis zum Anfang des Semesters
Anmeldung durch die Studierenden, Betreuung durch Dozierende	Dozierende und Studierende	zum Anfang des Semesters
Regelmäßige Nutzung durch Studierenden und Dozierende	Dozierende und Studierende	während des Semesters

studiVZ-Gruppe

Kurzbeschreibung

Eröffnung einer Gruppe bei studiVZ mit dem Namen der entsprechenden Vorlesung. Hier tauschen sich die Studierenden über die Vorlesung aus und entwickeln Ideen, wie die Vorlesung verbessert werden könnte. Sie unterstützen sich gegenseitig bei der Vor- oder Nachbereitung und lernen sich zusätzlich kennen.

Sinn und Ziel

Die Mitstudierenden werden motiviert, selbst kreativ zu werden und Ideen zu entwickeln, wie man die Vorlesung aktiver, besser und lebhafter gestalten kann. Auch soll durch das Kennenlernen mit Namen im Onlinenetzwerk die Angst und Distanz zwischen den Studierenden in der Realität abgebaut werden. Dies kann eine bessere Basis für Aktivität, z.B. Meldungen, während der Vorlesung schaffen.

Zeitbedarf

für die Vorbereitung:

ca. 45 Minuten

Das umfasst: Gründung der Gruppe, Verfassen des Gruppentextes, Erstellen der Themen, Einladung der Vorlesungsteilnehmer/innen in die Gruppe.

für die Durchführung:

„Gruppenpflege": ca. 20 Minuten pro Woche. Diese sollte u.a. beinhalten: das Löschen von Spambeiträgen und sonstigen destruktiven Kommentaren, sowie das Erstellen neuer Themen. Auch müssen konstruktive Verbesserungsvorschläge – falls vorhanden – in gebündelter Form an den/die Dozierende/n weitergegeben werden.

Häufigkeit des Einsatzes

jederzeit, die Gruppe soll auch nach Ende des Semesters/der Vorlesung weiter existieren.

Nötige Ressourcen

Internet, studiVZ-Account

Detailliertere Beschreibung

Es wird eine Gruppe mit dem Namen der Vorlesung von 2-5 Studierenden(Administratoren) eröffnet. In diese Gruppe sollen alle Vorlesungsteilnehmer/innen eingeladen werden. Entscheidend ist ein prägnanter Einleitungstext, welcher den Eindruck vermitteln muss, dass die Studierenden in dieser Gruppe nicht ausspioniert werden, sondern, dass man sich frei äußern kann. Ebenso muss deutlich werden, dass man die jeweilige Vorlesung verbessern bzw. lebhafter gestalten will. Im Rahmen dieser Gruppe können dann beliebige „Themen" eröffnet werden, wie: Feedback zur Vorlesung, zum/zur Dozierenden, dem Inhalt, Verbesserungsvorschläge, Wie können, <u>WIR</u> Studierenden die Vorlesung aktiver und lebhafter gestalten? Aber auch Organisatorisches, Mitschriften, Klausurvorbereitung etc. könnten dort eingestellt werden.

<u>Mustervorschlag Einleitungstext:</u>

Besuchst du auch die Vorlesung „AB" bei Prof. XY, dienstags um 8.30 Uhr?

Wenn nein, warum nicht?

Wenn ja :

Was gefällt dir an der Veranstaltung?

Was gefällt dir eher weniger?

Hast du letzte Woche etwas nicht verstanden?

Oder warst du nicht da und bist jetzt auf der Suche nach Vorlesungsunterlagen?

Ob Austausch, Kritik, Anmerkungen oder Diskussionen, in diesem Forum ist alles erlaubt und auch willkommen!

Wer, warum und wozu?

Wir – A, B, C, D, und E - wollen diese Vorlesung aktiver und lebhafter gestalten und somit verbessern!

Aufgrund der immer zunehmenden Beliebtheit von sozialen Netzwerken und der Anwendbarkeit in jeder Vorlesung, ist dieses Konzept durchaus vielversprechend.

Chancen und Gefahren

<u>Gefahr 1:</u> Die Studierenden äußern sich nicht frei, weil sie Angst haben, negative Kritik könnte an den/die Dozierende weitergegeben werden. Dieses Problem entsteht, weil die Studierenden bei studiVZ

nicht mit einem Benutzernamen, sondern mit ihrem bürgerlichen Namen angemeldet sind.

Abhilfe 1: Wie bereits erläutert muss im Einleitungstext klar gemacht werden, dass die Studierenden nicht ausspioniert werden sollen, sondern, dass es darum geht die Vorlesungsqualität und Aktivität für alle Vorlesungsteilnehmer/innen zu verbessern.

entwickelt von Dragana Spahic, Daniel Mantel

Kurz-Drehbuch mit Checkliste

Was?	Wer?	Bis wann?
Gründung der Gruppe	2-5 Studierende (Administratoren)	am Anfang des Semesters (in den ersten 2 Wochen)
Verfassen des Einleitungstextes		
Erstellen der Themen		
Einladen der Vorlesungsteilnehmer /innen		
Gruppenpflege		einmal wöchentlich während des Semesters

Tandemgruppe

Kurzbeschreibung

Studierende bilden Tandemgruppen, die sich aus mindestens zwei verschiedenen Tandempartnern zusammensetzen. Die Tandempartner unterscheiden sich darin, dass sie sich jeweils in einem anderen Thema der Vorlesung besonders gut auskennen. Die Tandempartner haben die Aufgabe, dem jeweils anderen das eigene „Spezialgebiet" näher zu bringen, zu erklären und auf eventuelle Fragen des anderen zu antworten. Die Tandemgruppen sind somit eine Hilfestellung von Studierenden für Studierende.

Sinn und Ziel

Tandemgruppen können zu einem verbesserten allgemeinen Verständnis des Vorlesungsthemas und zu einer verbesserten Vorbereitung führen und somit die aktive Teilnahme an der Vorlesung fördern.

Zeitbedarf

für die Vorbereitung

Der Aufwand, sich einen Tandempartner zu suchen, ist gering.

für die Durchführung

Abhängig von der Bereitschaft der Studierenden, wie oft diese sich austauschen wollen und von der Komplexität des jeweiligen Problems.

Häufigkeit des Einsatzes

Die Kommunikation bzw. das Treffen kann einmalig stattfinden, regelmäßig oder immer dann, wenn Bedarf ist.

Nötige Ressourcen

Studierende, die Hilfe benötigen und solche, die Hilfe anbieten können sowie die Möglichkeit, miteinander in Kontakt zu treten (z.b. innerhalb der Vorlesung, in Internetforen, per Email usw.).

Detailliertere Beschreibung

Studierende, die eine Vorlesung besuchen, bilden Tandemgruppen, indem sich mindestens zwei Studierende zusammenschließen, um dem jeweils anderen bei einem bestimmten Thema zu helfen. Die Tandempartner finden sich, indem ein/e Studierende/r oder mehrere Studierende den jeweils anderen Studierenden die Idee der Tandem-Gruppe näher bringen. Während einer Vorlesungssitzung wird ihm/ihr/ ihnen von Seiten des/der Dozierenden Zeit eingeräumt, das Konzept vorzustellen und Tandempartner zusammenzuführen. Hierfür sind Studierende gefragt, die ein bzw. mehrere Themen der Vorlesung gut verstanden, aber gegebenenfalls bei einem anderen Thema Probleme haben. Die Tandempartner sollen sich gegenseitig ergänzen, d.h. das Thema, welches ein/eine Studierende/r nicht verstanden hat, sollte der jeweils andere verstanden haben und umgekehrt. Ein solcher Austausch kann auf verschiedene Arten durchgeführt werden: Tandempartner können sich persönlich treffen, per Email kommunizieren oder auch in einem öffentlichen Rahmen miteinander in Kontakt treten (z.B. über ein öffentliches Diskussionsforum wie studiVZ oder Clix).

Chancen und Gefahren

Chance: Durch den Zusammenschluss als Tandempartner können neue Bekanntschaften entstehen, was zu einer Verbesserung des allgemeinen Vorlesungsklimas beitragen kann.

Gefahr: Es könnten Schwierigkeiten beim Finden der Tandempartner auftauchen.

entwickelt von Katrin Altmaier

Kurz-Drehbuch mit Checkliste

Was?	Wer?	Bis wann?	Hilfestellung
Kontaktauf-nahme der Tandempartner	Studierende, die ein Thema beson-ders gut verstan-den und bei einem anderen Thema Probleme haben.	vor oder während der Vorlesungs-zeit/ zur Prüfungsvor-bereitung	studiVZ-Grup-pe, Clix, Email, persönliche Kontaktaufnah-me usw.
Tandem-Grup-pen bilden/ Hilfestellung geben	Tandempartner/ in	während der Vorlesungs-zeit/zur Prüfungs-vorbereitung	persönliches Treffen, Email-Kontakt, Foren-einträge usw.

2.2 Erfahrungsberichte der Studierenden[77]

Zusammengefasst lässt sich sagen, dass vielen Studierenden zu Beginn ihrer Arbeit das mangelnde Engagement ihrer Mitstudierenden auffiel. Erwar-tungen, welche man an diese gehabt hätte, seien nur bedingt erfüllt worden. Besonders bemängelt wurde das Fehlen konstruktiver Kritik. Hingegen positiv bewertet wurde die Einbindung der Wünsche und Anregungen der Vorlesungsteilnehmer in die später erarbeiteten Konzepte. Jene Konzepte wurden von allen Studierenden positiv eingeschätzt, gerade in Hinblick auf deren Realisierbarkeit. An einigen Stellen berichteten Studierende von einer diffusen, nicht näher erläuterten Hilflosigkeit. Zwar gelang es ihnen, dies selbst auf die Freiheit in ihrer Aufgabe zurückführen, sie gaben aber dennoch an, mit fehlender Kooperationsbereitschaft ihrer Kommilitonen nicht klargekommen zu sein. Den Zusammenschluss in fachrichtungsbezogene Teams begrüßten die meisten Studierenden explizit und gaben ferner an, dass dies maßgeblich zum Erfolg des Projektes beigetragen hätte. Alle Studierenden berichteten

---

77 Vgl. Anhang 24. Einzelne Erfahrungsberichte der Studierenden.

davon, mit viel Freude an der kreativen Arbeit im Projekt mitgewirkt zu haben. Besonders hob man die Bedeutsamkeit der diversen Workshops für das Klima im Projektteam hervor. Einige Berichte wiesen auf die Zeitnot der Vorlesungsteilnehmer hin und zeigten großes Verständnis für eine passive Rolle der Vorlesungsbesucher.

3
Versuchslabor im 3. Projektsemester

Im dritten Projektsemester lag der Fokus auf der praktischen Erprobung der bis dato entwickelten Konzepte. Hierfür wurden drei der von den Studierenden erarbeiteten Methoden ausgewählt und auf ihre Durchführbarkeit hin überprüft.

3.1 Fremddozenten einladen

Bei der Entwicklung der Methode „Fremddozent" lassen sich zwei Wege zum fertigen Konzept beschreiben. Während der ersten Monate kam es im ELAB in den jours fixes immer wieder zu angeregten Diskussionen darüber, wie man die Vorlesung interaktiver gestalten könne. In einer der Vorlesungen von Prof. Dr. Weth stellte Prof. Dr. Gutenberg eine Frage. Dem ELAB-Team, welches die Vorlesung mit einem eigens entwickelten Aufmerksamkeitsbogen beobachtete, fiel sofort ein bemerkenswerter Anstieg der Aufmerksamkeit der Studierenden auf. Im anschließenden jour fixe wurde dies thematisiert und Prof. Herberger war es, welcher meinte, man könne dies doch als Methode weiterentwickeln, um so den positiven Effekt, welcher auch aus einer Art Verwirrung der Studierenden resultiert, dafür zu nutzen, die Vorlesung dialogischer zu gestalten. Hierbei schien es zentral zu sein, dass die Studierenden sich am fragenden Fremddozenten ein Beispiel nähmen und ihnen somit die Scheu vor Fragen genommen würde. Aufgrund der Vielzahl an Ideen in diesem Zeitraum, wurde diese Idee nicht weiterentwickelt.

Als die Studierenden dann ihre Arbeit im ELAB aufnahmen, erarbeiteten sie, gänzlich unabhängig vom Professorenteam, ein Konzept, das von gleichen Grundannahmen ausging. Die Studierenden skizzierten dieses Konzept bereits in einem sehr frühen Stadium ihrer Arbeit, sodass das ELAB Team sie im Glauben an dieses Konzept nur bestärken konnte, ohne dabei zu sehr auf die Interessen der Professoren zu achten.

Nach Fertigstellung und schriftlicher Fixierung dieses Konzeptes wurde es in einer Horaz-Vorlesung von Prof. Dr. Riemer erprobt. Prof. Dr. Gutenberg übernahm hierbei den Part des Fremddozenten. An mehreren Stellen der Vorlesung gelang es Prof. Gutenberg, einen Diskurs über nahe liegende Fragestellungen anzuregen. Wie Prof. Dr. Riemer in seinem Erfahrungsbericht ausführt, war diese Erfahrung für ihn eine durchweg positive. Bei einer anschließenden Befragung der Vorlesungsteilnehmer äußerten sich auch die

Studierenden positiv zur Methode, wobei darauf hingewiesen wurde, dass man sich vor allem einen punktuellen Einsatz der Methode „Fremddozent" vorstellen könne.

3.1.1 Erfahrungsbericht Prof. Dr. Peter Riemer

Am 21. Januar 2010 haben die studentischen Mitarbeiter im Projekt „Akademische Beredsamkeit" mit meinem Einverständnis einen Dozenten (Prof. Gutenberg) gebeten, sich als Fremddozent in meine Horaz-Vorlesung zu setzen und die eine oder andere Frage zu stellen.

Es waren vor allem zwei Fragen, die von dem Fremddozenten gestellt wurden: Die eine bezog sich auf die Namen der Geliebten in der römischen Liebesdichtung (Lesbia, Cynthia, Corinna, Lalage, Chloe, Lydia etc.), ob diese eine Bedeutung hätten („sprechende Namen"), die andere auf eine metrische Besonderheit (Mittelzäsur im Pentameter). Beide Fragen hatten m.E. belebenden Charakter; sie dienten der Vertiefung und Erweiterung des Vorgetragenen. Auch wurde der Gesamtfluss der Vorlesung nicht unterbrochen. Ich denke, dass es überdies Gedanken waren, die jeder Studierende genauso hätte äußern können; meine Antworten wären ähnlich gewesen. Insofern könnte ich mir den potentiellen (vielleicht auch nur einmaligen) Einsatz eines Fremddozenten als Impulsgeber in einem laufenden Semester gut vorstellen.

3.1.2 Erfahrungsbericht Prof. Dr. Norbert Gutenberg

Besuch der Horaz-Vorlesung von Prof. Dr. Peter Riemer:

Nachdem in Sommersemester Riemer, Herberger und ich die Arbeitsrechtvorlesung von Weth einfach nur besucht hatten, war nunmehr verabredet, dass ein Kollege, ausdrücklich ein Nicht-Student, sondern vom gleichen akademischen Status, die Vorlesung des Kollegen nicht nur besucht, sondern dort auch aktiv wird.

Diese Rolle war für die Riemersche Horaz-Vorlesung mir zugefallen.

Obwohl ich sogar intrinsische Motivation hatte (Interesse an Literatur, Interesse an der römischen Antike), hatte ich Lampenfieber. Es galt ja, in der Vorlesung Fragen zu stellen oder Anmerkungen zu machen, die für den Lernprozess der studentischen Hörer produktiv waren.

Ich durfte auf keinen Fall der Versuchung erliegen, Fragen zu stellen, die aus meinen fachspezifischen Erkenntnisinteressen entspringen: was könnte ein Rhetorik- und Ästhetik-Kenner mit Lateinkenntnissen, der aber selber kein Altphilologe ist, nicht alles fragen, wenn ihm ein Professor für die Alten Sprachen in die Hände fällt? Es mussten aber Fragen sein, auf die die Studierenden zwar vielleicht nicht selber gekommen wären, die sie aber, wenn sie denn gestellt würden, plausibel fänden und nahe liegend. Ob mir so etwas einfallen würde? Da war ich gar nicht so sicher und deswegen in der ersten halben Stunde auch sehr angespannt.

Die beiden Fragen, die ich dann schließlich gestellt habe, schienen mir den formulierten Kriterien zu entsprechen: ein aufgeweckter Student hätte in der Tat auf die Idee kommen können, die Frauennamen in der Liebeslyrik könnten ,sprechende Namen' sein, denn das ist in stark konventionellen Literaturen nicht ungewöhnlich; ähnliches gilt auch für die versprosodisch-poetologische Frage. Hier war die Versuchung sehr stark, mit Riemer zu disputieren, denn seine Antwort war eine interpretatorische Entscheidung, durchaus begründet, die aber, mit anderen Gründen, auch anders fallen könnte.

Auf den Disput zu verzichten, fand ich ausgesprochen konstruktiv von mir. Es kam ja nicht darauf an, irgendwelche metrischen Details zu diskutieren (Modell ,Tagungsdebatte'), sondern Beispiele zu geben, wie man durch interessierte Fragen, die ein aufmerksames Zuhören voraussetzen, einen Mehrwert an Information produziert, und gleichzeitig zeigt, dass ein guter Lehrer über das hinaus, was er gerade vorträgt, noch viel mehr Hintergrund- und Tiefenwissen vorrätig hat, das nur darauf wartet, heraus gefragt zu werden.

3.1.3 Erfahrungsbericht Prof. Dr. Stephan Weth

Kollegen in meiner Vorlesung:

Unser Projekt „Akademische Beredsamkeit" war klar, die Absprachen waren getroffen. Teil des Projektes sollte sein, dass jeder der 4 Kollegen, die das Projekt beantragt hatten, an den Vorlesungen der anderen Kollegen teilnimmt. Begonnen werden sollte mit meiner Vorlesung „Individualarbeitsrecht I". Während der Vorbereitung des Projektes fand ich es durchaus gut, dass die Kollegen zu mir in die Vorlesung kommen wollten. Kurz vor der Vorlesung sah die Sache dann aber etwas anders aus. Nun kamen doch Bedenken; eine gewisse Nervosität war zu verzeichnen. Morgen sollten nicht nur die Studierenden, sondern drei Kollegen, nämlich ein Kollege aus der Rechtswissenschaft, ein Kollege aus der Sprechwissenschaft und ein Altphilologe an meiner Vorlesung teilnehmen. Wie würden die Kollegen reagieren? Würde ich nach deren Kritik noch in den Spiegel schauen können? Würde die gute Kollegialität, die bis jetzt unser Projekt ausgezeichnet hatte, auch nach der Teilnahme der Kollegen an meiner Vorlesung noch bestehen?

Dann kam die Vorlesung, und es ging gut. Während der Vorlesung nimmt man die Kollegen zwar wahr. Das ist aber kein Problem, weil man so mit anderen Dingen befasst ist, dass man auf die Kollegen nicht weiter achtet.

Nach der Vorlesung dann die mit Spannung erwarteten Reaktionen. Diese Reaktionen waren jedenfalls eines: nämlich nicht so wie befürchtet. Sie waren weder überkritisch, noch vernichtend. Sie waren vielmehr freundlich; die Kollegen zeigten sich außerordentlich interessiert. Ein Kollege meinte gar, das Arbeitsrecht sei doch weit interessanter, als er sich das vorgestellt habe. Es herrschte eine gewisse Dankbarkeit vor, dass man etwas wahr gemacht hatte, was eigentlich an der Universität verpönt ist: nämlich einmal nicht nur die eigene Vorlesung zu halten, sondern in anderen Vorlesungen Spion zu sein. Die Reaktion ging dann auch dahin, dass es außerordentlich interessant sei, eine fremde Vorlesung mit der eigenen Vorlesung zu vergleichen und anhand einer fremden Vorlesung eigenes Tun reflektieren zu können.

Von den Befürchtungen war also nichts wahr geworden; im Gegenteil: Es war eher Ermunterung und Lob als Kritik festzustellen.

Besonders wichtig waren für mich die Fragen, die sodann von den Kollegen gestellt wurden. Etwa die Frage an den Dozenten, wie viele Fragen er denn an seine Studierende gerichtet hat. Die Kollegen hatten mitgezählt. Der Dozent hat geschätzt und sich kräftig verschätzt. Er hatte nämlich gemeint, nicht so viele Fragen gestellt zu haben, und er hatte auch gemeint, die Zuhörerschaft sei ziemlich träge gewesen, sie habe nämlich nur wenig Fragen beantwortet. Tatsächlich waren aber weit mehr Fragen gestellt worden und weit mehr Antworten gegeben worden, als der Dozent geschätzt hatte. Darüber hinaus war festzustellen, dass offensichtlich die Studierenden, die sich in der Stunde einmal getraut hatten etwas zu sagen, sich ab da lebhaft an der Diskussion beteiligt hatten.

Das genannte Beispiel hat mir deutlich gemacht, dass es manchmal für den Dozierenden schwierig ist, die Reaktionen der Zuhörer richtig einzuordnen, und wie wertvoll es ist, wenn Dritte (also weder der Dozierende noch die Studierenden) die Vorlesung beobachten.

Noch ein Wort zur Frage, wie die Studierenden darauf reagiert haben, dass nicht nur ihr/e Dozierende/r vor ihnen steht, sondern dass dieser offensichtlich noch Kollegen mitgebracht hat, die seine Vorlesung anhören. Über die Reaktionen der Studierenden lässt sich deshalb etwas sagen, weil in der Vorlesung in jeder Stunde ein Zettelkasten am Ausgang des Hörsaales stand, der auch kräftig genutzt wurde. In diesem Zettelkasten fanden sich positive Reaktionen. Nicht verschwiegen werden soll, dass ein Studierender auch angemerkt hatte, Herr Weth braucht keine Supervisoren. Das soll aber nicht darüber hinwegtäuschen, dass die Reaktion der Studierenden insgesamt durchaus als freundlich und wohlwollend bezeichnet werden kann. Bei uns ist der

Eindruck entstanden, dass man sehr viel Verständnis für das Projekt hat, und auch die Bereitschaft durchaus vorhanden war, dieses Projekt zu fördern.

Abschließend bleibt festzuhalten, dass das Experiment aus meiner persönlichen Sicht nur Vorteile gebracht hat. Man ist mit Kollegen, die selbst an der Vorlesung und ihrem Schicksal interessiert sind, ins Gespräch gekommen. Man hat viele Anregungen bekommen; man hat gute Vorsätze gefasst, dies und jenes anders zu machen oder dies und jenes auszuprobieren, und vor allem: Die Befürchtungen waren unbegründet. Am Ende würde ich sagen, dass ich es eigentlich bedaure, dass nicht öfter Kollegen meine Vorlesung besuchen, und man sich mit ihnen über das, was man tut, austauschen kann.

3.2 Debattieren in der Vorlesung

Debatte beinhaltet im weiteren Sinne alle kontroversen Auseinandersetzungen zu bestimmten Themen, in denen verschiedene Meinungen dargelegt und Gründe für das Für und Wider vorgebracht werden. Im alltagssprachlichen Gebrauch wird das Wort Debatte für jegliche Diskussion zu strittigen Sachverhalten verwendet. Die Darstellung konträrer Positionen in Rede und Gegenrede hat sich zudem in der Politik etabliert und bis heute bewährt. Vor allem jene politische Debatten sind ein Bespiel und gleichzeitig Vorbild für die regelgeleiteten Auseinandersetzungen. Durch die Massenmedien können sie einer breiteren Öffentlichkeit zugänglich gemacht werden. Zu Beginn des 19. Jahrhundert entstanden, zuerst in England und kurz danach ebenfalls an amerikanischen Universitäten, Debattierclubs. Diese orientierten sich an der im britischen Parlament gebräuchlichen Redekultur. „Insbesondere in der USA ist das Debattieren eng mit den Universitäten verflochten und es gibt neben den weit verbreiteten `speech departments`, die sich vor allem um die praktische Ausbildung der Studierenden kümmern, sogar einzelne Lehrstühle und Institute mit dem Schwerpunkt `Debatte`."[78] In zahlreichen Debattierturnieren messen sich universitäre Debattierclubs, in einer Form des sportlichen Redewettkampfes. Seit dem Ende des 20. Jahrhunderts finden schließlich auch in Deutschland Debattierturniere statt.

Das Debattieren im engeren Sinne, als eine Form des kultivierten, regelgeleiteten Streitgesprächs, gilt als Königsdisziplin der rhetorischen Übungsformen. Durch das Erlernen des Debattierens können unterschiedliche Kompetenzen erlangt werden. So fördert das Debattieren zuerst die Argumentationsfähigkeit. Der Debattant muss schlüssige Argumente für seine Position finden, um das Ziel der Persuasion zu erreichen. Dabei muss er den Sachverhalt aus-

---

78 Bartsch, Tim-Christian, Hoppmann, Michael und Bernd Rex. *Was ist Debatte? Ein internationaler Überblick.* Göttingen: Cuvillier, 2005b. S. 33.

reichend durchleuchten und erkennen, welche Beweisgründe plausibel sind und somit das Publikum überzeugen könnten. Er muss das Wahrscheinliche in einer Sache finden. Das analytische Erfassen eines Falls, die Entwicklung einer stringenten Beweisführung, mit einer angemessenen Gewichtung und Platzierung der Argumente, ist dabei ebenso wichtig wie das Zuhören. Denn die „[...] argumentative Auseinandersetzung mit Anderen setzt voraus, dass man die Gedankenstrukturen des Gegenübers erkennen und produktiv verarbeiten kann."[79] Dies hilft auch, über die Debatte hinaus einen Streit konstruktiv führen zu können. Der Redner wird sensibilisiert für das Erkennen von Streitpunkten und Gemeinsamkeiten. Er kann, durch die Fokussierung auf die Konfliktpunkte, eine Entwicklung des Streitprozesses unterstützen. Das regelmäßige Debattieren trainiert zudem die Eloquenz, indem der Debattant eine etwaige Redeangst überwindet und lernt, produktiv und kreativ mit Sprache umzugehen. Wichtig sind eine situations- und redneradäquate Präsentation des Inhalts, die emotionale Bewegung der Zuhörer und die Verwendung eines angemessenen Stils. Die notwendige spontane Reaktion auf die Gegenargumente trainiert Schlagfertigkeit und Beweglichkeit des Denkens. Die regelgeleitete Kontroverse fördert die Gesprächsfähigkeit. Die Redner lernen, Gesprächsregeln zu akzeptieren, die Konversation zu strukturieren und eine gegenläufige Meinung zu tolerieren. „Aber nicht nur der kritische Blick der Debattanten auf andere wird geschult, sondern auch der Umgang mit Kritik an der eigenen Position. Sich hinterfragen zu lassen, sich zu rechtfertigen und nach Begründungen suchen zu müssen, ermöglicht dem Redner eine festere und gründlichere Fundierung der eigenen Aussagen."[80] Die Themen der Debatten können vorlesungsrelevante Inhalte beinhalten. So ist die Debatte als Methode flexibel und jederzeit einsetzbar, wann immer es dem/der Dozierenden sinnvoll erscheint. Die aktive Auseinandersetzung mit den Argumenten konkurrierender Meinungen ermöglicht zum einen die persönliche Meinungsbildung, führt darüber hinaus jedoch ebenfalls dazu, dass die Debattanten realisieren, dass es nicht nur eine exklusive Wahrheit gibt. Vielmehr erfahren sie die Berechtigung verschiedener und dabei gleichermaßen plausibler Positionen. Durch das selbstständige Erarbeiten der zu vertretenden Position, das Entwickeln möglicher Sichtweisen, aber auch durch die Ausführungen der Gegenseite, erschließt sich der Debattant selbst Wissen. Das Denken in Gegensätzen wird aktiviert und gefördert.

---

79 Bartsch, 2005b. S. 10.
80 Bartsch, 2005b. S. 13.

3.2.1 Was ist Debatte?

„Es gibt wenige Begriffe im Bereich der Rhetorik mit einem breiteren Bedeutungsspektrum als ‚Debatte'."[81] Wenn man diese rhetorische Übungsform von anderen Formen des Streitgesprächs und benachbarten Formen, wie der Diskussion oder Disputation abgrenzen möchte, bedarf es der Annahme einiger differenzierender Kriterien. Hierzu gehören neben der dauerhaften Präsenz der Teilnehmer der spezifische Fragetyp, die reglementierte Gesprächsführung und die limitierte Gesprächszeit. Debatte im engeren Sinne meint demnach: die regelgeleitete Aussprache oder Erörterung eines festgelegten Themas bei temporaler Präsenz aller Teilnehmer. Hierbei werden konträre Positionen argumentativ dargelegt, Gründe für das Pro und Contra der strittigen Entscheidungsfrage vorgebracht. Der finale Charakter der Debatte wird durch die inhaltliche Beschränkung auf eine geschlossene Entscheidungsfrage begründet. Es handelt sich dabei nicht um eine Frage, die exklusiv bejaht oder verneint werden kann. Die Frage soll vielmehr zulassen, dass die Debattanten sich vorübergehend einer Position verpflichten, die ihnen eine begrenzte Anzahl von Möglichkeiten der argumentativen Stützung ihres Standpunkts bietet. „Die Bindung an Entscheidungsfragen unterscheidet Debatte von Diskussion."[82] Während für die Debatte die Bindung an eine Entscheidungsfrage konstitutiv ist, findet sich in der Diskussion eine offen gestellte Frage, welche diverse Antwortmöglichkeiten gestattet. Dies ermöglicht eine umfassendere Erörterung der Sachlage, von verschiedenen Ausgangspunkten aus. Ziel ist es in einem Klärungsprozess einen Konsens zu erreichen. „Während die Diskussion stärker Klärungscharakter hat, so stehen bei der Debatte Durchsetzungswille und Durchsetzungsvermögen im Vordergrund."[83] Das Ziel der Debatte ist die Persuasion. Essentiell ist ein respektvoller und konstruktiver Umgang mit der Gegenfraktion, es muss eine reziproke Akzeptanz der Prämisse herrschen: Die Meinung der Gegenseite hat Berechtigung.[84] Diese Fairness wird durch die strukturierenden Gesprächsregeln und das Wachen des Gesprächsleiters/ Präsidenten über deren Einhaltung gewährleistet. „Die strikte formale Egalität der beiden Positionen [...] ist eine wichtige Eigenschaft [...], da diese verhindert, dass die Qualität der beiden Positionen durch unterschiedliche Quantität oder Ordnung verzerrt wird."[85] Das Thema der Debatte ist eine

---

81 Bartsch, 2005b. S. 18.
82 Kemmann, Ansgar. „Debatte als didaktisches Instrument". *Rhetorik. Ein internationales Jahrbuch Bd. 25: Rhetorik der Debatte*. Hg. Olaf Kramer u.a. Tübingen: Niemeyer, 2006. S. 56.
83 Lemmermann, Heinz. *Schule der Debatte: Beiträge zur dialogischen Rhetorik*. München: Günter Olzog, 1986. S. 8.
84 Vgl. Bartsch, 2005b. S. 12.
85 Bartsch, 2005b. S. 20.

praktische Entscheidungsfrage, eine Frage nach dem Tun oder Unterlassen, die eindeutig formuliert werden soll. Hierbei stehen Konsequenzen für das politische oder gesellschaftliche Handeln zur Disposition. Der Wortlaut der Fragstellung bindet beide Fraktionen gleichermaßen, bedarf jedoch einer weiteren Auslegung innerhalb der Debatte. Die Frage muss sich beiden Fraktionen gleichermaßen stellen und eine eindeutige Stellungnahme fordern. Während die Vertreter der Pro-Seite mit ihrer Rede die Bejahung der Frage betreiben, unterstützt die Opposition deren Verneinung. Ob eine Vorbereitungszeit gewährt wird, hängt von dem praktizierten Debattierformat ab. Hierbei gibt es signifikante Unterschiede zwischen den diversen Formaten hinsichtlich der Erarbeitungsphase. Diese kann von einer mehrwöchigen Vorlaufzeit bis hin zu der spontanen Aussprache ohne jegliche Vorarbeit reichen. Dem Redner stellen sich, abhängig von seiner Position im Redeablauf, verschiedene Aufgaben. Die Reihenfolge der Redner wechselt von der Pro-Fraktion zur Contra-Seite und endet wenn alle Redner zu Wort gekommen sind. Der Eröffnungsredner der Pro-Seite bringt den Antrag der Regierung vor, er führt erste Argumente ein und stellt eine geeignete Maßnahme vor. Der Antrag ist richtungweisend für die ganze Debatte. Er ist Argumentationsgrundlage und entscheidet über den Fortlauf der Debatte, sowohl inhaltlich als auch atmosphärisch. Der Antrag wird von der Gegenfraktion angegriffen, so antwortet ihm der Vertreter der Contra-Fraktion kritisch. Er muss spontan auf die Argumentation seines Vorredners reagieren und erste Gegenargumente einführen. Er ist nicht verpflichtet eine Gegenmaßnahme anzubringen, jedoch kann sich dies positiv auf die Überzeugungskraft seiner Rede auswirken. Die nachfolgenden Redner beider Fraktionen stärken die Position ihrer Seite, indem sie bereits angeführte Argumentationsfelder weiter entfalten und konkretisieren. Sie beseitigen Unklarheiten, schließen Lücken und decken Widersprüche in der gegnerischen Argumentation auf. Dabei sind sie frei weitere Argumente zu ergänzen. Dies ist den Schlussrednern beider Fraktionen nicht gestattet. Ihnen kommt die Aufgabe zu, in einem Abschlussplädoyer die Forderung der eigenen Fraktion zusammenzufassen, indem die Kernpunkte der Debatte und somit auch die Grundkonflikte beider Positionen dargestellt werden.

3.2.2 Debatte als Methode

Aktuell lässt sich eine vielseitige Debattierkultur auf allen Kontinenten finden. Diese weisen jedoch diverse Unterschiede im Format, der Zielsetzung und dem Stil auf. Basale Differenzen zeigen sich vor allem bezüglich der Recherchelastigkeit und der Interaktion mit einem etwaigen Publikum. Geläufige Hochschulformate der Debatte sind die Offene Parlamentarische Debatte, das Wartburg Format, die British Parliamentary Debate, die Irish Times, die

American Parliamentary Debate, die Australian-Asian Debate, die Tübinger Debatte und die Oxford Debate. Diese Formate sind streng formalisiert und bedürfen einer intensiven Auseinandersetzung mit den unterschiedlichen Regelwerken und Zielsetzungen.

Um das Debattierformat für die Vorlesung erschließen zu können, bedarf es jedoch einer einfacheren, weniger formalisierten Grundform. So muss die Debattenform in ihrer Komplexität reduziert werden, um als didaktisches Instrument Anwendung zu finden. Als ein erstes konstitutives Merkmal der Debatte könnte die Formulierung einer Entscheidungsfrage angenommen werden, welche zwei gegensätzliche Positionen zulässt. Diese müssen im Verlauf der Debatte durch die Vertreter der Pro-Seite und der Contra-Seite argumentativ gestützt werden. Die Redner sollten der Fraktionsdisziplin unterworfen sein, um eine Egalität beider Positionen zu gewährleisten. Das Übertreten zu der anderen Fraktion würde ein Ungleichgewicht herstellen, dies gilt es zu vermeiden. Bedeutsam ist eine ausgewogene Ausführung konträrer Positionen und nicht die Darstellung der eigenen Meinung. Die Gleichberechtigung der Fraktionen muss ferner durch gleichgroße Fraktionen und durch für alle Redner gültige Redezeitbegrenzungen gewährleistet werden. Um eine wechselseitige Erwiderung und somit eine argumentative Interaktion zu ermöglichen, werden mindestens vier Redner benötigt. Die Redefolge sollte im Voraus festgelegt werden. Sinnvoll ist es, den Antrag der Pro-Seite an den Anfang zu stellen, um eine definierte Argumentationsgrundlage zu erhalten. Anschließend sollten abwechselnd beide Fraktionen zu Wort kommen. Den letzten Rednern sollte es untersagt sein, neue Argumente einzuführen, um die Debatte zu einem Abschluss bringen zu können. Dies soll auch verhindern, dass Konfliktpunkte unbeantwortet und offen bleiben. Die Gegenfraktion hätte keine Möglichkeit mehr auf neue Darlegungen einzugehen. Eine wachende Instanz (ein Präsident) sollte die Einhaltung der Redezeiten gewährleisten und etwaige unfaire Ausfälle untersagen. Diese Aufgabe muss jedoch nicht durch die Dozierenden übernommen werden, sondern könnte ebenfalls an einen Studierenden abgegeben werden. In einer Vorlesung könnte der Einschub einer zeitlich begrenzten, offenen Aussprache die Zuhörer aktivieren. An dieser Aussprache kann der Dozierende ebenfalls teilnehmen. Er könnte die Aussprache eröffnen, wenn keiner das Wort ergreift, und neue relevante Denkanstöße in die Erörterung einbringen. Die Aussprache sollte nach den Eröffnungsreden beider Fraktionen erfolgen. Die Positionen sind eingeführt, erste Argumente vorgebracht und somit ist eine Grundlage für einen Meinungsaustausch geschaffen. Um eine fundierte Beweisführung durchführen zu können und nicht `aus dem hohlen Bauch heraus` zu argumentieren, bedarf es normalerweise der Recherche. Wenn das zu debattierende Thema bereits in der Woche vorher, am Ende der Vorlesung bekannt gegeben wird, kann eine Vorbereitung erfolgen. Für ungeübte Redner bringt diese Vorbereitung Sicherheit, mögliche Redehemmschwellen können gesenkt werden. Außerdem führt die geleistete Recherche bereits zu einer aktiven Auseinandersetzung mit dem Sachverhalt. Dieser wird zunächst alleine erarbeitet und dann in der folgenden Sitzung erörtert. Dabei werden weitere Argumente und Positionen zu den bereits bestehenden Wissensstrukturen hinzugefügt. Diese Verarbeitung von Inhalten wird von den Studierenden selbst aktiv geleistet, untersteht jedoch gleichzeitig der Kontrolle des/der Dozierenden. Dieser kann in der offenen Aussprache die Erörterung lenken und somit in den Lernprozess eingreifen. Die Ernennung der Debattanten kann auf freiwilliger Basis erfolgen, falls sich jedoch niemand bereit erklärt, können die Vertreter der beiden Positionen von dem/der Dozierenden eingesetzt werden. Eine mögliche offene Abstimmung vor und nach der Debatte fördert ferner das Mitdenken des anwesenden Auditoriums. So können sich jene, durch die schlüssige und überzeugende Argumentation beider Fraktionen, zu einer Änderung ihrer Meinung hinreißen lassen. An der sich direkt an die Debatte anschließenden, zweiten Abstimmung können die Debattanten die Überzeugungskraft ihrer Rede ablesen. Die Debatte bietet den Studierenden eine Möglichkeit, aktiv am Vorlesungsgeschehen teilzunehmen und die eigene Meinung einzubringen. Die Abwechslung zum regulären Lehrvortrag kann die Aufmerksamkeit der Zuhörer ebenso erhöhen, wie die bereits geleistete Auseinandersetzung mit den relevanten Inhalten. Nicht zuletzt schult die Debatte rhetorische Grundfertigkeiten, welche auch über das Studium hinaus enorm wichtig sind. Die Studierenden lernen, eine Meinung zu vertreten und diese vor einem Publikum zu präsentieren. Regelmäßiges Debattieren könnte Hemmungen abbauen, auch zukünftig in hierarchischen Gesprächssituationen das Wort zu ergreifen und für die eigene Position einzustehen.

3.2.3 Erprobung der Methode Debattieren

Während des Sommersemesters 2010 wurde in der Vorlesung „Sophokles" am 08. Juli 2010 eine Debatte als Aktivierungsmethode für die Studierenden erprobt. In der vorangegangenen Sitzung am 01.Juli 2010 wurden die Studierenden am Ende der Vorlesungsstunde darüber informiert, dass in der nächsten Woche eine Debatte stattfinden solle. Bei dieser Debatte handelte es sich um die einfachere und weniger formalisierte Grundform des Debattierens. Aufgrund der Vorlesungssituation, die geprägt von einer hohen Stoffdichte ohnehin an Zeitmangel leidet, konnte keine detaillierte Einführung in das Debattieren geleistet werden. Um trotz der ungünstigen Ausgangssituation die

Wirksamkeit einer kurzfristigen Debatte zu erproben und diese als Methode zu prüfen, fand eben jene Komplexitätsreduktion statt.

Nachdem sich 4 Studierende freiwillig bereit erklärten, die Debatte zu bestreiten, fanden sich die Vertreter der beiden Fraktionen zusammen. Die Studierenden waren somit einer Position verpflichtet. Ihnen wurden zur Vorbereitung durch den Lehrenden Informationen in Form von Textkopien an die Hand gegeben. Dadurch sollten die Studierenden in ihrer Recherchearbeit entlastet und der Mehraufwand der Freiwilligen begrenzt werden. Außerdem wurde die zu debattierende Entscheidungsfrage bekannt gegeben.

Diese debattenuntypische Vorgehensweise wurde gewählt, um die Studierenden behutsam an das Debattieren heranzuführen, ohne eine Überforderung und somit eine Abwehrreaktion hervorzurufen. Die Studierenden sahen sich mit der Anforderung, selbst aktiv zu werden, konfrontiert, der normale Ablauf der Vorlesung wurde unterbrochen und es galt, sie dazu zu bewegen, sich auf das Experiment einzulassen. Zu Beginn der nächsten Sitzung wurden den Studierenden der Ablauf der Debatte und die Regeln erläutert. So wurden sie mit den Redezeiten von vier Minuten pro Redner, dem alternierenden Redeablauf und der Sitzordnung vertraut gemacht. Zur Orientierung wurde ihnen in Form einer Folienprojektion[86] der Redeablauf und die Aufstellung während der gesamten Debatte präsent gemacht.

---

86 Vgl. Übersicht auf S. 65.

Redeablauf und die Aufstellung während der gesamten Debatte präsent gemacht

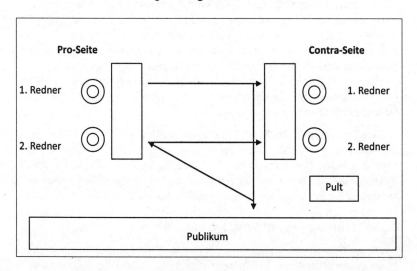

1. offene Abstimmung

Beginn der Debatte

Redezeit	Rednerabfolge	Zeitverlauf
4 min.	1. Redner Pro-Seite	8 min.
4 min.	1. Redner Contra-Seite	
10 min.	Offene Aussprache	18 min.
4 min.	2. Redner Pro-Seite	26 min.
4 min.	2. Redner Contra-Seite	

Ende der Debatte

2. offene Abstimmung

3.2.4 Auswertung

Die Debatte, die am 08.Juli 2010 stattfand, kann durchaus als positive Erfahrung bewertet werden. Die teilnehmenden Studierenden, die sich freiwillig als Debattanten zur Verfügung stellten, waren motiviert und in der Lage, ihre Argumente in einer freien Rede vorzutragen. Lediglich einer der vier Debattanten nutzte die ihm zugestandene Redezeit nicht aus. Das lag jedoch an einer nicht gleichberechtigten Aufteilung der Argumente in der Fraktion, sein Vorredner nahm die wichtigsten Argumente vorweg. Hier zeigt sich die fehlende Erfahrung im Debattieren.

Bezüglich der rhetorischen Fähigkeiten zeigten sich signifikante Unterschiede. Der vermeintlich schwächeren Fraktion gelang es, aufgrund einer überzeugenden Darstellung ihrer Position, das Publikum für ein Votum zu ihren Gunsten zu bewegen. Die Abstimmung vor und nach der Debatte war ein deutlicher Beleg für die überzeugende Wirkung der Rede.

3.2.5 Erfahrungsbericht Prof. Dr. Peter Riemer

Am 8. Juli 2010 war im Rahmen meiner Sophokles-Vorlesung eine Debatte angesetzt. In der Woche zuvor (am 1. Juli) hatte ich die Elektra-Dramen des Euripides und des Sophokles vorgestellt sowie deren gemeinsames dramatisches Vorbild, die Choephoren des Aischylos. Von den genannten drei Stücken ist nur eines fest datiert: Die Choephoren wurden als das zweite Stück der Orest-Trilogie von Aischylos 458 v.Chr. aufgeführt. Wann Euripides und Sophokles, vor allem wer zuerst und wer danach, die neueren Versionen der Rache von Orest und Elektra an der eigenen Mutter für die brutale Ermordung Agamemnons schrieben und aufführten, ist in der Forschung sehr umstritten. Es gibt Befürworter mit entsprechenden Argumenten für die Priorität des einen wie des anderen Dichters.

Drei Studenten und eine Studentin erklärten sich bereit, auf der Grundlage weiterer Lektüre (Sekundärliteratur und Dramentext) eine Debatte zu führen. Diese fand am 8. Juli statt. Ehe man in die Debatte eintrat, wurde durch eine einfache Abstimmung das Meinungsbild des Auditoriums ermittelt. Das Auditorium favorisierte zu Beginn die Reihenfolge Sophokles – Euripides. Nach der Debatte, in der offensichtlich überzeugendere Argumente für Euripides vorgebracht wurden, kehrte sich das Meinungsbild in einer zweiten Abstimmung um. Eine deutliche Mehrheit sprach sich dafür aus, in Euripides denjenigen zu sehen, der nach Aischylos eine erste neue Version des Orest/Elektra-Mythos auf die Bühne brachte, auf die wiederum Sophokles zurückgriff.

Da ich meine Vorlesung in der Regel frei halte, konnte ich die Debatte als dialogisches Element so in den Ablauf einbauen, dass die jeweils vorgebrachten Argumente von mir anschließend wieder aufgegriffen und ergänzt wurden. Es war mir ein besonderes

Anliegen, dabei die Schwierigkeiten deutlich werden zu lassen, eine klare Entscheidung zu fällen. Da ich selbst aber der Auffassung zuneige, in Sophokles den ersten Neuerer zu sehen, musste ich nach der Debatte zusätzliche gewichtige Argumente vorbringen, um das Auditorium zu überzeugen.

Mein Eindruck von der Effizienz der Debatte als motivierendes Element innerhalb einer Vorlesung ist gemischt. Vielleicht wäre die Debatte in einem Seminar oder einer Übung besser eingesetzt, wo der Debatten-Dialog als solcher von den übrigen Teilnehmern aufgegriffen und fortgeführt werden kann, der Debatte somit ein weiterer Dialog folgt. Dennoch hat sie sich wegen der erhöhten Aufmerksamkeit auch in der Vorlesung bewährt.

3.3 Studierforum

Im Sommersemester 2010 wurde als eine weitere vorlesungsbegleitende Methode ein Internetforum für die Studierenden eingerichtet. Dieses wurde zu der Vorlesung Individualarbeitsrecht I angelegt. Die Idee des Studierforums fußt auf einer Methode, die von den studentischen Hilfskräften ausgedacht und entwickelt wurde. Dieses Studierforum sollte den Studierenden zuerst einmal als eine Möglichkeit des Austausches dienen. Durch das Forum sollte ein Rahmen geschaffen werden, in dem sich die Studierenden mit etwaigen Fragen nicht nur an die Dozierenden, sondern auch an eine größere Studierendengemeinschaft, ihre Kommilitonen, wenden können. Ebenso sollte das Studierforum eine Plattform für die Klärung organisatorischer Belange darstellen. So wurden in diesem Forum die Vorlesungsmaterialien und Skripte eingestellt und zum Download bereitgehalten. Ähnlich dem Zettelkasten, sollte das Studierforum ferner die Gelegenheit bieten, den Dozenten Feedback zu geben.

Zu Anfang des Semesters wurden die Studierenden in der ersten Sitzung der Vorlesung Individualarbeitsrecht I von den Dozenten über das Forum informiert. Die Studierenden wurden gebeten, sich dort mit ihrem Namen innerhalb von 14 Tagen anzumelden. Es wurde darauf hingewiesen, dass keine Benutzernamen, sondern Realnamen benutzt werden sollten. So sollte die Anonymität ein wenig begrenzt werden, um zu verhindern, dass es zu anonymen Anfeindungen oder unangemessenen Beiträgen kommt. Von ca. 200 Vorlesungsteilnehmern meldeten sich 153 Studierende an. Während die Nutzung des Studierforums am Anfang recht rege war, legte sich das im Verlauf des Semesters. Die anfängliche Aktivität lässt sich primär mit der Verfügbarkeit der Vorlesungsmaterialien erklären. Nachdem diese einmal heruntergeladen waren, war zwar zu beobachten, dass sich die Studierenden regelmäßig eingeloggt haben, für Fragen oder Diskussionen wurde das Forum jedoch kaum genutzt.

Die von Seiten des Lehrstuhls zu freiwilligen Übungszwecken eingestellten Fallbeispiele löste lediglich ein Studierender. In der Rubrik „Feedback zur Vorlesung" wurde zu Beginn des Semesters, insbesondere bezüglich der Verständlichkeit der Vorlesung, eine hohe Teilnahmebereitschaft registriert. Im weiteren Verlauf nahm diese jedoch sukzessive ab.

4
Methoden zur Verbesserung der Vorlesung –
Erträge des 4. Projektsemesters

4.1 Vorlesung als Rede

In dem Projekt *Entwicklungslabor Akademische Beredsamkeit* wurde der inter-
disziplinäre Versuch unternommen, hochschuldidaktische Methoden mit
rhetorischen Erkenntnissen in Verbindung zu bringen. Durch die Aus- und
Weiterbildung auf beiden Fachgebieten, in der Didaktik ebenso wie in der
Rhetorik, könne nach Apel[87] die Lehre positiv beeinflusst werden. „Die Hörsäle
sind zeitweise Orte rhetorischer Unzulänglichkeit [...]. Nach meinen Besuchen
in Vorlesungen vermute ich, dass die Mängel auf zwei Ursachen zurückzu-
führen sind: auf ein verbreitetes Desinteresse der Dozenten an didaktischer
Orientierung und auf Mangel an rhetorischem Können."[88] Darüber hinaus
bestehe ein Ansatzpunkt zur Verbesserung der Vorlesungsqualität „vor allem
in der Verbindung rhetorischen Könnens mit didaktischer Kompetenz."[89] Laut
Apel sei Studierenden in einer Vorlesung wichtig, dass diese logisch strukturiert und verständlich überzeugend vorgetragen wird.[90] Selten begreifen sich
Hochschullehrer/innen als Redner, obgleich sie in ihren Vorlesungen und
Seminaren Redetätigkeit ausüben. Ohne die Redetätigkeit der Lehrenden kann
die Vorlesung, die aktuell an den Universitäten immer noch Hauptbestandteil
der Lehre ist, nicht realisiert werden. Trotzdem ist es nicht üblich, die Vorlesung als eine explizit rhetorische Kommunikationssituation anzunehmen
und dies bei der Planung und Ausgestaltung vorauszusetzen. Das würde be-
deuten, die Vorlesung nicht nur als Lehrform zu verstehen, sondern als Rede.
Die Kritiker des Lehrformats Vorlesung unterschätzen die Wirkung, die ein
gelungener Lehrvortrag haben kann. So „kann ein Lehrvortrag das Interesse
der Zuhörenden an wissenschaftlichen Zusammenhängen in ganz anderer
Weise stimulieren [...]"[91], als dies jedes Selbststudium eines Lehrbuches kann.
Dem Vortrag der Lehrenden kommt dabei die zentrale Rolle zu: Wenn dieser
anregend gestaltet ist, relevante Bezüge zu aktuellen Geschehnissen herstellt,
anschauliche Bespiele beinhaltet und eine abwechslungsreiche sprachliche
Gestaltung bietet, kann er nicht nur zum Nachdenken ermuntern, sondern

---

87 Vgl. Apel, 1999. S. 65 ff.
88 Ebd. S. 65.
89 Ebd.
90 Vgl. ebd. S. 68 ff.
91 Ebd. S. 38.

darüber hinaus zur eigenständigen Auseinandersetzung mit den Inhalten der Vorlesung aktivieren. „Allerdings kann dies nur gelingen, wenn neben wissenschaftlich korrekter Darstellung auch die Besonderheit der rhetorisch-didaktischen Situation beachtet wird."[92] Der/die Dozierende sollte eine logisch stringente Argumentationslinie verfolgen, dabei jedoch nicht vergessen, dass die Zuhörer sich angesprochen fühlen sollen. „Darin kehrt rhetorisches Grundwissen wieder, dass der Redner die Sache klar darstellen und die Empfindungen der Zuhörer ansprechen solle. ‚Logos' und ‚Pathos' sind die Mittel eines wirksamen Vortrags."[93] *Ethos, logos* und *pathos* gehören zu den bereits in der *Rhetorik*[94] des Aristoteles erwähnten Wirkungsfaktoren, die bei einem Redeereignis zusammenarbeiten. Das *ethos* bezeichnet dort die Darstellung des Charakters des Redners in seiner Rede. Das Bild, welches der Redner von sich vermittelt, ist die Grundlage für die Zuschreibung von Glaubwürdigkeit und somit der Akzeptanz der Rednerpersönlichkeit durch die Hörer. „Im Hörsaal heißt das, dass Wissenschaftler ihre Botschaft selbstsicher vermitteln sollten. Dabei müssen sie darauf achten, dass sie sprachlich überzeugen und durch ihr Verhalten glaubwürdig erscheinen."[95] Mithilfe der Rede kann der Redner außerdem eine gewisse psychische Disposition bei den Hörern hervorrufen, er kann ihre Affekte erregen. Das *pathos* als das Mittel zur Erregung der Leidenschaften bezieht sich auf die emotionale Gestimmtheit der Hörer. Der/die Dozierende sollte im Hörsaal diese Ebene nicht außer Acht lassen. „Lehre wird von Studierenden als gut erlebt, wenn sie Empfindungen (wie Zustimmung oder Ablehnung, wie Begeisterung und Nachahmungswunsch) anspricht."[96] Mit dem *logos* wird die Rede selbst als Wirkungsgegenstand untersucht. „Durch die Rede endlich überzeugt man, wenn man Wahres oder Wahrscheinliches aus jeweils glaubwürdigen Argumenten darstellt."[97] Logisch aufgebaut präsentiert der Redner eine dem Redegegenstand angemessene Redestruktur und überzeugt durch sachliche Informationen, empirische Beweise und rationale Schlüsse. Die Aufgabe des Redners ist es, den Beweisgang und die Darstellung zu wählen, die dem Redegegenstand, dem Hörer und der Situation angemessen sind. Weder durch eine zu pathetische, noch durch eine zu nüchterne Redeweise, kann der Redner überzeugen. Dem/der Wissenschaftler/in, der/die zwar Sachverhalte exakt darzulegen vermag, darüber aber die Darstellung des menschlichen Interesses vergisst, wird Misstrauen entgegengebracht. Der logischen Argumentationslinie ohne Darstellung des *ethos* wird Kalkül

---

92 Apel, 1999. S. 40.
93 Ebd.
94 Vgl. Aristoteles, Rhetorik. Stuttgart: Reclam. 1999. 1356a, 3.
95 Apel, 1999. S. 66.
96 Ebd. S. 67.
97 Aristoteles. 1356b, 6.

unterstellt. So wirken, in einer überzeugenden Argumentation, neben dem logischen Beweisgang die Darstellung des *ethos* ebenso wie die Erregung der Affekte (*pathos*) mit. Nach Apel könne Lehre zum Mitdenken bewegen und gleichzeitig einen Unterhaltungswert mit sich bringen, wenn sie verständlich und lebendig gestaltet wird.[98] Nimmt man die Vorlesung nun als eine rhetorische Situation an und sieht der/die Dozierende sich selbst als Redner, so können die Vorarbeiten für eine Vorlesung, analog zu der Planung und Produktion einer Rede, anhand rhetorischer Kategorien erfolgen. Denn einige Arbeitsschritte des Redners lassen sich problemlos auf die Vorüberlegungen der Lehrenden bei der Vorbereitung einer Lehrveranstaltung übertragen. „Schon die hellenistischen, noch mehr aber die lateinischen Theoretiker haben die umfangreiche Theorie dieser persuasiven Kommunikation nach einem auf den ersten Blick durchaus überzeugenden Modell zu gliedern gewusst, das sie aus der konkreten Erfahrung bei der Redevorbereitung abgeleitet hatten […]."[99] Nach diesem Modell gliedert sich die Produktion einer Rede in fünf Arbeitsschritte, die *officia*.

4.2 Stoffsammlung (inventio)

In dem ersten Produktionsschritt, der *inventio*, beschäftigt sich der Redner erstmalig eingehend mit dem Redegegenstand, sammelt Informationen und wählt aus dem angehäuften Informationsmaterial die dem Thema angemessenen Argumente aus. „*Inventio* ist die Bezeichnung für das Auffinden der Gedanken und stofflichen Möglichkeiten, die sich aus einem Thema bzw. einer Fragestellung entwickeln lassen."[100] Bei der Vorlesung ist, im Gegensatz zu anderen Redeanlässen, der Redegegenstand curricular vorgegeben. Es bleibt den Lehrenden aber überlassen, welche Schwerpunkte sie in ihren Veranstaltungen setzen möchten und welche Aspekte vertieft exploriert werden sollen. Dabei müssen sich die Lehrenden, ebenso wie der Redner, bei der Vorbereitung nicht nur einen eingehenden Überblick über das Themengebiet verschaffen, sondern auch eine erschöpfende stoffliche Grundlage erarbeiten. Bei der Stoffsammlung sollte der/die Dozierende immer auch einen Blick auf traditionell nicht in der Wissenschaft genutzte Medien haben. Denn gerade aktuelle Zeitschriftenartikel,[101] Karikaturen, Cartoons[102] oder Videomitschnitte von Fernsehsendungen lassen sich in einer Vorlesung als Einstieg in einen Themenkomplex oder aber zur Auflockerung bei der Er-

---

98 Vgl. Apel,1999. S. 67.
99 Ottmers, 2007. S. 13.
100 Ueding, 2005. S. 214.
101 Vgl. Methodensammlung. Artikel aus Zeitschriften. S. 86.
102 Vgl. Methodensammlung. Cartoons. S. 89.

örterung eines Forschungsgegenstands nutzen. Dieser abwechslungsreiche Medieneinsatz sollte angemessen gehandhabt werden und einen evidenten Problembezug aufweisen.

Aus der Stoffsammlung müssen die Lehrenden dann die dem Forschungsgegenstand und der Dauer einer Vorlesung angemessenen Argumente auswählen, um ihre Hörer weder mit zu vielen Informationen zu überfordern, noch mit zu wenigen Informationen zu langweilen. Wenn eine erschöpfende Menge an Stoff gesammelt wurde, werden jene Elemente ausgewählt, die für die spezielle Thematik und die konkrete Situation angemessen sind. Hierbei müssen stets die äußeren und inneren Faktoren der Kommunikationssituation bedacht werden. Die äußeren Faktoren, die eine Situation bestimmen sind objektive Gegebenheiten, die im Voraus geplant werden können (Thema, Ort, Zeit etc.).[103] Die inneren Faktoren können jedoch nicht vorab geklärt werden, da sie personale, psychische Faktoren umfassen und demnach individuell in der Situation selbst berücksichtig werden müssen.[104] „Zu den subjektiven Situationsfaktoren gehören außer den bislang beschriebenen der im engeren Sinn ‚subjektive Faktor' des in der Situation befindlichen Subjekts, seine lebensgeschichtliche und augenblickliche Befindlichkeit, die es meist – und nicht nur im Zustand psychopathologischer Verzerrungen – weder gänzlich durchschauen noch gar ‚definieren' kann."[105]

Wie bereits erwähnt, geht es in dem ersten Produktionsstadium der Rede, der *inventio*, um das Auffinden der Ideen und die Stoffsammlung. Hierbei bildet die Topik als Lehre von den Fundstätten der Beweise „[...] ein System von allgemeinen Suchkategorien, aus denen sich für den gegebenen Fall konkrete Argumente herleiten lassen."[106] Die Topik bietet *loci*, an denen Argumente aufgefunden werden können. Diese Orte oder *loci communes* stehen metaphorisch z.B. für bestimmte Sach- und Begriffsbereiche, an denen systematisch nach Beweisen und Argumenten gesucht werden kann. Es werden Felder ausgesucht, die für die Problemlösung von Bedeutung sind. Das topische Wissen erleichtert die Orientierung, indem es die unendliche Zahl möglicher Argumente auf die für den Fall sinnvollen beschränkt. Die Topik ist auch die Kunst des systematischen Fragens. Sie soll die Technik bereitstellen, den Gegenstand einer Rede nach seinen argumentativen Möglichkeiten zu beleuchten. Eben jene Instrumente des Fragens nach den überzeugenden und angemessenen

---

103 Vgl. Geißner, 1982. S. 27 ff.
104 Vgl. Ebd.
105 Geißner, 1981. S. 69.
106 *Topik und Argumentation.* [http://www.uni-tuebingen.de/uni/nas/projekte/lehrbuch/theoriefor/topikundargumentation.HTM] . 25.10.2010.

Argumentationswegen können sich die Lehrenden bei der Vorbereitung und der Selektion ihrer Informationen zu Nutze machen. Ebenso wie für den Redner sein Adressat im Mittelpunkt steht und richtunggebend ist, sollten für die Dozierenden seine Hörer, die Studierenden, bereits bei der Vorbereitung der Vorlesung eine Rolle spielen. Ziel des Redners ist die Überzeugung der Zuhörer. Dementsprechend sollte seine Rede an den Altersdurchschnitt, den Bildungsgrad und die soziale Situation angepasst sein. Analog dazu sollte der/die Dozierende sich um eine Auswahl von Beweismitteln bemühen, die an den Erfahrungen und Interessen der Studierenden anknüpfen.

4.3 Inhaltliche Gliederung und Aufbau (dispositio)

Im nächsten Schritt gilt es die Vorlesung über das Semester hinweg zu planen und die einzelnen Sitzungen zu gliedern. In der antiken Rhetorik fällt die Aufgabe der Gliederung in den zweiten Produktionsschritt, in die *dispositio*. Es kann jedoch keine strikte Trennung der einzelnen Stadien angenommen werden, vielmehr sind gleitende Übergänge auszumachen. „Naturgemäß ist der Übergang zwischen inventio und dispositio fließend [...]."[107] So greift der Redner bereits bei der *inventio* vor, nämlich auf das Arbeitsstadium der Ordnung. Denn bereits beim Abwägen der Beweisgründe ergibt sich automatisch ein Zusammenhang mit der Positionierung der einzelnen Argumente in der gesamten Beweisführung. Der in der *inventio* gefundene Stoff muss in der *dispositio* zweckdienlich verknüpft werden sowie zentrale Thesen und Schlussfolgerungen formuliert werden.

Bei der Einteilung der Rede hat sich in der Rhetorik eine klassische Vierteilung, ausgehend von der Gerichtsrede als übergreifendes Einteilungsprinzip, durchgesetzt:[108]

1. Einleitung – *prooímium, exordium*

2. Darstellung des Sachverhalts – *narratio*

3. Argumentative Beweisführung – *argumentatio*

4. Redeschluss – *peroratio, conclusio*

Diese Einteilung in die *partes orationis* besitzt einen modellhaften Charakter und ist nicht obligat auf jede Rede anzuwenden. Für den inhaltlichen Aufbau

---

107 Gutenberg, Norbert. „Normative Rhetorik? Konzeptionelle Überlegungen zu rhetorischen Regelwerken." *Immer ist es Sprache: Mehrsprachigkeit – Intertextualität – Kulturkontrast.* Hg. Thomas Grimm und Elisabeth Venohr. Frankfurt a.M. [u.a.]: Peter Lang, 2009. S. 31.
108 Vgl. Ottmers, 2007. S. 53.

und die Gliederung der Vorlesung stellt jene Vierteilung jedoch eine günstige und brauchbare Orientierungshilfe dar.

Den vier Redeteilen kommen unterschiedliche Aufgaben zu. Während durch die Einleitung und den Redeschluss eine Art Rahmen geschaffen wird, bilden die Darstellung des Sachverhalts und die Argumentation den Hauptteil. „Während die beiden ‚äußeren' *partes* vorrangig der Kontaktaufnahme mit dem Publikum und der Weckung (oder Dämpfung) von Emotionen dienen, steht in den ‚inneren' Teilen der Redegegenstand im Vordergrund, den der Redner plausibel, den er glaubhaft machen will – durch die Art der Darstellung und durch seine Argumentationsführung."[109]

Die Hauptfunktion der Einleitung der Rede ist, neben der Kontaktaufnahme des Redners mit den Zuhörern und der inhaltlichen Vorbereitung auf den Redegegenstand (*docilem parare*), vor allem die Aufmerksamkeit (*attentum parare*) und Sympathie (*captatio benevolentiae*) der Zuhörer für den Redner und den Gegenstand der Rede zu gewinnen.

Als Einstieg sowohl für jede einzelne Sitzung als auch für die gesamte Vorlesungsreihe ist es ebenso wichtig, mit einer gezielten Kontaktaufnahme die Aufmerksamkeit der Studierenden für ein Thema zu wecken. Hierbei können unterschiedliche Methoden[110] gewählt werden: So kann der/die Dozierende am Anfang einer Vorlesungsreihe mit einer Begrüßung der Studierenden beginnen, für das Erscheinen danken und eine kurze Darstellung der Inhalte der Veranstaltung zu präsentieren. Ein anderer denkbarer Einstieg wäre, sich eines ‚Aufhängers' zu bedienen. Dabei kommen die weiter unten in der Methodensammlung aufgeführten Cartoons[111]/ Karikaturen und Artikel aus Zeitschriften[112] ebenso in Frage wie generelle Bezüge zu aktuellen tagespolitischen, historischen oder persönlichen Geschehnissen.[113] Im Verlauf des Semesters, kann es insbesondere zur Orientierung der Studierenden sinnvoll sein, wenn der/die Dozierende bei der Einleitung die Gliederung der Vorlesungsreihe und die der einzelnen Sitzung präsentiert. Hierbei können vorangegangene Ausführungen und Probleme kurz und bündig wiederholt werden, um neben der Orientierung, das Vorwissen der Zuhörer zu aktivieren.[114] Zu Beginn einer Vorlesungsreihe, zur Einleitung in das Thema, könnte der/die Dozierende auch bei den Studierenden selbst ansetzen und mit einer Erwartungsabfrage

---

109 Ebd. S. 54.
110 Vgl. Matrix. S. 84.
111 Vgl. Methodensammlung. Cartoons. S. 89.
112 Vgl. Methodensammlung. Artikel aus Zeitschriften. S. 86.
113 Vgl. Methodensammlung. Aktuelle Bezüge. S. 77, Geschichten erzählen. S. 96.
114 Vgl. Methodensammlung. Gemeinsamkeiten aufzeigen. S. 95.

beginnen. Dabei können sich interessante Anregungen für die Lehrenden ergeben, die ihre nachfolgenden Sitzungen um die von den Studierenden angeführten Fragestellungen ergänzen können. Besonders geeignet erscheint dafür die Methode Herbstlaub,[115] welche eine Reflexion der am Anfang erfragten Erwartungen am Ende der Vorlesungsreihe mit einschließt.

Zu Beginn einer Vorlesungsreihe kann, ähnlich dem Einstieg in ein Seminar, eine kurze Phase des Kennenlernens angesetzt werden. In aller Regel erfolgt das Kennenlernen vor dem inhaltlichen Einstieg in das Thema, kann jedoch auch an anderer Stelle eingesetzt werden. Das Kennenlernen ist sicherlich nicht in jeder Vorlesung möglich oder zwingend durchzuführen. Die persönliche Ansprache kann jedoch der Aufmerksamkeit und Beteiligung der Zuhörer zuträglich sein.[116] Diverse Methoden zum Kennenlernen[117] sind in der nachfolgenden Methodensammlung aufgeführt und müssen hinsichtlich ihrer Praktikabilität in der Vorlesung abgewogen werden. Diese ist abhängig von der Anzahl der Teilnehmer, dem gegebenen Zeitrahmen und den räumlichen Möglichkeiten.

An den Einstieg der Rede schließt sich die *narratio* an, deren Funktion die Schilderung des Sachverhaltes, also die Darstellung des Problems ist. „Die Glaubhaftmachung durch plausible, das heißt durch logisch nachvollziehbare und psychologisch einsichtige Verknüpfungen in gebotener Kürze, das ist die hohe Kunst der *narratio* [...]."[118] Eine kurze und klare Darstellungsweise (*narratio brevis*), welche auf Abschweifungen und nicht sachdienliche Erklärungen verzichtet, gilt als ideal. Wenn eine längere *narratio* unerlässlich ist, kann diese in Teilschritte untergliedert werden. Durch eine Zusammenfassung der wesentlichen Punkte wird die *narratio* abgeschlossen.

Um in einen Sachverhalt einzusteigen, die Grundgedanken darzulegen und mögliche Fragestellungen aufzuzeigen, kann der Lehrende methodisch unterschiedlich vorgehen. Zunächst einmal kann er selbst über den Redegegenstand referieren. Dies ist vor allem bei komplett neuen Themenkomplexen von Vorteil, um einen ersten Einblick zu gewähren. Die Methode des Geschichtenerzählens[119] fußt auf der Annahme, dass Informationen besser behalten werden können, wenn diese in einer Geschichte mit Selbstbezug präsentiert werden. Eine Geschichte kann auch exemplarisch mit den Studierenden entwickelt werden und im weiteren Verlauf selbst als Argument dienen. Ebenfalls eine

---

115 Vgl. Methodensammlung. Herbstlaub (Erwartungsabfrage). S. 97.
116 Vgl. Ergebnisse Aufmerksamkeit. Kapitel 1.4.
117 Vgl. Methodensammlung. Stehcafé. S. 106, Steckbrief. S. 106, Vorstellungsrunde. S. 109.
118 Ottmers, 2007. S. 57.
119 Vgl. Methodensammlung. Geschichtenerzählen. S. 96.

mögliche Variante der Problemdarstellung besteht darin, die Studierenden eine Situationsanalyse[120] erarbeiten zu lassen. Diese kann in einem weiteren Schritt diskutiert werden und zu der Erarbeitung von Lösungswegen überleiten.

Die Darstellung des Sachverhaltes wird im darauffolgenden Schritt, der *argumentatio*, durch Beweise gestützt. „Die Beweisführung ist der wichtigste Teil der Rede und spielt bereits bei der Gedankenfindung die leitende Rolle [...]. In der Beziehung zu den vorangegangenen Redeteilen ist die Beweisführung als Explikation der [...] Hauptfrage aufzufassen: vorbereitet wurde sie durch Einleitung und Erzählung."[121] Die *argumentatio* wurde von Quintilian und Cicero unterteilt in die Beweisführung im engeren Sinne (*probatio*) und die Widerlegung (*refutatio*). Die Pro- und die Contra-Argumentation sind die grundlegenden Argumentationsformen. Logisch-argumentativ präsentiert der Redner eine dem Redegegenstand angemessene Redestruktur und überzeugt durch sachliche Informationen, empirische Beweise und rationale Schlüsse. Die Argumentation muss logisch erscheinen, damit das Publikum sie als glaubwürdig befindet.

Auch in der Vorlesung ergeben sich konkurrierende Lösungsansätze, die argumentativ gegeneinander abgewogen werden müssen, um eine Entscheidung für einen Lösungsvorschlag herbeizuführen. So können z.B. mithilfe der Methode des Advocatus diaboli[122] in einer Wechselrede zwei Positionen einander gegenüber gestellt und die jeweiligen Argumente vorgebracht werden. Abwechslungsreiche Möglichkeiten zur Darstellung kontrastiver Argumentationen bieten außerdem die Methoden: Debatte,[123] Diskussion[124] und Dialogvorlesung.[125]

Schon bei der *inventio* kann sich der/die Dozierende dazu entschließen, seine Vorlesung als eine Dialogvorlesung zu gestalten. Die Veranstaltung kann sowohl in einzelnen Sitzungen als auch während der gesamten Vorlesungsreihe von zwei Dozierenden bestritten werden.

Beim Brainstorming[126] sind kreative Problemlösewege gefragt. Der/die Lehrende präsentiert in der *narratio* die Problemstellung und anschließend äußern sich die Studierenden spontan. Hierbei sind vor allem ungewöhnliche

---

120 Vgl. Methodensammlung. Vom Ist zum Soll. S. 108.
121 Ueding, Gert und Bernd Steinbrink. *Grundriß der Rhetorik: Geschichte · Technik · Methode.* Stuttgart und Weimar: Metzler, 1994. S. 264.
122 Vgl. Methodensammlung. Advocatus diaboli. S. 85.
123 Vgl. Methodensammlung. Debatten. S. 89.
124 Vgl. Methodensammlung. Diskussion. S. 89.
125 Vgl. Methodensammlung. Dialogvorlesung. S. 91.
126 Vgl. Methodensammlung. Brainstorming. S. 88.

Lösungsideen erwünscht, welche anschließend diskutiert, jedoch nicht bewertet werden. Auch bei der Methode Blitzlicht[127] geht es um eine im Plenum durchgeführte Statementrunde, in der die Studierenden nacheinander kurze Antworten auf eine Frage des/der Dozierenden formulieren.

Nach der Präsentation des Problems kann die Diskussion möglicher Lösungswege auch in Kleingruppen[128] geschehen. Es müssen also nicht zwangsläufig im Plenum Ideen gesammelt werden.

Dem Schlussteil der Rede, der *peroratio*, kommen zwei Funktionen zu: Sie soll zum einen die Fakten und Standpunkte der Rede zusammenfassen und zum anderen soll in ihr der Gedankengang der Rede so treffend zugespitzt werden, dass er die Hörer affektiv berührt und für den Standpunkt einnimmt. „Zusammenfassung (*recapitulatio*), Wiederholung (*repetitio*) oder Aufzählung (*enumeratio*) dienen dazu, die inhaltlichen Hauptpunkte und -aussagen im Gedächtnis der Zuhörer zu vertiefen. Wichtig dabei ist, dass der Schluss vorher angekündigt wird, dass er kurze und prägnante Aussagen macht."[129] Keinesfalls sollte ein Schluss angekündigt werden, ohne auch wirklich abzuschließen.

4.4 Sprachliche Gestaltung (elocutio)

In dem dritten Produktionsstadium der Rede, der *elocutio*, steht die sprachliche Ausgestaltung der Rede im Mittelpunkt. Der in der *inventio* gesammelte und in der *dispositio* angeordnete Stoff soll in einen angemessenen sprachlichen Ausdruck gebracht werden. „Schon die antike Rhetorik hat erkannt, dass Argumentationen nicht nur in den Produktionsstadien *inventio* und *dispositio* zuwege gebracht werden, sondern auch mit den Arbeitsvorgängen in der elocutio in Verbindung stehen – weil die Versprachlichung einerseits Argumente überhaupt erst sichtbar macht, und weil sie andererseits deren Effizienz und Durchschlagskraft noch steigert (oder abschwächt)."[130] Die sprachlichen Tugenden (*virtutes elocutionis*[131]) bilden ein System. Dieses umfasst die Sprachrichtigkeit (*latinitas*), die Deutlichkeit (*perspicuitas*), den Redeschmuck (*ornatus*) und die Angemessenheit (*aptum*). Die Angemessenheit wirkt dabei als übergeordnetes Regulativ.[132]

---

127 Vgl. Methodensammlung. Blitzlicht. S. 87.
128 Vgl. Methodensammlung. Snowballing. S. 105.
129 Ottmers, 2007. S. 60.
130 Ottmers, 2007. S. 140.
131 Die *virtutes elocutionis* werden an dieser Stelle nicht weiter ausgeführt. Verwiesen sei auf einen der nachfolgenden Bände der *Saarbrücker Schriften zur Rhetorik*, welcher sich ausführlicher damit auseinandersetzt.
132 Vgl. Ueding, 1994. S. 221.

Prinzipiell sollte im Vorfeld hochschuldidaktischer Überlegungen die sprachliche Gestaltung eines Lehrvortrags bedacht werden. Die verwendete Fachsprache trägt in großem Maße zur Verständlichkeit eines Vortrags bei. Dass die Sprachwahl dem Redegegenstand und dem Wissensstand der Zuhörerschaft angemessen ist, ist offensichtlich eine notwendige, aber keine hinreichende Bedingung für die Verständlichkeit. In dem Projekt ELAB wurde dieser Aspekt jedoch nicht untersucht, da es hier vornehmlich darum ging, Aktivierungsmethoden zu finden, die die Beteiligung der Studierenden fördern. Die sprachliche Ausgestaltung der Vorlesung ist keine Aktivierungsmethode per se, auch wenn ihre Bedeutung für den Erfolg des Vortrags nicht bezweifelt wird. Auch gab es in den Vorlesungen, in denen die Untersuchungen stattgefunden haben, keine Probleme mit der Verständlichkeit, sodass dieser Aspekt außen vorgelassen wurde. Verwiesen sei an dieser Stelle auf textlinguistische Literatur zur Wissenschaftssprache, welche diesen Themenbereich ausführlich behandelt. Ähnlich verhält es sich mit Visualisierungen. Durch Präsentationsmedien kann der sprachliche Vortrag unterstützt und ergänzt werden. Hierbei besteht die Herausforderung darin, Visualisierungen anzubieten, die die Rede unterstützen und nicht von dem Gesagten ablenken, zu viel Aufmerksamkeit beanspruchen oder Verwirrung stiften. Bei der Vorlesung liegt das Hauptaugenmerk auf dem Lehrvortrag, durch den es gelingen muss, die Vorstellungskraft der Studierenden anzuregen.[133] In dem Projekt *Entwicklungslabor Akademische Beredsamkeit* wurde das Feld der Präsentationstechniken und Visualisierungsmöglichkeiten ebenfalls nicht zum Gegenstand gemacht, da diese nicht in einem direkten Zusammenhang zur dialogischen Aktivierung stehen, tendenziell sogar eher eine passive Haltung der Zuhörer bedingen.[134]

Aus den genannten Gründen ist die *elocutio* auch nicht in der weiter unten angeführten Matrix vertreten und wurden ihr auch keine Methoden zugewiesen.

4.5 Das Einprägen (memoria)

Dieses Produktionsstadium der Rede befasst sich mit dem Memorieren der Rede. Das Einprägen der Rede ins Gedächtnis ist die vorletzte Arbeitsphase, die der Redner meistern muss. In der antiken Rhetorik wurden bereits verschiedene Mnemotechniken entwickelt. „Im abendländischen Bildungssystem spielte die *memoria* bis in die Neuzeit eine wichtige Rolle beim Unterricht und galt vielfach als die Voraussetzung fürs Studium. Die Gedächtniskunst zu

---

133 Vgl. Apel,1999. S. 66.
134 Verwiesen sei hier auf die Forschungsliteratur zur Wirkung und zu Problemen von Powerpoint-Präsentationen.

üben war wesentlicher Bestandteil des Unterrichts [...]."[135] Die Mnemotechniken arbeiten hauptsächlich mithilfe bildlicher Vorstellungskraft, indem z.B. Gedächtnisbilder anhand räumlicher Strukturen in eine Reihenfolge gebracht wurden. So konnten ganze mehrstündige, ausformulierte Reden nicht nur dem Sinngehalt entsprechend, sondern Wort für Wort auswendig gelernt werden. Dies geschah allein „[...] schon aus technischen Gründen, denn ein Manuskript im heutigen Sinne gab es damals nicht, weil Papier oder ähnliche Hilfsmittel noch unbekannt waren, stattdessen musste man sich auf sein Gedächtnis verlassen können."[136] Bei Vorlesungen wird die Frage des Auswendiglernens der Rede selten noch im Vordergrund stehen. „In der Regel geht man davon aus, dass ein Stichwortzettel die beste Memorierhilfe ist, weil eine vollständig auswendig gelernte Rede einerseits das Gedächtnis des Redners rasch überfordert und jedes Stocken den Schwung der Rede unterbrechen würde."[137]

Die in der Antike entwickelten Mnemotechniken können jedoch für die Studierenden von Interesse sein! Nämlich dann, wenn es darum geht, das Gehörte in eigenes Wissen umzuwandeln. Dabei „[...] kann es gelingen, das mnemotechnische Erfahrungswissen der Antike mit moderner gedächtnis-, besser erinnerungspsychologischer Forschung zu verknüpfen."[138] Wenn man nun die Methoden in der Matrix betrachtet, die der *memoria* zugeordnet wurden, erkennt man eine Umdeutung oder Verlagerung der klassischen *memoria* auf die Rezipientenseite. Es geht in unserem Modell nicht mehr um das Memorieren der Rede durch den Redner, sondern um das Verarbeiten des Gehörten durch die Studierenden. In der Matrix werden Methoden aufgezeigt, die vornehmlich auf Seiten der Studierenden wirksam sind. So geht es zum einen um die Verständnissicherung und zum anderen um weiterführende Methoden, mittels derer die Studierenden die Erkenntnisse der Vorlesungsbesuche für sich dokumentieren[139] und somit eine Basis für die Prüfungsvorbereitung zu schaffen. „Durch anregende Vorlesungen können Hochschullehrer wissenschaftliches Urteilen und Arbeiten, übersichtliches Darstellen und Erklären modellhaft präsentieren. Insofern kann die gute Vorlesung instruierend wirken, wenn Studierende die notwendige Lernbereitschaft mitbringen."[140] In der Vorlesung als rhetorisch-didaktische Situation werden den Studierenden Informationsangebote gemacht. Durch diese Angebote kann der Lernprozess von außen strukturiert, gesteuert und gestaltet werden. Gleichzeitig muss das

---

135 Ueding, 1994. S. 235.
136 Ottmers, 2007. S. 220.
137 Ottmers, 2007. S. 224.
138 Gutenberg, 2009. S. 33.
139 Vgl. Methodensammlung. Lernjournal, -portfolio. S. 101 ff.
140 Apel, 1999. S. 70.

Informationsangebot von den Studierenden aufgenommen und verarbeitet werden. Das Wissen über einen adäquaten Umgang mit dem Informationsangebot bestimmt den Erfolg des Lernprozesses. Hierbei können durch die Lehrenden neue Lernstrategien angeregt, ineffektive Strategien von außen, korrigiert und die Studierenden somit unterstützt werden. Letztlich liegt es jedoch in der Verantwortung der Studierenden, sich die Inhalte der Vorlesungen anzueignen.

4.6 Die Ausführung (actio)

In der Rhetorik wurde meist eine Unterscheidung zwischen dem mündlichen Vortrag (*pronuntiatio*) und der körperlichen Beredsamkeit (*actio*) getroffen. „Im Laufe der theoretischen Entwicklung dieses zu Aristoteles Zeiten noch in keiner Lehre fixierten letzten Teils der rhetorischen Produktionsstadien wird *pronuntiatio* für den stimmlichen Vortrag reserviert, *actio* für die Körperberedsamkeit und die externe Inszenierung der Rede gebraucht."[141] Die *actio*, das letzte der fünf Produktionsstadien, unterscheidet sich von den anderen Stadien aufgrund des praktischen Aspekts. „Der Haupttenor aller Empfehlungen lautet stets, dass die Inhalte im Vordergrund stehen und der Redner diese durch Körpersprache und Stimmführung unterstützen und die *actio* dementsprechend ausrichten soll."[142] In der Rhetorik wird von einem Redner ausgegangen, der ein kommunikatives Ziel[143], die Überzeugung (*persuasio*), verfolgt. Der Redner muss hierbei eine Vielzahl an Determinanten abwägen und situationsspezifische Einschätzungen ausnutzen. Abgewogen werden müssen der Redegegenstand, die sittlichen Grundsätze, die Redesituation, die Adressaten und die Redegestaltung. Das erste Ziel rednerischer Selbstdarstellung muss die Glaubwürdigkeit der eigenen Person sein. Die Zuschreibung von Glaubwürdigkeit bedeutet Vertrauen des Publikums in die Worte des Redners. „Die menschlich-personhafte Glaubwürdigkeit des Redners und damit auch die der von ihm vertretenen Sache hängt weitgehend davon ab, wie sich in seinen Gesten, Gebärden, in dem Mienenspiel seines Gesichts und der Haltung seines Körpers, dem Klang der Stimme und im Ausdruck seiner Augen sein Charakter vorstellt."[144] Der Vortrag besteht somit ebenso aus dem Verbalen wie auch aus den affekterregenden Handlungen, die den Beweisgang stützen. Hierbei ist der Rückgriff auf theoretische Leitsätze und Vorschriften aufgrund der sehr geringen und allgemeinen Angaben der rhetorischen The-

---

141 Ueding, 1994. S. 231.
142 Ottmers, 2007. S. 226.
143 Vgl. Knape, Joachim. *Allgemeine Rhetorik: Stationen der Theoriegeschichte*. Stuttgart: Reclam, 2000. S. 15.
144 Ueding, 1994. S. 231.

oretiker schwierig. Die Erfahrung und Übung des Redners ist die Basis der Entscheidung über die gestalterischen Mittel des Vortrags. „Handelt es sich hier in der Tradition noch um eine quasitheatralische Kategorie mit einem im Mittelalter z.T. kodifizierten Gestenrepertoire, so hat man es heute eher mit Problemen eines – für unsere Kultur – ‚Natürlichkeitspostulats' für den körperlichen und sprecherischen Ausdruck zu tun."[145]

Wenn man sich nun in der Matrix die Methoden anschaut, die der *actio* zugeteilt wurden, findet man keine Leitsätze oder Empfehlungen zum Gebrauch der Stimme, Körpersprache, Gestik, Mimik oder Proxemik. In dem Projekt ELAB wurde entschieden, jene Aspekte auszuklammern. Auch hier handelt es sich nicht um direkte Aktivierungsmethoden, die die dialogische Interaktion in einer Vorlesung in Gang setzen. In der Matrix findet sich dessen ungeachtet die *actio*, auch wurden ihr Methoden zugeordnet. Es handelt sich hierbei um Methoden, die punktuell angewendet werden können, um alternativ an Sachverhalte heranzugehen oder um durch Unterbrechungen das Vorlesungsgeschehen aufzulockern.

Laut Apel könne der/die Dozierende durch gezielte Provokation, humorvolle Bemerkungen, Anekdoten und Ironie die Aufmerksamkeit der Studierenden aufrecht erhalten.[146] Darüber hinaus finden sich in der Matrix Methoden, die von konkreten Fällen[147] und Projekten[148] ausgehen oder das Lösen einer Aufgabe in eine Kleingruppe[149] geben. Dieses induktive Vorgehen entspricht vielmehr der Seminararbeit, kann jedoch in kleineren Vorlesungen vereinzelt angewendet eine hohe Aktivierung der Studierenden erreichen. Hierbei stehen Prozesse des Verstehens, Analysierens, der Anwendung und Bewertung im Vordergrund und bilden so einen Gegensatz zum regulären Vorlesungsgeschehen.[150] In den Vorlesungen der verschiedenen wissenschaftlichen Disziplinen können unterschiedliche Formen der Präsentation beobachtet werden. Trotzdem liegt das Hauptaugenmerk hierbei immer auf der sprachlichen Vermittlung. Unabhängig davon, ob es zum Einsatz von Overheadprojektoren kommt, eine PowerPoint-Präsentation gängiges Medium ist, Argumentationslinien an der Tafel entwickelt werden oder ganz auf diese Darbietungen verzichtet wird, durch den Vortrag gilt es, das Interesse zu wecken und zu überzeugen. "Mit diesem Verfahren erfüllt die Vorlesung eine wichtige Sozialisationsfunktion: Sie gewöhnt daran, Sprachäußerungen (mit oder ohne mediale Vermittlung)

---

145 Gutenberg, 2009. S. 33.
146 Vgl. ebd. S. 116.
147 Vgl. Methodensammlung. Fallbasiertes Lernen. S. 94.
148 Vgl. Methodensammlung. Projektorientierte Gruppenübung. S. 103.
149 Vgl. Methodensammlung. Kleingruppen. S. 100.
150 Vgl. Methodensammlung. Fallbasiertes Lernen. S. 94.

zu rezipieren, Vorstellungen (auch ohne Bilder) zu entwickeln, schnell das wichtig Erscheinende zu selektieren, es festzuhalten und möglicherweise zu beurteilen."[151] Um einem Aufmerksamkeitsabfall während des Lehrvortrags entgegen zu wirken und die Effektivität der Vorlesung aufrecht zu erhalten, kann der/die Dozierenden mithilfe diverser Techniken und Methoden die Konzentration der Studierenden anregen. Offensichtlich ist es sinnvoll, die hier angeführten Methoden konkret mit den Inhalten der Vorlesung zu verbinden. Dazu können z.b. anschauliche Fälle[152] und Beispiele herangezogen bzw. Exkursionen[153] durchgeführt werden. Aber auch kürzere Unterbrechungen, in denen die Studierenden selbst aktiv mit ihren Nachbar/innen/n eine Frage diskutieren,[154] kurze Pausen, in denen Bewegungseinheiten angeleitet werden, oder die Aufforderung, Fragen zu stellen, sind Möglichkeiten, die Aufmerksamkeitskurve positiv zu beeinflussen.

4.7 Die Evaluation

Den Erfolg einer Vorlesung messen zu wollen, erscheint schwierig, denn hierbei sollten verschiedene Ebenen beachtet werden. Man könnte nicht umhin, die Faktoren, die zum Erfolg der Vorlesung beitragen, systematisch zu evaluieren. In die Analyse einbezogen werden müssten neben den rhetorisch-didaktischen Fähigkeiten und der Persönlichkeit der Lehrenden das Erreichen der curricular vorgegebenen Lehr-Lernziele, ebenso wie die selbständigen Lernprozesse der Studierenden und deren persönliche Lernvoraussetzungen. Nun kann an dieser Stelle keine Lösung der Evaluationsproblematik von Vorlesungen gegeben werden, bildet dies doch ein eigenes Forschungsgebiet. Vorgestellt werden sollen an dieser Stelle Methoden, mit denen die Lehrenden auch in großen Vorlesungen ein direktes Feedback der Studierenden erhalten können. Dabei stehen vor allem die Abfrage eines Meinungsbilds der Studierenden und die inhaltliche Positionsbestimmung zu Vorlesungsinhalten im Vordergrund. Eine Methode, um dies durchzuführen, ist das *Karten hochhalten/Vier Farben*.[155] Diese Methode stellt eine Alternative zu Evaluationsbögen dar, bei der mithilfe von verschiedenfarbigen Karten eine Vorlesung bewertet werden kann. Außerdem ermöglicht diese Methode den Studierenden, durch nonverbale Kommunikation ihre Meinung zu Fragestellungen der Lehrenden zu äußern. Wenn es die äußeren Faktoren zulassen, kann diese Meinungsabfrage auch

---

151 Apel, 1999. S. 116.
152 Vgl. Methodensammlung. Fallbasiertes Lernen. S. 94.
153 Vgl. Methodensammlung. Exkursionen. S. 92.
154 Vgl. Methodensammlung. Snowballing. S. 105.
155 Vgl. Methodensammlung. Karten hochhalten/Vier Farben. S. 99.

in Statementrunden[156] erfolgen. So haben die Lehrenden die Möglichkeit, bei Problemen einzuhaken, den Wissensstand der Studierenden zu erfragen und darauf aufbauend den weiteren Verlauf der Vorlesung zu planen.

4.8 Matrix

In der nachfolgend dargestellten Matrix finden sich verschiedene als hilfreich bemessene Methoden. Hierbei ist zu beachten, dass diese den Produktionsstadien der Rede und den Redeteilen zugeordnet sind. Jedoch soll diese Zuordnung nicht vorschreiben, wann welche Methode angebracht ist und verwendet werden sollte. Die Einteilung ist vielmehr als ein Vorschlag zu verstehen, welche Methode in welcher Phase angemessen sein kann. So könnte die eine oder andere Methode mit Sicherheit auch an anderen Punkten eingesetzt werden. Dies liegt aber im Ermessen des Lehrenden in Abhängigkeit von der Sache, den Hörern und der Situation.

---

156 Vgl. Methodensammlung. Blitzlicht. S. 87.

Methoden	inventio	dispositio	exordium	narratio	confirmatio	peroratio	memoria	actio	Evaluation
Advocatus diaboli	X		X						
Aktuelle Bezüge (S)	X	X	X						
Arbeitsgruppen (S)					X				
Artikel aus Zeitschriften	X	X							
Bewegung (S)							X		
Blitzlicht									X
Brainstorming	X				X				
Cartoons	X	X							
Debatte (S)/Diskussion					X				
Dialogvorlesung	X		X	X	X				
Entscheidungsspiel					X				
Exkursionen (S)							X		
Expertenbefragung					X	X			
Fallbasiertes Lernen	X							X	
Fremddozent einladen (S)	X								
Gemeinsamkeiten aufzeigen	X	X		X	X				
Geschichten erzählen	X		X						
Gruppenzusammenfassung									X
Herbstlaub/Prioritätenliste	X				X				
Impulsvorlesung	X								
Infomarkt			X						
Karten hochhalten								X	
Klausurvorbereitung einmal anders								X	
Kleingruppen (S)					X				
Lehrgespräch					X				
Lernjournal, -portfolio					X				
Minutenfrage									X
Online-System (S)							X		
Projektorientierte Gruppenübung								X	
Prüfungsfragen generieren							X		
Sandwichmethode			X						
Snowballing					X			X	
Steckbrief		X							
Stehcafé		X							
Studierforum							X		
studivz-Gruppe (S)							X		
Tandemgruppe (S)							X		
Vom Ist zum Soll	X			X					
Vorstellungsrunde		X							
Zusammenfassung (S)						X	X		

4.9 Die Methoden im Einzelnen

Advocatus diaboli

Kurzbeschreibung

Der/die Dozierende und eine weitere Person bereiten eine Wechselrede vor, in der einer von beiden die vermeintlich schwächere Position vertritt und somit als *advocatus diaboli* auftritt.

In der Veranstaltung wird zunächst die stärkere Position vorgestellt, der *advocatus diaboli* widerspricht dieser Meinung. Aus der Verteidigung der anderen Position ergibt sich eine Wechselrede der beiden Parteien. Die eingenommenen Rollen sollen dabei als „gespielt" erkennbar sein und neben rein inhaltlichen Bezügen sollten humorvolle Formulierungen zur Auflockerung nicht fehlen.

Abschließend wird das Thema unter Einbeziehung des Plenums, z.B. im Rahmen einer Diskussion zu verschiedenen Aspekten der Wechselrede, vertieft. So können die Studierenden zur Beschäftigung mit dem Thema motiviert und der kritische Umgang mit bislang nicht hinterfragten Positionen gefördert werden.

Variante

Die vermeintlich stärkere Position kann auch durch mehrere Personen vertreten werden.

Außerdem können vorbereitete Plakate und Materialien während der Wechselrede aufgedeckt bzw. ausgeteilt werden.

Die Wechselrede kann auch „spontan" zwischen entsprechend vorbereiteten Studierenden stattfinden oder ausführlich in einer vorausgehenden Gruppenarbeitsphase erarbeitet werden.

Quelle: Arbeitsgruppe Hochschuldidaktische Weiterbildung an der Albert-Ludwigs-Universität Freiburg i. Br. Besser Lehren. Praxisorientierte Anregung und Hilfen für Lehrende in Hochschule und Weiterbildung, Heft 2. Weinheim: Beltz, 2000.

Aktuelle Bezüge (Studierende)

Kurzbeschreibung

Der/die Dozierende stellt das Konzept zu Beginn des Semesters vor und fordert die Studierenden zur Mitarbeit auf. Danach stellen die Studierenden die aktuellen Themen oder ihre eigenen Erfahrungen in der Vorlesung vor. Der/die Dozierende leitet als „Moderator/in" das Gespräch und kann dabei den Gesprächsverlauf in ein auch für die Vorlesung relevantes Themengebiet hinleiten. Die angesprochenen Themen können vielseitig in Aufbau, Form und Inhalt sein.

Quelle: Vgl. Methoden der Studierenden. S. 21.

Arbeitsgruppen (Studierende)

Kurzbeschreibung

Studierende, die sich eine Lerngemeinschaft wünschen, sprechen ihre Kommiliton/innen/en an, ob sie nicht gemeinsam eine Arbeitsgruppe bilden wollen. Auch könnte eine Liste während der Vorlesung umher gereicht werden, in der sich alle Interessenten eintragen können oder es werden Einladungen per Email werden versandt. Haben sich genügend Teilnehmer gefunden, so treffen sich diese einmal pro Woche und arbeiten die vergangene Vorlesung gemeinsam nach. Mithilfe der Arbeitsgruppen kann der Lernerfolg gesteigert werden, da die Gruppenmitglieder das während der Vorlesung bereits Verstandene ihrem Gegenüber noch einmal wiedergeben und das noch unklar Gebliebene einander erklären. Dadurch üben sie auch das freie Sprechen. Außerdem führen die Arbeitsgruppen im besten Falle dazu, dass die Studierenden ein gesteigertes Interesse für die Veranstaltung entwickeln und deshalb besser vorbereitet in die Vorlesung gehen, was sich idealerweise in einer verstärkten Mitarbeit äußert.

Quelle: Vgl. Methoden der Studierenden. S. 38.

Artikel aus Zeitschriften

Kurzbeschreibung

Artikel aus Zeitschriften, die einen schrägen oder amüsanten Inhalt haben oder die sich auf den Vorlesungsinhalt beziehen, dienen zur Auflockerung der Veranstaltung, sind aber vor allem als Anschauungsmaterial geeignet. Der/die Lehrende spricht über Artikel aus „gewöhnlichen", also nicht-wissenschaftlichen Zeitschriften, die dennoch einen Bezug zum Thema der Veranstaltung aufweisen. Dies dient der Auflockerung und verortet den Stoff der Veranstaltung in der Lebenswelt der Studierenden.

Variante

Auch kann der/die Lehrende die Studierenden auffordern, zur nächsten Veranstaltung Artikel aus Zeitschriften mit entsprechendem Inhalt zu suchen und mitzubringen, die dann von dem/der einzelnen Studierenden zusammengefasst vorgetragen werden können. Neben Zeitschriften können selbstverständlich auch andere Medien verwendet werden, die der/die Lehrende in seinem Alltag vorfindet, wie etwa Filmausschnitte, Radiobeiträge oder sogar Werbekampagnen.

Quelle: Stry, Yvonne. „Mathematik – didaktisch, praktisch, gut"! Didaktiknachrichten Juni 2005. Hrsg.: DIZ (Zentrum für Hochschuldidaktik der bayrischen Fachhochschulen).

Bewegung (Studierende)

Kurzbeschreibung

Zu Beginn des Semester werden einige Studierende ausgewählt, die sich dazu bereit erklären, kontinuierlich in der Veranstaltung je zu Anfang, in einer zwei- bis fünfminütigen Präsentation Übungen vorzustellen und vorzuführen, die man trotz des Platzmangels in Vorlesungssälen durchführen kann, die eine Konzentrationssteigerung bewirken und der Müdigkeit entgegenwirken.

Variante

Die Gruppe der Studierenden, die die Übungen vorbereitet und vorführt, wird durch eine/n Physiotherapeut/in/en, Sport- oder Yogalehrer/in ersetzt.

Quelle: Vgl. Methoden der Studierenden. S. 24.

Blitzlicht

Kurzbeschreibung

Beim Blitzlicht handelt es sich um eine Statementrunde, in der nacheinander alle Studierenden auf eine von dem/der Dozierenden gestellte Frage eine kurze Antwort geben. Bei der Frage kann es sich um die Bewertung der Vorlesung, Verbesserungsvorschläge oder ähnliches handeln.

Während des Blitzlichts werden keine Beiträge kritisiert oder diskutiert. Bei Bedarf kann dies in einer abschließenden Besprechung geschehen.

Variante

Anstelle eines verbalen Blitzlichts kann am Ausgang ein Plakat mit verschiedenen Antwortmöglichkeiten angebracht werden, zu denen die Studierenden beim Verlassen des Saales einen Strich hinzufügen können, um so Rückmeldung zu geben. Alternativ kann das Blitzlicht auch auf Metaplankarten festgehalten und analysiert werden.

Quelle: Arbeitsgruppe Hochschuldidaktische Weiterbildung an der Albert-Ludwigs-Universität Freiburg i. Br. Besser Lehren. Praxisorientierte Anregung und Hilfen für Lehrende in Hochschule und Weiterbildung, Heft 2. Weinheim: Beltz, 2000.

Waldherr, Franz und Claudia Walter. didaktisch und praktisch: Ideen und Methoden für die Hochschullehre. Stuttgart: Schäffer-Pöschel, 2009.

Brainstorming

Kurzbeschreibung

Das Brainstorming gilt als eine kreative Problemlösetechnik. Der/die Lehrende formuliert die Problemstellung und die Teilnehmer/innen äußern spontan ihre Lösungsideen. Dabei sollen auch ungewöhnliche Ideen ausgesprochen werden. Es erfolgt keine Bewertung der Ideen.

Der/die Lehrende oder ein/e dazu bestimmte/r Schriftführer/in sammelt die Beiträge der Studierenden, die dann in einem nächsten Schritt (z.B. einer Diskussion) weiterverarbeitet werden können.

Variante

Das Brainstorming kann schriftlich über die Verwendung von Metaplankarten geschehen, die von den Studierenden beschriftet und im Anschluss an der Tafel gesammelt werden können. Außerdem kann von den Studierenden später eine Bewertung der Ideen durch Vergabe von Klebepunkten erfolgen.

Das Brainstorming eignet sich nicht nur zur Problemlösung, sondern kann auch zur Abfrage von Vorwissen, zum Anregen einer Diskussion oder zum Einstieg in einen neuen Themenbereich eingesetzt werden.

Quelle: Arbeitsgruppe Hochschuldidaktische Weiterbildung an der Albert-Ludwigs-Universität Freiburg i. Br. Besser Lehren. Praxisorientierte Anregung und Hilfen für Lehrende in Hochschule und Weiterbildung, Heft 2. Weinheim: Beltz, 2000.

(Mathematische) Cartoons

Kurzbeschreibung

Cartoons dienen zur Auflockerung der Vorlesung. Wenn der/die Lehrende das Gefühl hat, die Studierenden brauchen eine kurze Atempause um dann wieder voll aufnahmefähig zu sein, bietet es sich an, einen Cartoon zu zeigen. Optimalerweise hat dieser Cartoon einen Bezug zum Inhalt der Vorlesung.

Quelle: Stry, Yvonne. „Mathematik – didaktisch, praktisch, gut!" Didaktiknachrichten Juni 2005, Hrsg. DIZ (Zentrum für Hochschuldidaktik der bayrischen Fachhochschulen).

Debatten (Studierende)

Kurzbeschreibung

Um die argumentative Auseinandersetzung der Studierenden während einer Vorlesung zu fördern, sollen Debatten eingeführt werden. Im juristischen Bereich bietet sich z.B. die Lösung von vorlesungsbegleitenden Fällen innerhalb von Gerichtssimulationen bzw. Rollenspielen. Ziel der Debatte ist, dass die Vorlesung lebhafter wird und die Studierenden durch den Spaß an der Diskussion aktiviert werden. Daneben werden wichtige Lerninhalte dadurch vermittelt, dass sich die Studierenden mit der jeweiligen Materie auseinandersetzen müssen, um gute Lösungswege zu erarbeiten und diese während der Debattensitzung vortragen. Das berühmte „learning by doing" tritt ein.

Variante

Auch ein spontaner Einsatz ist denkbar, wenn z.B. die Studierenden eigene (aktuelle) Streitfragen aus der Presse besprechen wollen.

Quelle: Vgl. Methoden der Studierenden. S. 27.

Diskussion

Kurzbeschreibung

Die Diskussion als Methode in der Vorlesung kann auch unter den Begriff des Lehrgesprächs subsumiert werden. Gemeint ist ein Gespräch des/der Dozierenden mit einer Gruppe Studierender, bei der die Gesprächsleitung wahlweise von dem/von der Dozierenden oder einem Studierenden wahrgenommen werden kann. Sinnvoll erscheint, dass der/die Dozierende die Teilnehmer zunächst in das Thema einführt und die Regeln des Vorgehens bekannt gibt. Anschließend kann die Moderation durchaus auch einem Studierenden übertragen werden. Zum Abschluss kann eine persönliches Fazit oder ein Eindruck des Lerngeschehens geäußert werden.

Das distinktive Merkmal der Diskussion besteht darin, dass sie den Beteiligten die Möglichkeit und den Rahmen bietet, unterschiedliche Meinungen auszutauschen und kennen zu lernen. Diskussionen fördern das Verstehen konträrer Positionen und die Fähigkeit, den eigenen Standpunkt darzulegen. Die Teilnehmer sind gefordert, sich eine Meinung zu bilden und Werthaltungen zu überdenken. Sinnvoll ist es, die Methode Diskussion als Einstieg in ein neues Thema oder als Abschluss eines Themas zu verwenden.

Quelle: Pfäffli, Brigitta K. Lehren an Hochschulen: Eine Hochschuldidaktik für den Aufbau von Wissen und Kompetenzen. Bern, Stuttgart, Wien: Haupt Verlag, 2005.

Podiumsdiskussion

Kurzbeschreibung

Der/die Lehrende stellt zu einem aktuellen Thema eine These auf, die von den Studierenden diskutiert werden soll.

Zur Vorbereitung teilen sich die Studierenden in Kleingruppen auf, wobei die eine Hälfte der Kleingruppen eine Pro-, die andere eine Contra-Argumentation erarbeitet.

Anschließend werden drei bis vier Vertreter jeder Seite auf das Podium gerufen, um die These stellvertretend für das Plenum zu diskutieren.

Die Moderation erfolgt durch den/die Lehrende/n, der/die nach spätestens 15 Minuten die Diskussion beendet, indem er/sie die wichtigsten Punkte noch einmal zusammenfasst und sich bei den Teilnehmer/innen/n bedankt.

Variante

Über ein „Saalmikrofon" kann dem Publikum die Möglichkeit gegeben werden, mitzudiskutieren. Bei Wortmeldungen geht der/die Lehrende mit dem „Mikrofon" (Stift o.ä.) ins Plenum und ermöglicht einem Studierenden einen Einwurf zu machen. Reden darf nur, wer am Mikrofon ist. Um die Redezeit zu begrenzen, ist es ratsam, das Mikrofon nicht aus der Hand zu geben.

Quelle: Waldherr, Franz und Claudia Walter. didaktisch und praktisch: Ideen und Methoden für die Hochschullehre. Stuttgart: Schäffer-Pöschel, 2009.

Dialogvorlesung

Kurzbeschreibung

Bei der Dialogvorlesung handelt es sich um eine Aktivierungsmethode, die von Seiten des/der Lehrenden geplant werden muss. Die Veranstaltung kann von Anfang an durch zwei Referent/innen/en bestritten werden.

Ziel ist es, in der Vorlesung zwei konträre Positionen zu entwickeln und einander in Form von Rede und Gegenrede gegenüberzustellen, ohne den Studierenden direkt eine Synthese zu bieten. Das aktive Auseinandersetzen mit den Argumenten konkurrierender Meinungen ermöglicht zum einen die persönliche Meinungsbildung, führt darüber hinaus jedoch ebenfalls dazu, dass die Studierenden realisieren, dass es nicht nur eine exklusive Wahrheit gibt.

Variante

Eine Variante wäre es, die Vorlesung von Sitzung zu Sitzung abwechselnd zu halten. Reduziert werden kann die Methode zum einen durch eine Beschränkung der Anwesenheit eines zweiten Referenten auf wenige Sitzungen. Zum anderen kann der/die Dozierende seine/ihre Vorlesung auch fingiert dialogisch gestalten. Das heißt, der/die Dozierende selber stellt zwei konträre Positionen gegenüber und vertritt im Sinne eines sokratischen *advocatus diaboli* immer auch eine Gegenposition zu der seinigen.

Quelle: Apel, Hans J. Die Vorlesung: Einführung in eine akademische Lehrform. Köln, Weimar, Wien: Böhlau, 1999.

Entscheidungsspiel

Kurzbeschreibung

Das Entscheidungsspiel besteht darin, dass die Studierenden verschiedene, durch den/die Lehrende/n präsentierte Entscheidungsfragen entweder bejahen oder verneinen müssen. Dies kann zum Einstimmen auf ein Thema oder zum Anstoßen einer Diskussion genutzt werden.

Variante

Die Art, wie die Studierenden ihre Meinung ausdrücken, kann variabel gestaltet werden. Ein reales Bewegen zwischen zwei räumlichen Positionen ist dabei genauso anwendbar wie eine Signalisierung der Meinung durch Handzeichen.

Quelle: Arbeitsgruppe Hochschuldidaktische Weiterbildung an der Albert-Ludwigs-Universität Freiburg i. Br. Besser Lehren. Praxisorientierte Anregung und Hilfen für Lehrende in Hochschule und Weiterbildung, Heft 2. Weinheim: Beltz, 2000.

Exkursionen (Studierende)

Kurzbeschreibung

Eine Gruppe Studierender entwickelt Interesse an einer Exkursion im Rahmen der Vorlesung. Dazu setzen sie sich mit dem/der Dozierenden zusammen, um gemeinsam über sinnvolle Möglichkeiten zu diskutieren. Nachdem der/die Dozierende sein/ihr Einverständnis gegeben hat, müssen die anderen Studierenden überzeugt werden. Ist dies geschehen, kann es an die konkrete Planung der Exkursion gehen. Dabei soll die Exkursion möglichst eng mit dem Vorlesungsstoff in Verbindung stehen und es bietet sich an, den jeweiligen Ort auch für Rollenspiele o.ä. zu nutzen. Die Aktivierung der Studierenden erfolgt durch ein neues, womöglich an der Praxis orientiertes Umfeld. Die Studierenden können aktiv an der Gestaltung der Vorlesung teilnehmen und müssen dabei ihr Organisationstalent unter Beweis stellen. Studierende wie auch Dozierende werden aus ihrem üblichen „Trott" herausgerissen.

Variante

Nur jeweils eine Gruppe der Vorlesungsteilnehmer macht eine Exkursion und stellt dann ihre Eindrücke und Erkenntnisse in der Vorlesung vor.

Quelle: Vgl. Methoden der Studierenden. S. 30.

Expertenbefragung

Kurzbeschreibung

Zur Vorbereitung der Expertenbefragung bereiten die Studierenden einzeln oder in Gruppen Fragen vor, die dann gesammelt und geordnet werden.

In einer eigenen Sitzung werden die Fragen von eingeladenen, einschlägig qualifizierten Experten beantwortet, die auch für direkte Rückfragen oder neu aufgeworfene Fragen zur Verfügung steht.

Am Ende der Befragung steht eine Zusammenfassung der zentralen Aspekte durch den/die Expert/i/e/n oder den/die Lehrende/n.

Variante

Die Fragen können dem/der Expert/i/e/n schriftlich fixiert, von einem aus dem Kreis der Studierenden gewählten „Journalistenteam" oder durch den/die Lehrende/n als Vertreter der Studierenden gestellt werden. Neben den geladenen Expert/inn/en, ist auch der/die Dozierende als Expert/e/in denkbar. Bei dieser Variante steht dann die Klärung von direkt auf die Veranstaltung bezogenen Fragen im Mittelpunkt. Als eine Form der Lernerfolgskontrolle können auch Studierende als Expert/i/e/n berufen und von den Studierenden über bereits behandelte Themen befragt werden. Eine zweite Person, die eine andere Position vertritt, kann bei konträren Themen Alternativen zu den Antworten des/der Ersten geben und diese so relativieren und problematisieren. Steht zu einem Themenkomplex kein/e real präsente/r Expert/in/e zur Verfügung, kann durch den/die Lehrende eine Expertenbefragung fingiert werden, indem sie die in der Veranstaltung gesammelten Fragen zuhause „per Telefon" mit ein/er/em fiktiven Expert/i/e/n klären.

Quelle: Pfäffli, Brigitta K.. Lehren an Hochschulen. Eine Hochschuldidaktik für den Aufbau von Wissen und Kompetenzen. Bern, Stuttgart, Wien: Haupt Verlag 2005.

Lipp, Ulrich und Will, Hermann. Das große Workshop-Buch. Konzeption, Inszenierung und Moderation von Klausuren, Besprechungen und Seminaren. 8. Aufl. Weinheim und Basel: Beltz-Verlag, 2008.

Arbeitsgruppe Hochschuldidaktische Weiterbildung an der Albert-Ludwigs-Universität Freiburg i. Br. Besser Lehren. Praxisorientierte Anregung und Hilfen für Lehrende in Hochschule und Weiterbildung, Heft 2. Weinheim: Beltz, 2000.

Fallbasiertes Lernen

Kurzbeschreibung

Die Studierenden werden mit einem Fall konfrontiert, den sie zunächst analysieren und anschließend diskutieren sollen. Im Anschluss daran werden Lösungsmöglichkeiten gesucht und besprochen. Die vorgestellten Fälle können konstruiert sein oder aus der Praxis entnommen werden. Dabei sollten sie möglichst authentisch sein, damit sich die Studierenden in die Situation versetzen können und so den Fall lösen. Im Vordergrund steht hier weniger das Lernen von Inhalten und Fakten, sondern vielmehr Prozesse des Verstehens, Analysierens sowie der Anwendung und Bewertung.

Variante

Aufgrund der unterschiedlichen Zielsetzungen lassen sich folgende Formen unterscheiden:

- *Entscheidungsfälle*: Die Studierenden sollen dabei lernen, aus gegebenen Informationen eine Entscheidung zu treffen und zu begründen.

- *Informationsfälle*: Hier soll anhand eines noch unzureichenden Sachverhaltes geübt werden, notwendige Informationen zu recherchieren und darzustellen.

- *Untersuchungsfälle*: Bei dieser Art von Fällen soll den Studierenden näher gebracht werden, vorgegebene Informationen zusammenzutragen, um eine Problemstellung zu lösen.

- *Problemfindungsfälle*: Hier soll gelernt werden, welche Probleme sich innerhalb des Falles ergeben.

- *Problemlösungsfälle*: Hier soll ein methodisch gestelltes Problem gelöst werden.

- *Beurteilungsfälle*: Die Studierenden sollen lernen, einen gegebenen Fall mit vielen Informationen einem allgemeinen Gesichtspunkt zuzuordnen.

Quelle: Markowitsch, Jörg, Messacher, Karin und Prokopp, Monika. Handbuch praxisorientierter Hochschulbildung. Wien, 2004.

Fremddozent/inn/en einladen (Studierende)

Kurzbeschreibung

Die Studierenden sprechen den/die Dozierenden an, ob sie mit der Idee, eine/n fremde/n Dozierende/n an ihrer Vorlesung teilnehmen zu lassen, einverstanden ist. Im Anschluss kontaktieren sie eine/n „Fremddozent/i/e/n" ihrer Wahl und fragen ihn/sie nach seinem/ihrem Interesse. Wenn beide ihr Einverständnis gegeben haben, können sich die Studierenden überlegen, ob sie der/m „Fremddozent/i/e/n" eventuell einen Leitfaden mit Fragen an die Hand geben wollen. Außerdem können sie vorher mit ihm/ihr besprechen, was ihnen besonders wichtig ist, dass er/sie z.B. zu bestimmten Inhalten der Vorlesung Fragen formuliert. Die Studierenden werden aus ihrer Routine gerissen und damit wird ihre Aufmerksamkeit erhöht. Außerdem werden sie motiviert, Fragen an den/die Dozierende/n zu stellen.

Quelle: Vgl. Methoden der Studierenden. S. 36.

Gemeinsamkeiten aufzeigen

Kurzbeschreibung

Während der Veranstaltung, nach der Hinführung zum Thema durch den/die Dozierende/n, werden den Studierenden Fragen gestellt, um Gemeinsamkeiten durch konkrete Fragestellungen (wie z.B. nach Vorwissen, praktischen Erfahrungen etc.) aufzudecken. Diese Fragen können dann durch Handzeichen beantwortet werden.

Variante

Alternativ dazu können sich die Studierenden auch im Veranstaltungsraum verteilen und im Gespräch Gemeinsamkeiten hinsichtlich der Fragestellungen aufdecken.

Quelle: Zentrum für Hochschul- und Wissenschaftsdidaktik: Methodenreader. [http:// www.zhw.uni-r.de/tutorien/index.php?option=com_content&task=view&id=10&Ite mid=39]. 25.02.2010.

Geschichten erzählen

Kurzbeschreibung

Die Methode des Geschichtenerzählens basiert auf der gedächtnispsychologischen Annahme, dass Personen sich Dinge besser merken können, wenn diese in einer Geschichte mit einem Selbstbezug verbunden werden. Bei dieser induktiven Vorgehensweise wird die Geschichte in der Vorlesung mit den Studierenden exemplarisch entwickelt und dient selbst als Argument. Ausgehend von einem narrativen Beispiel kann eine allgemeine Erkenntnis abstrahiert werden.

Quelle: Stry, Yvonne. Mathematik - didaktisch, praktisch, gut! Didaktiknachrichten Juni 2005, Hrsg. DiZ (Zentrum für Hochschuldidaktik der bayrischen Fachhochschulen).

Gruppenzusammenfassung

Kurzbeschreibung

Am Ende eines Kapitels/der Veranstaltung teilen sich die Studierenden in Kleingruppen auf. In der Kleingruppe werden dann im Gespräch zentrale Inhalte der gerade abgeschlossenen Lerneinheit zusammengetragen. Diese Zusammenfassung des Stoffs wird dann auf einer Folie fixiert und am Overhead-Projektor präsentiert.

Variante

Eine mögliche Variante der Gruppenzusammenfassung besteht darin, jede Gruppe einen einzelnen Aspekt/Teil des Stoffs zusammenfassen zu lassen oder die Thematik aus einer spezifischen Perspektive zu beleuchten. Somit kommt man zu tiefer gehenden Ergebnissen, als dies mit einer allgemeinen Stoffzusammenfassung möglich wäre.

Die Gruppenzusammenfassung kann nicht nur zur Wiederholung des gerade gelernten Stoffes eingesetzt werden, sondern alternativ auch dazu dienen, offen gebliebene Fragen, Unklarheiten oder wünschenswerte Ergänzungen und Erweiterungen zusammenzufassen.

Neben der Präsentation am Overhead-Projektor wäre auch denkbar, die zentralen Punkte durch Zuruf über den Lehrenden an der Tafel zu sammeln.

Quelle: Waldherr, Franz. „Das Lernen ermöglichen." Fachhochschule Esslingen Hochschule für Technik (Hrsg.). Didaktik Aktuell. Erfolgreich lehren. Veranstaltungen, Informationen und Hilfestellungen zur Hochschuldidaktik. [http://www.hs-esslingen. de/static/385/erf-lehren_ss2006.pdf]. März 2008.

Herbstlaub (Erwartungsabfrage)

Kurzbeschreibung

Zu Beginn der Veranstaltung können mit dieser Methode die Erwartungen und Fragen der Studierenden abgefragt werden. Am Ende der Vorlesungszeit kann auf diese Weise überprüft werden, ob die Erwartungen erfüllt und die Fragen zu dem Thema beantwortet wurden. Zunächst werden die Fragen und Erwartungen der Studierenden auf Moderationskarten gesammelt. Dabei werden die Fragen nach Themenkomplexen geordnet und an eine Pinnwand geheftet. Karten mit gleichem Inhalt werden übereinander geheftet. Am Ende der Veranstaltung werden die Fragen und Erwartungen reflektiert und geklärte Moderationskarten von der Pinnwand genommen. Noch unbeantwortete Fragen können nun geklärt werden.

Variante

Man könnte auch die Moderationskarten weglassen und stattdessen die Studierenden bitten, ihre Erwartungen und Fragen mündlich vorzutragen während der/die Dozierende diese notiert. Am Ende der Veranstaltung liest der/die Lehrende sie noch einmal vor, und stellt damit dar, welche Erwartungen und Fragen zu Beginn bestanden haben und kann so zum Abschluss der Veranstaltung noch Offengebliebenes klären.

Quelle: Zentrum für Hochschul- und Wissenschaftsdidaktik: Methodenreader. [http://www.zhw.uni-r.de/tutorien/index.php?option=com_content&task=view&id=10&Itemid=39]. 25.02.2010.

Prioritätenliste

Kurzbeschreibung

Der/die Lehrende notiert auf einem Plakat unterschiedliche Probleme, ihre möglichen Ursachen und eine eventuelle Behandlung. Jeder Studierende ordnet die Aussagen nach von ihm/ihr eingeschätzter Wichtigkeit auf einer Punkteskala. Dabei darf keine Zahl mehr als einmal verwendet werden. Danach wird in Gruppen versucht gemeinsame Prioritäten zu finden und diese im Plenum zu begründen. Diese Methode kann geeignet sein, um festzulegen, wie die Vorlesung oder eine einzelne Stunde zu gliedern ist.

Quelle: Weber, Birgit. Unterrichtsmethoden in sozialwissenschaftlichen Fächern. [www.sowi-online.de/methoden]. 25.02.2010.

Impulsvorlesung

Kurzbeschreibung

Eine Impulsvorlesung zeichnet sich dadurch aus, dass sie von aktivierenden Aufgaben unterbrochen und ergänzt wird. Auch wenn dafür mehr Zeit eingesetzt werden muss, fördert der Impuls die Aufmerksamkeit der Studierenden und die Vertiefung des Lernprozesses.

Variante

Die Art des Impulses ist dabei lediglich einer einzigen Einschränkung, nämlich der des Praktikabilitätskriteriums unterworfen. Es ist möglich, Meinungen oder Inhalte abzufragen, Aufgaben zu stellen und deren Lösung entweder zu besprechen oder in der folgenden Vermittlungsphase zu präsentieren sowie Argumente zu sammeln und Diskussionen anzuregen.

Quelle: Pfäffli, Brigitta K.. Lehren an Hochschulen. Eine Hochschuldidaktik für den Aufbau von Wissen und Kompetenzen. Bern, Stuttgart, Wien: Haupt Verlag, 2005.

Infomarkt

Kurzbeschreibung

Die Grundidee des Infomarktes ist der Austausch verschiedener Arbeitsgruppenergebnisse in einer angenehm-betriebsamen Atmosphäre. Im Vorfeld haben alle Gruppen ein Thema erarbeitet und mit Plakaten und ähnlichem einen „Präsentationsstand" aufgebaut. Jeweils eine Hälfte jeder Gruppe begibt sich für einen festgelegten Zeitraum zu einem anderen Stand und spricht mit der dortigen Teilgruppe über das vorgestellte Thema. Wurden alle Stände besucht, kehren die „Wanderer" an ihren eigenen Stand zurück und die dort Verbliebenen begeben sich zu den anderen Ständen.

Variante

Neben der Halbierung der Gruppe ist auch eine Anordnung der Studierenden durch ein Gruppenpuzzle denkbar. In jeder Gruppe befindet sich dabei für jeden Stand ein/e Expert/in/e, der/die die Vorstellung übernimmt und Fragen beantwortet.

Der Infomarkt eignet sich im Rahmen einer Vorlesung für den Austausch der Studierenden über Lehrinhalte untereinander besonders vor oder nach der Vorlesung bzw. während der Pausen, in welchen dann z.B. Wandzeitungen betrachtet und vorgestellt werden können.

Quelle: Waldherr, Franz und Claudia Walter. didaktisch und praktisch: Ideen und Methoden für die Hochschullehre. Stuttgart: Schäffer-Pöschel, 2009.

Karten hochhalten/Vier Farben

Kurzbeschreibung

Statt zur Evaluation durch einen Fragebogen am Ende einer Veranstaltung kann durch das Hochhalten von Karten während der Vorlesung eine nonverbale Kommunikation geschehen, indem etwa eine Karte als Signal vereinbart wird. Dazu erhält jede/r Studierende vier Karten in verschiedenen Farben, die er/sie nutzt, um bei der darauf folgenden „Abstimmung" seine/ihre Meinung zur Veranstaltung zu kommunizieren. Jeder Farbe wird eine Bedeutung zugeordnet, die den Studierenden eine abgestufte Meinungsäußerung erlaubt. Abhängig von der Fragestellung wäre dies etwa „Volle Zustimmung" bis „Volle Ablehnung" oder „Ja", „Nein", „Vielleicht" und „Weiß nicht". Das Meinungsbild der Studierenden kann neben der Evaluation der Veranstaltung auch dazu genutzt werden, eine Diskussion der Veranstaltungsinhalte einzuleiten und Handlungsalternativen für zukünftige Veranstaltungen zu erarbeiten.

Quelle: Weidenmann, Bernd. Handbuch Active Training: Die besten Methoden für lebendige Seminare. Weinheim und Basel: Beltz-Verlag, 2006.
Zentrum für Hochschul- und Wissenschaftsdidaktik: Methodenreader. [http://www. zhw.uni-r.de/tutorien/index.php?option=com_content&task=view&id=10&Item id=39]. 25.01.2010.

Klausurvorbereitung einmal anders

Kurzbeschreibung

In dieser speziellen Form der Klausurvorbereitung werden die Studierenden in Gruppen aufgeteilt. Die Zahl der Gruppen entspricht der Zahl der Kapitel, die in der Vorlesung behandelt wurden. In einer ersten Sitzung soll jede Gruppe ihr Kapitel auf zwei DIN A4 Seiten zusammenfassen, das dann in einer zweiten Sitzung präsentiert und besprochen wird.

Quelle: Stry, Yvonne. Mathematik – didaktisch, praktisch, gut! Didaktiknachrichten Juni 2005. Hrsg.: DIZ (Zentrum für Hochschuldidaktik der bayrischen Fachhochschulen).

Kleingruppen (Studierende)

Kurzbeschreibung

Zu Beginn des Semesters teilen sich die Studierenden in mehrere Dreier- bzw. Vierergruppen ein bis alle Vorlesungsteilnehmer/innen in einer Kleingruppe sind mit der sie sich austauschen können. Fällt es den Studierenden dann während der Vorlesung schwer sich zu konzentrieren, weil sie Verständnisschwierigkeiten haben oder ist ein Thema so kontrovers, dass Diskussionsbedarf besteht, meldet sich ein/e Studierende/r und gibt dem/der Dozierende/n Bescheid, dass eine Kleingruppenphase angebracht sei. Daraufhin begibt sich jeder zu seiner Kleingruppe. Während der nächsten fünf Minuten haben die Studierenden dann Zeit, sich auszutauschen. Bleiben am Ende der Vorlesung noch Fragen offen, so werden diese dem Dozierenden persönlich gestellt. Wurde während der Kleingruppenphase über spannende Themen debattiert, können diese auch dem Plenum als Diskussionsstoff zur Verfügung gestellt werden.

Quelle: Vgl. Methoden der Studierenden. S. 41.

Lehrgespräch

Kurzbeschreibung

Das Lehrgespräch dient als Oberbegriff für einen Dialog zwischen Dozierenden und Studierenden. Das Ziel ist es, Inhalte und Probleme dialogisch zu erarbeiten. Hierbei soll Neues entdeckt und definiertes Wissen verstanden werden. Daraus ergibt sich die Unterscheidung zwischen dem Dialog als Wissensvermittlung und dem Dialog als Entdeckungsprozess. Bei dem Dialog als Wissensvermittlung wird von einer konkreten Fragestellung ausgegangen und die Ziele werden aufgezeigt. Durch Fragen und Denkanstöße wird das Vorwissen aktiviert und zu neuen Ideen angeregt. Diese sollen dann von den Studierenden selbst verbalisiert, zusammengefasst und gewichtet werden. In einem weiteren Schritt können sich Übungen und eine Selbstevaluation ergeben. Bei dem Dialog als Entdeckungsprozess wird von einer konkreten

Problemstellung ausgegangen. Darüber hinaus sollen die Studierenden selbst Hypothesen bilden und bewerten. Im weiteren Verlauf sollen sie gewonnene Erkenntnisse formulieren und umsetzen.

Sinnvoll ist der Einsatz dieser Methode deswegen, weil Lernprozesse durch gezielte Fragen des/der Dozierenden gelenkt und vertieft werden können. Hierzu müssen geeignete Fragestellungen als Impulse für Denkprozesse angeboten werden, um konkrete Bezüge zu ermöglichen, eine Verknüpfung von Bekanntem mit Unbekanntem zu bewirken und die Studierenden selbst das erworbene Wissen verbalisieren zu lassen.

Quelle: Pfäffli, Brigitta K.. Lehren an Hochschulen. Eine Hochschuldidaktik für den Aufbau von Wissen und Kompetenzen. Bern, Stuttgart, Wien: Haupt Verlag, 2005.

Lernjournal

Kurzbeschreibung

Das Lernjournal stellt für die Studierenden eine schriftliche Dokumentation der eigenen Lernprozesse dar. Durch die Verschriftlichung des Wissenszuwachses wird neues Wissen vertieft, der Lernprozess strukturiert und der Lernerfolg dokumentiert.

Hierzu führen die Studierenden ein Heft, in dem sie chronologisch eigene Fortschritte, Ideen und Hindernisse festhalten.

Da das Lernjournal privaten Charakter hat und nicht von dem/der Dozierenden kontrolliert wird, erfordert diese Methode einen hohen Grad an Motivation, die von dem/der Dozierenden durch Frageimpulse zu einer angeleiteten Reflexion gefördert werden.

Variante

Außer der chronologischen Auflistung können die Studierenden von dem/der Dozierenden vorbereitete themenspezifische Materialien in einem Lernjournal-Ordner sammeln und haben somit einen thematisch gegliederten Überblick über ihren Lernprozess. Vergleiche auch Lernportfolio.

Quelle: Zentrum für Hochschul- und Wissenschaftsdidaktik: Methodenreader. [http:// www.zhw.uni-r.de/tutorien/index.php?option=com_content&task=view&id=10&Ite mid=39] 25.01.2010.

Lernportfolio

Kurzbeschreibung

Im Lernportfolio werden individuelle Fortschritte, Gedanken und Probleme der Studierenden zu einer Veranstaltung dokumentiert.

Neben der freien Formulierung von Erkenntnissen über den eigenen Lernprozess tritt hier zusätzlich die Bearbeitung von Aufgaben und Fragestellungen, die der/die Dozierende vorgibt.

Diese Arbeiten, wie etwa Recherchen oder Essays, werden von dem/der Dozierenden kontrolliert und können als Grundlage für Leistungsnachweise genutzt werden.

Quelle: Zentrum für Hochschul- und Wissenschaftsdidaktik: Methodenreader. [http:// www.zhw.uni-r.de/tutorien/index.php? option=com_content&task=view&id=10&Ite mid=39]. 25.01.2010.

Minutenfrage

Kurzbeschreibung

In den letzten Minuten einer Veranstaltung wird den Studierenden Zeit gegeben, schriftlich, eventuell sogar auf einem vorbereiteten Bogen, zu formulieren, (1) was die zentralen, heute gelernten, Inhalte sind und (2) was am wenigsten verstanden wurde.

Der/die Lehrende sammelt die Bögen ein und kann so zunächst kontrollieren, ob die Studierenden die zentralen Inhalte der Veranstaltung erkannt haben und darüber hinaus die Bereiche identifizieren, die einer weiteren Klärung bedürfen. Je nach Bedarf kann so in der folgenden Sitzung auf die Problemlage eingegangen werden.

Variante

Zettelkasten: Bei dieser Variante der Minutenfrage fällt die Frage nach den wichtigsten neu gelernten Inhalten weg. Stattdessen werden nur die noch offenen Fragen der Studierenden anonym in einem Zettelkasten gesammelt. Aus dieser Sammlung zieht der/die Lehrende, je nach verfügbarer Zeit, mehrere Fragen und beantwortet sie oder gibt die Frage ans Plenum zurück.

Wird ein vorbereiteter Bogen ausgeteilt, kann den Studierenden auch die Möglichkeit genereller Anmerkungen gegeben werden.

Quelle: Waldherr, Franz. Das Lernen ermöglichen. Fachhochschule Esslingen Hochschule für Technik (Hrsg.). Didaktik Aktuell. Erfolgreich lehren. Veranstaltungen, Informationen und Hilfestellungen zur Hochschuldidaktik. [http://www.hs-esslingen. de/static/385/erf-lehren_ss2006.pdf]. März 2008.

Waldherr, Franz und Claudia Walter. didaktisch und praktisch: Ideen und Methoden für die Hochschullehre. Stuttgart: Schäffer-Pöschel, 2009.

Online-System (Studierende)

Kurzbeschreibung

Den Studierenden wird eine interaktive Plattform an die Hand gegeben, die sie bei ihrem Studium unterstützt und die gleichzeitig der sozialen Verknüpfung (auch mit dem/der Dozierenden) dient. Ein Online-System wird für alle Studierende und Dozierende zugänglich von der Universität zur Verfügung gestellt. Es gliedert sich in einen allgemeinen Teil, in dem sich z.B. Foren für Interessenverbände o.ä. finden, und in vorlesungsspezifische Unterzweige. Letztere werden von den/dem Dozierenden in der Vorlesung betreut und sind nur den Teilnehmer/inne/n der jeweiligen Veranstaltung zugänglich. Dort kann der/die Dozierende – in speziellen Fällen aber auch die Studierenden – Inhalte online stellen, die die Vorlesung ergänzen. Darüber hinaus dient die Plattform aber auch der Kommunikation zwischen den Studierenden und zwischen Studierenden und Dozierenden. Den Studierenden wird mit Hilfe des Online-Systems eine aktive Teilnahme am Gestaltungsprozess der Vorlesung ermöglicht (wie z.B. durch Abstimmungsmöglichkeiten über gewünschte Themen). Außerdem werden ihnen dort interaktive Inhalte zur Vertiefung der Lerninhalte bereitgestellt.

Quelle: Vgl. Methoden der Studierenden. S. 44.

Projektorientierte Gruppenübung

Kurzbeschreibung

Nach der Einteilung der Studierenden in Gruppen, bearbeiten diese aktuelle, mit dem Vorlesungsinhalt verknüpfte Fragestellungen, für die die Forschergemeinde in jüngerer Zeit bereits Lösungsansätze entwickelt hat.

Zunächst erhalten die Studierenden eine thematische Einführung, in der auch eine Beschreibung des Problems und die Erfordernisse seiner Lösung enthalten sind.

Darauf folgt eine 50-minütige Diskussion innerhalb der Gruppen, während bei Unklarheiten der/die Lehrende Auskunft geben kann.

Im Anschluss an die Diskussion der Problemstellung präsentieren die Gruppen ihre Ergebnisse und erörtern diese in einem gemeinsamen Abschlussgespräch.

Die Arbeit in den Projektgruppen eignet sich als Übung begleitend zur Vorlesung, wobei die Präsentationen als Bewertungsgrundlage für die Benotung genutzt werden können.

Quelle: Markowitsch, Jörg, Messacher, Karin und Monika Prokopp. Handbuch praxisorientierter Hochschulbildung. Wien, 2004.

Prüfungsfragen generieren

Kurzbeschreibung

Den Studierenden wird die Gelegenheit gegeben, selbst Prüfungsfragen zu erstellen und dadurch ihr Verständnis der behandelten Inhalte zu überprüfen.

Der/die Lehrende leitet die Studierenden dabei dahingehend an, dass er/sie ihnen Kriterien geeigneter Fragen vorstellt.

Die Fragen werden eingesammelt und eine Auswahl davon in der abschließenden Sitzung von den Studierenden beantwortet.

Variante

Zunächst können die Fragen individuell oder in Gruppen entwickelt werden. Dies muss nicht zwangsläufig in der Präsenzzeit der Vorlesung geschehen, sondern kann auch als Hausaufgabe gestellt werden. Einige der Fragen können bei Bedarf leicht umformuliert und tatsächlich in der Prüfung gestellt werden.

Quelle: Zentrum für Hochschul- und Wissenschaftsdidaktik: Methodenreader. [http:// www.zhw.uni-r.de/tutorien/index.php?option=com_content&task=view&id=10&Ite mid=39]. 25.01.2010

Sandwich-Methode

Kurzbeschreibung

Bei der Sandwich-Methode werden Theorieeinheiten, der Belag des Sandwiches, mit selbsttätigen Phasen, dem Boden bzw. dem Deckel, abgewechselt.

Der Einstieg geschieht durch die Präsentation eines neuen Problems, dessen Lösung die Studierenden auf der Grundlage des bereits behandelten Stoffs noch nicht kennen. Stattdessen fragt der/die Lehrende nach einer kurzen Bedenkzeit die Vorschläge der Studierenden ab. Es folgt die Präsentation der dazugehörigen Theorie durch den/die Lehrende/n, die die korrekte Lösung des Problems ermöglicht. Zum Abschluss werden die Studierenden aufgefordert, das neu erworbene Wissen anzuwenden, um das im Einstieg vorgestellte Problem zu lösen.

Variante

Da die Zeit zur Vermittlung aller Vorlesungsinhalte ohnehin oft knapp bemessen ist, wäre es möglich, die Zeit, in der sich die Studierenden selbstständig mit dem Thema beschäftigen (Boden/Deckel), aus der Präsenzzeit herauszulösen und als Hausaufgabe oder Vorbereitung auf die nächste Sitzung anfertigen zu lassen.

Quelle: Waldherr, Franz und Claudia Walter. didaktisch und praktisch: Ideen und Methoden für die Hochschullehre. Stuttgart: Schäffer-Pöschel, 2009.

Snowballing

Kurzbeschreibung

Der/die Lehrende stellt den Studierenden eine komplexe Frage. Diese soll von den Studierenden in Zweiergruppen ca. 30 Minuten diskutiert werden. Im Anschluss daran werden je zwei Zweiergruppen zu einer Vierergruppe zusammengeschlossen. Diese sollen die erarbeiteten Lösungen erläutern und diskutieren. Beide Gruppen sollen sich schließlich auf eine Lösung einigen. Anschließend erfolgt die Präsentation der Ergebnisse im Plenum.

Variante

Danach kann eine schriftliche Ausarbeitung des gemeinsamen Lösungswegs der beiden Ursprungsgruppen verlangt werden. Darin sollte auch eine Begründung enthalten sein, warum dieser gemeinsame Lösungsweg besser ist als die Lösungen der Zweiergruppen alleine. Eine weitere Möglichkeit besteht darin, gerade bei einer großen Studierendenzahl, zunächst Vierer- und in der zweiten Phase dann entsprechend Achtergruppen zu bilden.

Quelle: Waldherr, Franz und Walter, Claudia. didaktisch und praktisch: Ideen und Methoden für die Hochschullehre. Stuttgart: Schäffer-Pöschel, 2009.

Steckbrief

Kurzbeschreibung

Den Studierenden wird ein erstes Kennenlernen der Kommiliton/inn/en und des/der Lehrenden ermöglicht. Bei dieser ersten Kontaktaufnahme zwischen dem/der Dozierenden und den Studierenden hat jeder die Möglichkeit, sich innerhalb eines strukturierten Rahmens vorzustellen. Von dem/der Dozierenden wird vorgegeben, welche Kriterien als Leitfaden zur Vorstellung dienen sollen. Dies können beispielsweise Lebensmotto, Motivation zur Veranstaltungsteilnahme und Erwartung an die Veranstaltung sein.

Quelle: Zentrum für Hochschul- und Wissenschaftsdidaktik: Methodenreader. [http://www.zhw.uni-r.de/tutorien/index.php?option=com_content&task=view&id=10&Itemid=39]. 25.02.2010

Stehcafe

Kurzbeschreibung

Die meist einzeln oder in kleinen Gruppen eintreffenden Studierenden werden durch den/die Dozierende/n persönlich begrüßt. Dabei übergibt er/sie ihnen ein Schild mit ihrem Namen und fordert sie auf, sich zwanglos mit den anderen Studierenden zu gruppieren und führt vereinzelte Studierende zusammen. Er/sie bittet die Studierenden sich gegenseitig vorzustellen und anhand von vorgegebenen Impulsen ein Gespräch zu führen. Solche Gesprächsimpulse können z.B. der erwartete Inhalt der Vorlesung und der Grund des Besuches sein.

Der/die Lehrende animiert die Studierenden, falls sie es nicht von alleine tun, immer neue Gesprächsgruppen zu bilden.

Diese Methode ist zur Vorstellung der Studierenden in kleineren Vorlesungen geeignet.

Quelle: Hupfeld, Walter. Methodensammlung. [http://www.learn-line.nrw.de/angebote/ methodensammlung/ karte.php]. 25.02.2010.

Studierforum

Kurzbeschreibung

Das Studierforum ist eine Form des begleiteten Selbststudiums und bietet individuelle sowie soziale Lernarrangements zur Vertiefung, Übung und Klärung der Inhalte aus dem Kontakt- und dem autonomen Selbststudium.

Unter diese Lernarrangements fallen die Lösung von Aufgaben (vor Ort/zuhause) und deren Korrektur (Besprechung/Musterlösung), die informelle oder spontane Lerngruppenbildung und die Lernbetreuung durch den/die Dozierende/n.

Das Studierforum ist freiwillig und erfüllt nicht die Funktion eines Repetitoriums, sondern soll die Inhalte des Kontaktstudiums vertiefen und ergänzen.

Das Studierforum wird in regelmäßigen Abständen (14-tägig/monatlich) angeboten.

Variante

Das Studierforum kann vielfältig variiert und ergänzt werden. Die Aufgabenstellung und Bearbeitung kann frei gewählt werden. Ebenso kann die Rolle des/der Lehrenden von Sitzung zu Sitzung neu definiert werden. Möglichkeiten der Vernetzung (z.B. Chats oder Mailinglisten) sowie Online-Angebote (Übungsaufgaben, Tests, Foren) wären denkbar.

Quelle: Pfäffli, Brigitta K.. Lehren an Hochschulen. Eine Hochschuldidaktik für den Aufbau von Wissen und Kompetenzen. Bern, Stuttgart, Wien: Haupt Verlag, 2005.

studiVZ-Gruppe (Studierende)

Kurzbeschreibung

Zunächst erfolgt die Eröffnung einer Gruppe bei studiVZ mit dem Namen der entsprechenden Vorlesung. Hier tauschen sich die Studierenden über die Vorlesung aus, entwickeln Ideen, wie die Vorlesung verbessert werden könnte, unterstützen sich gegenseitig bei der Vor- und Nachbereitung und lernen sich kennen. Dabei ist es aber wichtig, einen prägnanten Einleitungstext zu verfassen, der den Eindruck vermitteln muss, dass die Studierenden nicht ausspioniert werden sollen, sondern, dass man sich frei äußern kann. Die Studierenden sollen motiviert werden, selbst kreativ zu werden und Ideen zu entwickeln, wie man die Vorlesung aktiver, besser und lebhafter gestalten kann. Auch soll durch das Kennenlernen mit Namen im Onlinenetzwerk die Zurückhaltung und Distanz zwischen den Studierenden in der Realität abgebaut werden und so eine bessere Basis für die Aktivität während der Vorlesung geschaffen werden.

Quelle: Vgl. Methoden der Studierenden. S. 48.

Tandemgruppe (Studierende)

Kurzbeschreibung

Die Studierenden bilden Tandemgruppen, die sich aus mindestens zwei verschiedenen Tandempartner/inne/n zusammensetzen. Die Tandempartner/innen unterscheiden sich darin, dass sie sich jeweils in einem anderen Thema der Vorlesung besonders gut auskennen. Tandempartner/innen haben den Zweck, dem jeweils anderen das eigene „Spezialgebiet" näher zu bringen, zu erklären und auf eventuelle Fragen des anderen zu antworten. Ein solcher Austausch kann auf verschiedene Arten durchgeführt werden: Tandempartner/innen können sich persönlich treffen, per Email kommunizieren oder auch in einem öffentlichen Rahmen miteinander in Kontakt treten (z.B. Online-Communities). Tandemgruppen können zu einem verbesserten allgemeinen Verständnis des Vorlesungsthemas und zu einer verbesserten Vorbereitung führen und somit die aktive Teilnahme an der Vorlesung fördern.

Quelle: Vgl. Methoden der Studierenden. S. 50.

Vom Ist zum Soll

Kurzbeschreibung

Die Studierenden beschriften Karten mit Schlagworten, die ihre aktuelle Arbeits- und Problemsituation charakterisieren. Diese Karten werden von den Studierenden erläutert und an einer Tafel/Plakatwand gesammelt. Eventuell auftretende Mehrfachnennungen werden einander zugeordnet.

Im Anschluss an diese Situationsanalyse wird in einer Diskussion oder wiederum durch Beschriftung von Karten ein gewünschter zukünftiger Stand ermittelt.

Zur Beantwortung der Frage, wie man vom Ist- zum Soll-Zustand gelangt, werden nun Handlungs- und Verhaltensoptionen entwickelt.

Variante

Statt der Beschriftung der Karten kann die schriftliche Fixierung auch durch den/die Dozierende/n auf Zuruf der Studierenden an der Tafel erfolgen.

Quelle: Hupfeld, Walter Methodensammlung. [http//www.learn-line.nrw.de/angebote/ methodensammlung/ liste.php]. 25.02.2010.

Vorstellungsrunde

Kurzbeschreibung

Der/die Dozierende bereitet an der Tafel etc. Aussagen vor wie etwa: „Ich heiße..., ich komme aus..., ich erwarte mir von der Vorlesung...". Der/die Lehrende beginnt mit der eigenen Vorstellung nach diesem Muster. Dann bittet er/sie die Studierenden, sich der Reihe nach anzuschließen.

Quelle: Waldherr, Franz und Walter, Claudia. didaktisch und praktisch: Ideen und Methoden für die Hochschullehre. Stuttgart: Schäffer-Pöschel, 2009.

Zusammenfassungen (Studierende)

Kurzbeschreibung

Statt des/der Dozierenden übernehmen die Studierenden die Aufgabe am Ende einer jeden Vorlesung, den Inhalt der Veranstaltung zusammenzufassen. Dazu bilden die Studierenden mehrere Gruppen. Jede dieser Gruppen sollte im Laufe des Semesters eine Zusammenfassung zu einer Vorlesungseinheit erstellen und mündlich vor dem Plenum vortragen. Um dies zu bewerkstelligen, macht sich die vorgesehene Gruppe während der Vorlesung Notizen, welche sie dann in einer kurzen Vorbereitungszeit zusammenträgt und bespricht. Im Anschluss daran stellt sie diese Zusammenfassung dem Plenum vor. Durch die

Erstellung und Präsentation einer Zusammenfassung wird der Vorlesungsstoff wiederholt. Falls es Verständnisschwierigkeiten gibt, werden diese früher wahrgenommen und offen im Plenum angesprochen. Außerdem erhalten die Studierenden nach jeder Vorlesung eine gute Übersicht, die hilfreich beim Lernen ist.

Variante

Alternativ könnte die Zusammenfassung schriftlich erfolgen und z.B. per Email an alle verschickt oder in einem Forum hochgeladen werden.

Quelle: Vgl. Methoden der Studierenden. S. 33.

5
Fazit

Die zentrale Frage des Projekts *Entwicklungslabor akademische Beredsamkeit* lautete: „Ist die Vorlesung noch zu retten?" Basierend auf der Annahme, dass eine Abschaffung des Lehrformats Vorlesung in naher Zukunft weder durchführbar noch nötig ist, wurde nach Wegen gesucht, jene effektiver zu gestalten. Kritiker monieren, dass die monologische Form der Vorlesung und die damit einhergehende passive Rezeptionshaltung der Studierendendas kritische Denken wenig fördere. Gleichzeitig zeigen vergleichende Untersuchungen der Vorlesungs- und Diskussionsmethode, dass Vorlesungen besser geeignet sind, in ein Thema einzuführen, Überblicke zu verschaffen und Zusammenhänge aufzuzeigen, wohingegen Diskussionen mehr zum Mitdenken herausfordern.[157]

Während die Kritik häufig an die Lehrenden herangetragen wird und die Mängel ihrer didaktischen Fertigkeiten beklagt werden, wurde beim Projekt ELAB versucht, zugleich die Studierenden in die Verantwortung zu nehmen. Dass die Lehrenden einen großen Teil zu einer gelungenen Vorlesung beitragen, ist evident! Dass jedoch auf Seiten der Studierenden nach Verbesserungsmöglichkeiten des direkten Vorlesungsgeschehens gesucht wird, ist ein neuer, aber sinnvoller Ansatz, wird die Hörsaalsituation doch immer von zwei Seiten gestaltet. So sollte im Laufe des Projektes ein Dialog zwischen Lehrenden und Studierenden entstehen, damit Verbesserungsmöglichkeiten in Kooperation entwickelt werden können.

Zunächst sollten jedoch die Interaktion und Aufmerksamkeit der Studierenden in drei Vorlesungen untersucht werden. Im ersten Projektsemester wurde deshalb nach Beobachtungsinstrumenten bezüglich des Kommunikationsverhaltens in der Hörsaalsituation gesucht. Dabei wurde in regelmäßigen Vorlesungsbesuchen von Beginn an das Augenmerk sowohl auf die Dozierenden als auch auf die Studierenden gerichtet. Es fiel auf, dass während des Vorlesungsgeschehens unterschiedliche Phasen des kommunikativen Geschehens unterschieden werden konnten. Neben Phasen reiner Informationsvermittlung gab es Phasen, in denen, ausgelöst durch auflockernde Elemente, wie das Erzählen eines Witzes, dem gemeinsamen Nachschlagen von Gesetzestexten, Visualisierungen und dem Stellen von Fragen durch den/die Dozierende, kommunikative Interaktion beobachtet werden konnte.

---

157 Apel, 1999. S. 82 ff.

Die Entscheidung, das fragend-entwickelnde Unterrichtsgespräch im ersten Projektsemester in den Fokus zu nehmen, bot sich an, da in einer der besuchten Vorlesungen häufig Studierende befragt wurden. Dies geschah mit und auch ohne vorherige Meldung. Im schulischen Bereich wird diese Methode als problematisch erachtet, berge sie doch die Gefahr, die Beiträge der Lernenden zu sehr zu begrenzen, denn sie müssen unter Zeitdruck eine passende Antwort finden. Daraus resultiere eine geringe kognitive Aktivierung.[158] Durch Fragebögen sollte nun ermittelt werden, wie die Studierenden diese Methode empfinden und bewerten. Durchschnittlich wurde die Methode von den Studierenden für eine Vorlesung als geeignet befunden, führte jedoch bei noch nicht aufgerufenen Studierenden zu Nervosität und Unbehagen ob der erwarteten Abfrage.[159] Die Tatsache, auch ohne vorherige Meldung aufgerufen werden zu können, forderte die Studierenden zu Aufmerksamkeit und zum Mitdenken auf, um schnell Antwort geben zu können. Für den universitären Kontext konnte somit keine Verringerung der Aktivität der Lernenden beobachtet werden.

Mithilfe von Beobachtungsbögen sollte nachfolgend erfasst werden, wie sich die Aufmerksamkeitskurve der Studierenden im Verlauf einer Vorlesung gestaltete. Dabei sollten keine allgemeinen Ableitungen zu Aufmerksamkeit in Vorlesungen herausgestellt werden. Vielmehr ging es darum, dem Dozierenden eine konkrete Beobachtung des studentischen Verhaltens in seiner Vorlesung zu geben. Hierbei wurde festgestellt, dass ein höherer Lärmpegel nicht mit niedrigerer Aufmerksamkeit einhergehen muss.[160]

Im zweiten Projektsemester begann die Zusammenarbeit mit den Studierenden. Dazu wurden sechs studentische Hilfskräfte eingestellt, die Ideen zur Verbesserung der Effektivität der Vorlesung entwickeln sollten. Hierbei war die Aufgabe die Suche nach Methoden der Selbstaktivierung von Studierenden für Studierende. Da auf Seiten der Studierenden Bedenken bestanden, dass ihnen Nachteile durch kritisches Feedback an Lehrende entstehen könnten, wurde, um eine Vertrauensgrundlage zu schaffen, ein Fairnessvertrag beschlossen und gemeinsam ein Feedbackseminar besucht. Die studentischen Hilfskräfte beobachteten zwei ausgewählte Vorlesungen und führten Interviews mit den Vorlesungsbesucher/innen/n durch. Sie entwickelten in Arbeitsgruppen Ideen und Konzepte, aus denen eine Sammlung von Methoden von Studierenden für Studierende entstand.[161]

---

158 Vgl. Gräsel, 2004. S. 79.
159 Vgl. Kapitel 1.3.
160 Vgl. Kapitel 1.4.
161 Siehe Kapitel 2.1.

Bereits während des ersten Projektsemesters wurde die didaktische Fachliteratur nach Methoden für Dozierende zur Erhöhung der Aufmerksamkeit der Studierenden durchsucht und einzelne Methoden erprobt. Dazu zählten Murmelgruppen,[162] der Zettelkasten und Visualisierung.[163] Die Methode Murmelgruppe kann in einer Vorlesung sinnvoll sein, um eine kurze Phase der Diskussion unter den Studierenden anzuregen. Sie kann eingesetzt werden, wenn der/die Dozierende merkt, dass die Studierenden auf einen Sachverhalt mit Unruhe reagieren.[164] Der/die Dozierende kann aber auch explizit Fragen stellen, über die in einer Murmelgruppe mit dem Sitznachbar/in/n diskutiert werden soll. Bei der Erprobung der Methode reagierten die Studierenden sehr unterschiedlich. Der Zettelkasten, der den Studierenden die Möglichkeit gab, Ideen, Anregungen und Fragen anonym an den Dozierenden zu richten, wurde jedoch vornehmlich positiv bewertet. Ebenso wurden auch Visualisierungen als Bestandteil guter Lehre angesehen.

Im dritten Projektsemester wurden weitere Methoden praktisch erprobt. Dazu zählten drei der durch die Studierenden erarbeiteten Konzepte: das Einladen eines Fremddozent/in/en,[165] das Debattieren in der Vorlesung[166] und das Studierforum.[167] Es lag nahe, dass einer der Professoren des Projekts einen anderen als Fremddozent in seine Vorlesung einlädt. Dessen Aufgabe war es, Verständnisfragen zu stellen und somit interaktive Phasen im Vorlesungsverlauf einzuleiten. Die Studierenden beurteilten den Besuch eines anderen Professors – punktuell eingesetzt – sehr positiv und auch die Professoren empfanden diese Erfahrung als gewinnbringend. Die gestellten Fragen konnten nicht nur Diskussionen initiieren, sondern auch die Rückmeldungen unter Kollegen wurden als anregend empfunden.[168] Über das Debattieren können diverse rhetorische Grundfertigkeiten trainiert und verbessert werden.[169] Um diese rhetorische Übungsform für die Vorlesung zu erschließen, bedurfte es einer einfachen und weniger formalisierten Grundform der rhetorischen Übungsform des Debattierens.[170] Angewandt in einer Vorlesung ermöglicht das Debattieren, Meinungen zu einem kontroversen Thema argumentativ auszutauschen. Bei der Erprobung war eine erhöhte Aufmerksamkeit zu

---

162 Vgl. Behrendt, 2006. S. 16.
163 Vgl. Kapitel 1.5.
164 Beobachtet wurde, dass Studierende bei Unklarheiten häufig zuerst Klärung bei ihrem Sitznachbarn/ihrer Sitznachbarin suchen, anstatt bestehende Fragen an den/die Dozierende/n zu richten.
165 Vgl. Kapitel 3.1.
166 Vgl. Kapitel 3.2.
167 Vgl. Kapitel 3.3.
168 Vgl. Kapitel 3.1.1, 3.1.2 und 3.1.3.
169 Vgl. Kapitel 3.2.
170 Vgl. Kapitel 3.2.2.

beobachten.[171] Jedoch bedarf das Debattieren eines größeren Zeit- und Vorbereitungsaufwandes, der in einer Vorlesungsreihe oftmals nicht gegeben ist. Vorlesungsbegleitend wurde im dritten Projektsemester den Studierenden eine Internetplattform angeboten.[172] Hier sollte Raum für Diskussionen, Fragen, Organisatorisches und weiterführende Übungen geboten werden. Nach einer hohen anfänglichen Aktivität, die sich mit den dort eingestellten Vorlesungsmaterialien erklären lässt, ließ sich beobachten, dass sich die Studierenden zwar regelmäßig einloggten, aber das Forum ansonsten kaum nutzten.

Im vierten Projektsemester wurde schließlich aus den in der didaktischen Fachliteratur aufgefundenen und zum Einsatz in einer Vorlesung als sinnvoll erachteten Methoden eine Methodensammlung erstellt.[173] Außerdem wurde ein Konzept erarbeitet, das die Dozierenden in ihrer Redetätigkeit untersucht. In Verbindung mit der Methodensammlung bietet das Kapitel 4.1 Dozierenden bei der Vorbereitung einer Vorlesungsreihe eine Orientierung über Möglichkeiten des Einsatzes von Methoden. Dabei steht die Verbindung didaktischer und rhetorischer Erkenntnisse im Vordergrund, ausgehend von der Annahme, die Vorlesung könne durch eine Weiterbildung auf beiden Fachgebieten verbessert werden.[174]

Die Erprobung verschiedener Methoden im Verlauf des Projektes hat gezeigt, dass Vieles in einer Vorlesung möglich ist und positiv aufgenommen wird, ohne das Lehrformat an sich umzuformen. Der punktuelle Einsatz von auflockernden Elementen, die die Studierenden zu Aktivität und zur Diskussion auffordern, bedeutet nicht, die Vorlesung an sich in ihrer Struktur zu verändern. Die Vorlesung aus der universitären Bildung auszuschließen, ist aktuell weder durchführbar noch notwendig, bieten sich doch zahlreiche Möglichkeiten der Verbesserung. Wenn der/die Lehrende einen strukturierten Vortrag überzeugend zu halten vermag, können in der Vorlesung wie in keinem anderen Format Einführungen in Fachgebiete gegeben und Überblicke verschafft werden, die zur weiteren Reflexion und auch zum Lernen anregen.

---

171 Vgl. Kapitel 3.2.5.
172 Vgl. Kapitel 3.3.
173 Vgl. Kapitel 4.8.
174 Vgl. Apel, 1999. S. 65 ff.

6
Literaturverzeichnis

Arbeitsgruppe Hochschuldidaktische Weiterbildung an der Albert-Ludwigs-Universität Freiburg i. Br. Besser Lehren. Praxisorientierte Anregung und Hilfen für Lehrende in Hochschule und Weiterbildung, Heft 2. Weinheim: Beltz, 2000.

Ardjomandy, Amir. *Virtuelle Vorlesung. Die kognitiven, intentiven und kommunikativen Aspekte einer emergenten Lehr- und Lernkultur.* München: Univ. Diss., 2004.

Apel, Hans J.. *Die Vorlesung: Einführung in eine akademische Lehrform.* Köln, Weimar, Wien: Böhlau, 1999.

Aristoteles. Rhetorik. Stuttgart: Reclam, 1999.

Bartsch, Tim-Christian u.a. *Trainingsbuch Rhetorik.* Paderborn: Schöningh, 2005a.

Bartsch, Tim-Christian, Hoppmann, Michael und Bernd Rex. *Was ist Debatte? Ein internationaler Überblick.* Göttingen: Cuvillier, 2005b.

Berendt, Brigitte. „Hochschuldidaktischer Methoden-Fundus: Basiswissen." Berendt, Brigitte/ Voss, Hans P./ Wildt, Johannes (Hrsg.). *Neues Handbuch Hochschullehre: Lehren und Lernen effizient gestalten.* Stuttgart: Raabe, 2006. C.3.1., S. 1-22.

Bligh, Donald. *What's the Use of Lectures?* Exeter: Intellect, 1998. (5. Auflage)

Fiukowski, Heinz u.a. *Einführung in die Sprechwissenschaft.* Leipzig: VEB, 1976.

Ertel, Helmut und Silke Wehr. „Bolognagerechter Hochschulunterricht." *Lernprozesse fördern an der Hochschule. Beiträge aus der hochschuldidaktischen Praxis.* Bern, Stuttgart, Wien: Haupt Verlag, 2008.

Geißner, Hellmut. „Rhetorische Kommunikation: Basisartikel." *Praxis Deutsch 33.* Seelze/Velber: Friedrich Verlag, 1979. S. 10 – 21.

Geißner, Hellmut. *Sprechwissenschaft: Theorie der mündlichen Kommunikation.* Königstein/Ts.: Scriptor-Verlag, 1981.

Geißner, Hellmut. *Sprecherziehung: Didaktik und Methodik der mündlichen Kommunikation.* Scriptor: Frankfurt am Main, 1982.

Görtz, Wim, Marks, Frank, Starry, Joachim. „Visualisierung: Folien,
Poster, Flipcharts. Prinzipien und Beispiele zur Gestaltung von Folien,
Poster und Flipcharts für den Hochschulunterricht, für Tagungen
und Workshops." Brigitte Berendt, Hans P. Voss und Johannes Wildt,
(Hrsg.). *Neues Handbuch Hochschullehre: Lehren und Lernen effizient
gestalten.* Stuttgart: Raabe, 2006. S. 1 – 38.

Gräsel, Cornelia. *Das fragend-entwickelnde Unterrichtsgespräch: Eine
problematische Kommunikationsform für das Lernen?* In: Norbert
Gutenberg (Hrsg.): Kommunikation in der Schule. München:
Reinhardt, 2004. S. 78 - 87

Gutenberg, Norbert. *„Die Kunst der Mitteilung"* : Gedanken über die
didaskalische, dabei besonders die akademische Beredsamkeit bei Friedrich
Schleiermacher. In: Angela Biege und Ines Bose (Hrsg.): Theorie und
Empirie in der Sprechwissenschaft: Festschrift für Eberhard Stock.
Hanau, Halle: Dausien, 1998. S. 58-64.

Gutenberg, Norbert. „Über das Rhetorische und das Ästhetische
- Ansichten Schleiermachers." Joachim Dyck, Walter Jens und
Gert Ueding. *Literatur - Rhetorik - Poetik. Jahrbuch Rhetorik Band 19.*
Tübingen: Niemeyer, 2000. S. 68 – 91.

Gutenberg, Norbert. „Normative Rhetorik? Konzeptionelle Überlegungen
zu rhetorischen Regelwerken." *Immer ist es Sprache: Mehrsprachigkeit
– Intertextualität – Kulturkontrast.* Hg. Thomas Grimm und Elisabeth
Venohr. Frankfurt a.M. [u.a.]: Peter Lang, 2009.

Jackstel, Karlheinz und Rosemarie Jackstel. *Die Vorlesung – akademische
Lehrform und Rede.* Berlin: VEB Deutscher Verlag der Wissenschaften,
1985.

Kemmann, Ansgar. „Debatte als didaktisches Instrument". *Rhetorik. Ein
internationales Jahrbuch Bd. 25: Rhetorik der Debatte.* Hg. Olaf Kramer
u.a. Tübingen: Niemeyer, 2006.

Knape, Joachim. *Allgemeine Rhetorik: Stationen der Theoriegeschichte.*
Stuttgart: Reclam, 2000.

Lemmermann, Heinz. *Schule der Debatte: Beiträge zur dialogischen Rhetorik.*
München: Günter Olzog, 1986.

Lipp, Ulrich und Will, Hermann. *Das große Workshop-Buch. Konzeption,*

Inszenierung und Moderation von Klausuren, Besprechungen und Seminaren. 8. Aufl. Weinheim und Basel: Beltz-Verlag, 2008.

Markowitsch, Jörg, Messacher, Karin und Prokopp, Monika. *Handbuch praxisorientierter Hochschulbildung.* Wien, 2004.

McLeish, John. *The lecture method.* In: Nathanael L. Gage (Hrsg.): The psychology of teaching methods: seventy-fifth yearbook of the National Society for the Study of Education. Chicago, Illinois: University of Chicago Press, 1976.

Ottmers, Clemens. *Rhetorik.* Stuttgart: Metzler, 2007. (2. Auflage)

Pfäffli, Brigitta K.. *Lehren an Hochschulen: Eine Hochschuldidaktik für den Aufbau von Wissen und Kompetenzen.* Bern, Stuttgart, Wien: Haupt Verlag, 2005.

Quintilian, Marcus Fabius. Ausbildung des Redners. Lt. U dt. Hg. u. übers. von Helmut Rahn. 2 Bde. Darmstadt: Wissenschaftliche Buchgesellschaft, 1995.

Stry, Yvonne. „Mathematik – didaktisch, praktisch, gut!" *Didaktiknachrichten Juni 2005.* Hrsg.: DIZ (Zentrum für Hochschuldidaktik der bayrischen Fachhochschulen).

Ueding, Gert und Bernd Steinbrink. *Grundriß der Rhetorik: Geschichte · Technik · Methode.* Stuttgart und Weimar: Metzler, 1994.

Waldherr, Franz und Claudia Walter. *didaktisch und praktisch: Ideen und Methoden für die Hochschullehre.* Stuttgart: Schäffer-Pöschel, 2009.

Wildt, Johannes. *Massenveranstaltungen - Präsenzveranstaltungen mit großen Teilnehmerzahlen.* In: Johannes Wildt, Birgit Encke und Karen Blümcke (Hg.): *Professionalisierung der Hochschuldidaktik. Ein Beitrag zur Personalentwicklung an Hochschulen.* Bielefeld: Bertelsmann, 2003. S. 198 - 204.

Wildt, Johannes, Encke, Birgit und Karen Blümcke (Hg.). *Professionalisierung der Hochschuldidaktik: Ein Beitrag zur Personalentwicklung an Hochschulen.* Bielefeld: Bertelsmann, 2003.

Wilson, Karen und James H. Korn. „Attention During Lectures: Beyond Ten Minutes." *Teaching of Psychology 34.* London: Routledge, 2007. S. 85 – 89.

Webadressen:

Fitz, Patrick. [http://www.slideshare.net/patrickfritz/ippm01-qualitaetszirkel-20071119]. 05.08.09.

Hupfeld, Walter. Methodensammlung. [http://www.learn-line.nrw.de/angebote/methodensammlung/ karte.php]. 25.02.2010

Vorlesungsverzeichnis der UdS:

[https://www.lsf.uni-saarland.de/qisserver/rds;jsessionid=E97BDFF17A5F2649BBFC0A4B9E65D112.hqis6?state=user&type=8&topitem=lectures&itemText=%0A%09%09%09%09%09Veranstaltungen%0A%09%09%09%09%09&breadCrumbSource=portal]. 07.09.09.

Virtuelles Lehrbuch für Rhetorik. *Topik und Argumentation*. Tübingen. [http://www.uni-tuebingen.de/uni/nas/projekte/lehrbuch/theoriefor/topikundargumentation.HTM]. 25.10.2010].

Waldherr, Franz. „Das Lernen ermöglichen." Fachhochschule Esslingen Hochschule für Technik (Hrsg.). *Didaktik Aktuell. Erfolgreich lehren. Veranstaltungen, Informationen und Hilfestellungen zur Hochschuldidaktik.* [http://www.hs-esslingen.de/static/385/erf-lehren_ss2006.pdf]. März 2008.

Weber, Birgit. Unterrichtsmethoden in sozialwissenschaftlichen Fächern. [www.sowi-online.de/methoden]. 25.02.2010.

Weidenmann, Bernd. Handbuch Active Training: Die besten Methoden für lebendige Seminare. Weinheim und Basel: Beltz-Verlag, 2006.

Wirtschaftslexikon24. [http://www.wirtschaftslexikon24.net/d/qualitaetszirkel/qualitaetszirkel.htm]. 05.08.09.

Zentrum für Hochschul- und Wissenschaftsdidaktik: Methodenreader. [http://www.zhw.uni-r.de/tutorien/index.php?option=com_content&task=view&id=10&Itemid=39]. 25.02.2010.

7
Anhang

1. Antrag an die Kommission

2. Aufmerksamkeitsbögen Ergebnisse Vorlesungen aggregiert

3. Literaturliste

4. Rezensionen

5. Geplante Befragung Frageverhalten

6. Erster Fragebogen Individualarbeitsrecht I

7. Zweiter Fragebogen Individualarbeitsrecht I

8. Ergebnisse Fragebögen

9. *entfallen*

10. Beobachtungen Frage- und Antwortverhalten 12.5.09

11. Beobachtungen Frage- und Antwortverhalten 19.5.09

12. Beobachtungen Antwort- und Reaktionsverhalten 26.5.09

13. Beobachtungen Antwort- und Reaktionsverhalten 2.6.09

14. Zusammenfassung Beobachtung Frage- und Antwortverhalten

15. Zusammenfassung Ergebnisse Beobachtungsbögen

16. Beobachtungsbogen Aufmerksamkeitsmanifestationen 16.6.09

17. Beobachtungsbogen Aufmerksamkeitsmanifestationen 22.6.09

18. Erste Ergebnisse Beobachtungsbogen Aufmerksamkeit

19. Aufmerksamkeitsbögen

20. Diagramme aus den Aufmerksamkeitsbögen

21. Protokoll vom 26.5.2009

22. Protokoll vom 02.6.2009

23. Ablauf Workshop Gesprächsleitung

24. Erfahrungsberichte der Studierenden

Entwicklungslabor Akademische Beredsamkeit, Anhang 1

Vorschlag

zur Förderung eines Vorhabens aus allgemeinen Studiengebühren

UNIVERSITÄT
DES
SAARLANDES

Anm.: Der Vorschlag soll – je nach Umfang des Vorhabens – mindestens 1 Seite, maximal 5 Seiten umfassen

Name: Prof. Dr. N. Gutenberg, Prof. Dr. M. Herberger, Prof. Dr. P. Riemer, Prof. Dr. S. Weth

Fakultät / Einrichtung / Studiengang:

FR. 4.2 Germanistik, FG Sprechwissenschaft/Sprecherziehung; FR. 1.1 Lehrstuhl für Bürgerliches Recht, Rechtstheorie und Rechtsinformatik; FR 3.7 Klassische Philologie; FR 1.1 Deutsches und Europ. Prozeß- und Arbeitsrecht sowie Bürgerliches Recht

E-Mail (für Rückfragen): n.gutenberg@mx.uni-saarland.de, herberger@rechtsinformatik.de, p.riemer@mx.uni-saarland.de, s.weth@mx.uni-saarland.de

Semester: ab Ende WS 2008/09

1. Gegenstand und Konzeption des zu fördernden Vorhabens

Wir schlagen vor, ein gemeinsames **Entwicklungslabor** zum Thema **"Akademische Beredsamkeit"** zu gründen, in dem Professoren und Studenten vorlesungsbegleitend explorieren, welches Potenzial diese Veranstaltungsform noch aufweist. Dabei sind wir übrigens davon überzeugt, dass ein solches Potenzial vorhanden ist. Es gilt "nur", dieses Potenzial in einer gemeinsamen Anstrengung freizulegen.

In dem gemeinsamen die Vorlesung begleitenden Entwicklungslabor sollen die Studierenden zu Gesprächspartnern der "vorlesenden" Professoren werden und gewissermaßen die Professoren aus ihrer Erfahrung heraus „coachen", was die studentische Erwartungs- und Wahrnehmungsperspektive angeht. In diesem Entwicklungslabor sollen sich Lehrende und Lernende „auf Augenhöhe" begegnen.

Dies soll in einem Modellversuch an insbesondere zwei großen juristischen Vorlesungen erprobt werden. Im Sinne eines von den Antragstellern vertretbaren nicht-formalen, inhaltlichen Rhetorikbegriffs werden dabei kommunikative und fachspezifische Expertisen zusammenwirken.

Das Grundkonzept stellen wir uns vor wie folgt:

Es wird aus den Vorlesungsteilnehmern heraus ein Team von Studierenden gebildet, die im Rahmen eines Hilfskraftvertrages im Dialog mit den für die Vorlesung verantwortlichen Professoren (und in informeller Rückkoppelung zu den Mitstudierenden in der Vorlesung) einen die Vorlesung begleitenden Optimierungsprozess organisieren.

Elemente dieses Optimierungsprozesses könnten u. a. Aktivitäten wie die folgenden sein:

Die Gruppe der studentischen Evaluatoren formuliert **"Rückmeldungen"** an die Professoren, die zur Optimierung des in der Vorlesung (so sie denn richtig verstanden wird) implizit mitgedachten Dialogs führen.

Entwicklungslabor Akademische Beredsamkeit, Anhang 1

Vorschlag

zur Förderung eines Vorhabens aus
allgemeinen Studiengebühren

UNIVERSITÄT
DES
SAARLANDES

Das Medium für die Sammlung und Organisation dieser „Rückmeldungen" sollte ein Wiki sein, das gegebenenfalls auch für die Teilnehmerinnen und Teilnehmer der Vorlesung insgesamt geöffnet werden kann.

So wertvoll „Rückmeldungen" der genannten Art sein können, so richtig bleibt doch auch die Beobachtung, dass es sich hier primär um eine Reaktion auf vorher Vorgetragenes handelt. Dabei soll es jedoch nicht bleiben.

Um die studentische Begleitgruppe partiell auch zu aktiven Mitgestaltern der Vorlesung zu machen, sollen verschiedene **Partizipationsmodi** erprobt werden. Ein solcher Modus könnte darin bestehen, dass die studentischen Begleiter ausgewählte Passagen der Vorlesung mit eigenen Worten formulieren und das Ergebnis vor dem Plenum vortragen. Die dadurch erzielten Wiederholungs- und Lerneffekte dürften - so die Prüfhypothese - von erheblicher Intensität sein, zugleich wird – bezogen auf den Studienstoff – die Schlüsselkompetenz geübt, rhetorisch gelungen vortragen zu können.

Ein weiterer Modus könnte darin bestehen, dass in der Vorlesung nicht explizit Thematisiertes, jedoch im Themenkreis der Vorlesung Liegendes und von den Studierenden als Thema Erwartetes zur Sprache gebracht wird. Die sich daraus ergebenden Überraschungseffekte für die Lehrenden und die sich so eröffnenden Dialogchancen sind vermutlich von beachtlicher Wirkkraft.

Da das vorliegende Konzept davon ausgeht, dass die Vorlesung in einer Kommunikationsschicht ein "gedachter Dialog" ist, bieten sich zur Überprüfung dieser Hypothese die **"Mitschriften" als Erkenntnisquelle** an. Wie bereits die Bezeichnung "Mitschriften" zeigt, geht es hier um ein gemeinsames, dem gedanklichen Modell nach miteinander vollzogenes Tun. Erste Erfahrungen auf diesem Feld zeigen, dass es manchmal eine professorale Illusion ist anzunehmen, alles, was man gesagt habe, werde auch so verstanden, wie es gemeint war. Für etwa auftretende Wahrnehmung- und Verständnisdissonanzen gibt es übrigens jeweils nicht nur eine Ursache. Vielmehr wird man in jedweder Richtung das Diktum Lichtenbergs zu beachten haben, dass dort, wo ein Kopf und ein Buch zusammenstoßen und es hohl klingt, dies nicht allemal am Buche liegt.

Die Arbeit im gemeinsamen Labor wird auch ein Phänomen nicht unberücksichtigt lassen können, das in letzter Zeit stark zugenommen hat. Gemeint ist die Nutzung von Notebooks in der Vorlesung. Dass dies Auswirkungen auf die Kommunikationsituation hat, ist unbestreitbar. Allerdings gehen die Meinungen über die Bewertung dieser Auswirkungen weit auseinander. Einige Professoren würden gerne ein Verbot von Notebooks in der Vorlesung sehen, andere gehen in ihrer Einschätzung überwiegend von Nutzeffekten aus. Richtig dürfte seine, dass es **sinnvolle Möglichkeiten der Notebookintegration** innerhalb der Vorlesung gibt. Die genaue Modalität gilt es jedoch auszuloten. Auch das soll eine Aufgabe des Entwicklungslabors sein.

Entwicklungslabor Akademische Beredsamkeit, Anhang 1

Vorschlag

zur Förderung eines Vorhabens aus allgemeinen Studiengebühren

UNIVERSITÄT
DES
SAARLANDES

Schließlich sollte auch daran gedacht werden, Lern- und Rezeptionsprobleme explizit in vorlesungsintegrierten Dialogen zur Sprache zu bringen, was sicher eine interessante Alternative zu anderen Evaluationsformen wäre.

2. Ziele des Vorhabens und Beitrag zur Verbesserung der Qualität von Lehre und Studium

Das Projekt soll Instrumente für eine Verbesserung der Lehre entwickeln, die auf dem gesamten Campus angeboten werden können.
Da Vorlesungen seit der Modularisierung der Studiengänge einen noch höheren Stellenwert erhalten haben, wäre eine Optimierung der Effizienz dieser akademischen Form von erheblicher Bedeutung. Wenn es gelingt, eine Feedbackkultur zu initiieren, die in diesem Projekt mit dem Terminus ‚**Vorlesungsintegrierter Dialog**' bezeichnet wird, so wäre dies ein Beitrag zur Verbesserung der Kooperation zwischen Studierenden und Professoren.

3. Bestandsaufnahme und Mängelanalyse (ggf. unter Verweis auf Umfragen, Evaluationen)

Professoren und Studenten leiden gemeinsam an der Veranstaltungsform „Vorlesung", vor allem dann, wenn sie als Großveranstaltung daherkommt. Schon das oft gebrauchte Wort „Massenvorlesung" ist ein deutliches Anzeichen für dieses Unbehagen.
Vielleicht ist dieses Gefühl bei den Studenten etwas stärker ausgeprägt als bei den Professoren. Trotzdem berühren sich die beiderseitigen Erfahrungswelten und zurück bleibt häufig ein Gefühl des gemeinsamen (nicht immer kommunikativ geteilten) Unbehagens.
Bisher war die Vorlesung überwiegend eine monologische Form der Wissensvermittlung. Um der Wahrheit die Ehre zu geben, muss man hinzufügen, dass es natürlich von Seiten der Professoren aus verschiedene Versuche gab, die Vorlesung durch Dialogelemente aufzulockern. Bei diesen Versuchen wirken die Studenten natürlich mit, allerdings vor allem als Befragte, die auf Fragen der Professoren reagieren. Mitgestalter der Vorlesung wurden die Studenten auf diese Art und Weise jedoch nicht. Das soll durch dieses Projekt anders werden.

Bis zur Entscheidung durch das zuständige Dekanat bzw. das Präsidium sind folgende Punkte zu ergänzen:

- ...
- ...
- ...
- ...

Entwicklungslabor Akademische Beredsamkeit, Anhang 1

Vorschlag

zur Förderung eines Vorhabens aus
allgemeinen Studiengebühren

UNIVERSITÄT
DES
SAARLANDES

4. **Methoden und Instrumente zur Qualitätskontrolle mit Kriterien zur Bewertung der Ergebnisse nach Abschluss des Vorhabens**

Natürlich kommen hier Evaluationsinstrumente in Frage, die in der empirischen Forschung zur Erfolgsmessung erwachsenenpädagogischer Maßnahmen bereits vorliegen.
Interessant ist in diesem Projekt aber, dass es Evaluationsmethoden nicht nur quantitativer, sondern vor allem qualitativer Natur selber entwickelt (siehe oben Grundkonzept unter 1.)

5. **Gesamtsumme; Finanz- und Personalplan: Personalkosten, Honorare, Reisekosten, Sachkosten (ggf. mit Folgekosten / Wartungskosten / Software-Updates) müssen gesondert ausgewiesen werden**

Für die Detailkonzeption und –entwicklung der Instrumente und Methoden, Dokumentation und wissenschaftliche Auswertung, das Training und die Koordination der studentischen Hilfskräfte werden zwei wissenschaftliche Hilfskräfte mit halber Stelle gebraucht. In den Modellvorlesungen sind für jedes Semester je acht studentische Hilfskräfte à fünf Wochenstunden nötig.

Berechnung:

2 halbe wiss. Hilfskraftstellen à 18 Monate:	45.000,00 Euro
8 stud. Hilfskräfte, je 5 Std. (12x5x18x46,46Euro):	33.451,20 Euro
Sachkosten: Kopien, Datenträger, Material etc.	2.000,00 Euro
	80.451,20 Euro

6. **Zeitplan mit Meilensteinen (bei großen Vorhaben)**

Beginn der Maßnahme: 01.03.2009
Ende der Maßnahme: 31.08.2010

Bis zum Beginn der Vorlesungen:
Auswahl, Einstellung und Einarbeitung der wiss. Hilfkräfte je Teilkonzeption der Maßnahme, Aufgabenverteilung im Projektteam, Detailentwicklung von Beobachtungs- und Bewertungskategorien (Protokollinstrumente, Fragebögen etc.).

Vorlesungszeit SoSe 2009:
Gewinnung, Einstellung und Einarbeitung der studentischen Hilfskräfte aus den Teilnehmern der Vorlesung (falls keine Voranmeldung).
Training der Hilfskräfte (Beobachtungsinstrumente, Fragebögen, etc.). Durchführung des ersten Labors ‚akademische Beredsamkeit', Dokumentation der Beobachtungen, ggf. Aufzeichnungen der Feedbacksitzungen usw.

4/5

Entwicklungslabor Akademische Beredsamkeit, Anhang 1

Vorschlag

zur Förderung eines Vorhabens aus allgemeinen Studiengebühren

UNIVERSITÄT
DES
SAARLANDES

<u>Vorlesungsfreie Zeit 2009:</u>
Auswertung der Dokumentationen vom SoSe: Verbesserung der Konzeption (Überarbeitung der beobachtungs- und Bewertungskriterien; Optimierung der Interventions- und Feedbackverfahren); Konzeption von Strukturveränderungen; Ausarbeitung von Materialien und Evaluationsverfahren.

<u>Vorlesungszeit WiSe 2009/10:</u>
Zweites Labor in denselben Vorlesungen mit den veränderten Konzepten; Intensivierung des ,vorlesungsinternen Dialogs', Dokumentation der Beobachtungen, ggf. Aufzeichnungen der Feedbacksitzungen usw.

<u>Vorlesungsfreie Zeit zwischen WiSe 2009/10 und SoSe 2010:</u>
Auswertung der Dokumentationen vom SoSe: Verbesserung der Konzeption (Überarbeitung der Beobachtungs- und Bewertungskriterien; Optimierung der Interventions- und Feedbackverfahren); Konzeption von Strukturveränderungen; Ausarbeitung von Materialien und Evaluationsverfahren.
Auswahl von zwei Vorlesungen anderer Fächer; Vorbereitung der Implementation der erarbeiteten Konzepte.

<u>SoSe 2010:</u>
Drittes Labor in den ausgewählten Vorlesungen mit dort rekrutierten und eingearbeiteten studentischen Hilfskräften. Dokumentation der Beobachtungen, ggf. Aufzeichnungen der Feedbacksitzungen usw.

<u>Vorlesungsfreie Zeit nach SoSe 2010:</u>
Auswertung der Dokumentationen vom SoSe: Verbesserung der Konzeption (Überarbeitung der beobachtungs- und Bewertungskriterien; Optimierung der Interventions- und Feedbackverfahren); Konzeption von Strukturveränderungen; Ausarbeitung von Materialien und Evaluationsverfahren.
- Erstellung des Projektberichts
- Präsentation der Projektergebnisse in der Universitätsöffentlichkeit
- Vorbereitung der Implementation in anderen Fächern

Schon während der Laufzeit des Projekts ist an eine enge Abstimmung mit dem Zentrum für Schlüsselkompetenzen gedacht. Erste Gespräche mit der Leiterin des Zentrums haben bereits stattgefunden. Insbesondere werden aber die Ergebnisse dem Zentrum zur Verfügung stehen.

Entwicklungslabor Akademische Beredsamkeit, Anhang 2

Aufmerksamkeitsbögen Ergebnisse Vorlesungen aggregiert

Vorlesung vom 7.7.09

Tabelle 7.7.09_1

Zeit in Minuten	Mündliches	Artefakte	Körperlicher Ausdruck	Sonstiges	Professorale Tätigkeit	direkte Reaktion
bis 20. Minute	40	45	8	34	25	16
bis 40. Minute	31	47	8	40	18	11,5
bis 60. Minute	26	45	14	22,5	7	9,5
bis 80. Minute	40	42	14	31	12	10
bis 100. Minute	27	42	16	34	12	6,5
bis 113. Minute	23	38	16	34	4	4

Tabelle 7.7.09_2 Sonstiges

Zeit in Minuten	Husten, Niesen	Räuspern	Schäuzen
bis 20	17	11	6
bis 40	27,5,	7,5	5
bis 60	17,5	3	2
bis 80	19	7	5
bis 100	20	11	3
bis 113	21	12	1

Tabelle 7.7.09_3 Direkte Reaktionen

Zeit in Minuten	Nicken	Lächeln	Lachen	Klopfen, Klatschen
bis 20		7	9	
bis 40	2,5	3	4	2
bis 60		2	5	2,5
bis 80		5	4	1
bis 100		2,5	4	
bis 113			3	1

Tabelle 7.7.09_4 Professorale Tätigkeiten

Zeit in Minuten	wichtiges Thema	Fragen	prozedurale Fragen	Witz	Meldung/ Antwort	Ruhe	Gesetz	Visualisierung	WH/Ende	Sonstiges
bis 20	4	9	2	3	5	1	2	0	0	0
bis 40	2	6	1	6	4	1	1	1	0	1
bis 60	1	0	3	2	0	0	2	2	0	0
bis 80	4	1	0	4	0	1	0	3	1	2
bis 100	4	2	2	3	2	0	0	1	1	0
bis 113	0	2	0	0	0	0	0	1	0	0

Graphik 7.7.09_1

1

125

Entwicklungslabor Akademische Beredsamkeit, Anhang 2

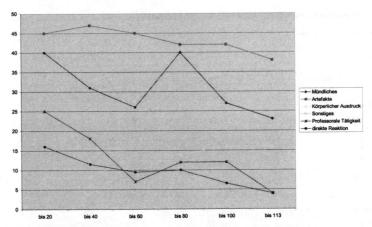

Graphik 7.7.09_2 Sonstiges

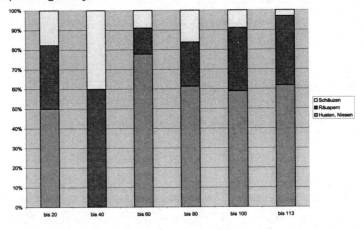

Graphik 7.7.09_3 Direkte Reaktionen

2

126

Entwicklungslabor Akademische Beredsamkeit, Anhang 2

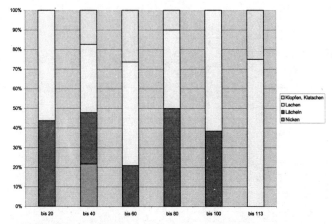

Graphik 7.7.09_4 Professorale Tätigkeiten

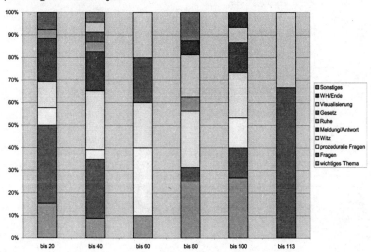

3

Entwicklungslabor Akademische Beredsamkeit, Anhang 2

Vorlesung vom 30.06.09

Tabelle 30.6.09_1

Zeit in Minuten	Mündliches	Artefakte	Körperlicher Ausdruck	Sonstiges	Professorale Tätigkeit	direkte Reaktion
bis 20	51	35	4	38,5	16	4,5
bis 40	48	25	8	36,5	15	17
bis 60	47	27	14	20	14	3
bis 80	30	23	16	15,5	14	23,5
bis 100	51	32	6	20	11	13
bis 113	46	45	10	17,5	8	24

Tabelle 30.6.09_2 Sonstiges

Zeit in Minuten	Husten, Niesen	Räuspern	Schäuzen
bis 20	25	7,5	6
bis 40	17,5	9	10
bis 60	13	4	3
bis 80	8	5	2,5
bis 100	12	5	3
bis 113	10	5	2,5

Tabelle 30.6.09_3 Direkte Reaktionen

Zeit in Minuten	Nicken	Lächeln	Lachen	Klopfen, Klatschen
bis 20	0	2,5	2	0
bis 40		6	11	
bis 60		1	2	
bis 80		7,5	14	2
bis 100		7	6	
bis 113		12	6	6

Tabelle 30.6.09_4 Professorale Tätigkeiten

Zeit in Minuten	wichtiges Thema	Fragen	prozedurale Fragen	Witz	Meldung/ Antwort	Ruhe	Gesetz	Visualisierung	WH/Ende	Sonstiges
bis 20	6	3	0	1	1	3	0	0	0	5
bis 40	2	4	1	5	4	0	0	1	0	1
bis 60	0	4	2	0	3	2	3	0	0	3
bis 80	0	4	2	4	4	0	0	1	0	2
bis 100	1	3	0	4	1	2	1	0	0	1
bis 113	1	0	0	3	0	0	1	0	0	1

4

Entwicklungslabor Akademische Beredsamkeit, Anhang 2

Graphik 30.6.09_1 Sonstiges

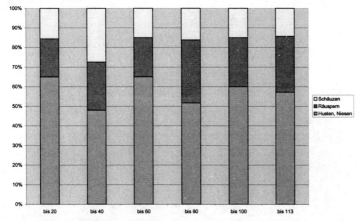

Graphik 30.6.09_2

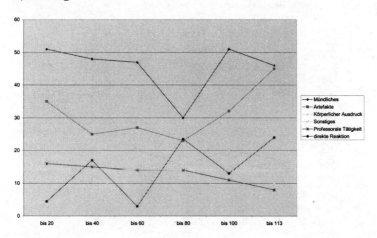

5

Entwicklungslabor Akademische Beredsamkeit, Anhang 2

Graphik 30.6.09_3 Direkte Reaktionen

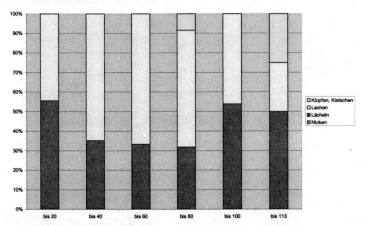

Graphik 30.6.09_4 Professorale Tätigkeiten

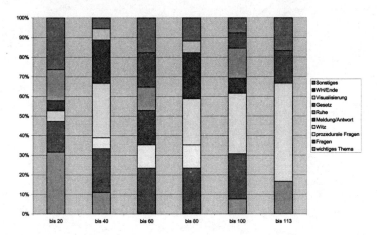

6

Entwicklungslabor Akademische Beredsamkeit, Anhang 2

Vorlesung vom 23.6.09[1]

Tabelle 23.6.09_1

Zeit in Minuten	Mündliches	Artefakte	Körperlicher Ausdruck	Sonstiges	Professorale Tätigkeit
bis 20	36	28	0	5	13
bis 40	22	28	0	22	24
bis 60	31	26	0	21	0
bis 80	26	28	20	14	0
bis 100	36	22	22	22	0
bis 104	73	40	54	2,6	0

Tabelle 23.6.09_2 Sonstiges

Zeit in Minuten	direkte Reaktion	Husten, Niesen	Räuspern	Schäuzen
bis 20	20	2,5		2,5
bis 40	9	13	1	8
bis 60	4	10	5	6
bis 80	1	4	5	5
bis 100	5,5	7	8	7
bis 104	11	1	0	1,6

Tabelle 23.6.09_3 Direkte Reaktionen

Zeit in Minuten	Nicken	Lächeln	Lachen	Klopfen, Klatschen
bis 20	0	2,5	15	2,5
bis 40	0	5	4	0
bis 60	0	0	2	0
bis 80	0	0	1	0
bis 100	0	3	2,5	0
bis 104	0	0	5,5	5,5

Tabelle 23.6.09_4 Professorale Tätigkeiten

Zeit in Minuten	wichtiges Thema	Fragen	prozedurale Fragen	Witz	Meldung/Antwort	Ruhe
bis 20	6	4	0	4	1	1
bis 40	10	3	0	8	5	0
bis 60	4	5	1	1	4	0

---

[1] Ab der 60. Minute wurden von den Beobachter/inne/n keine professoralen Tätigkeiten mehr notiert, da ab diesem Zeitpunkt keine besonders auffälligen Äußerungen zu beobachten waren.

7

131

Entwicklungslabor Akademische Beredsamkeit, Anhang 2

Graphik 23.6.09_1

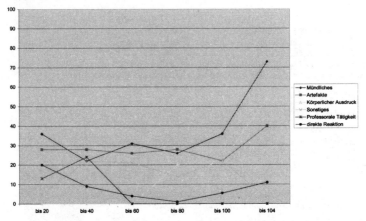

Graphik 23.6.09_2 Sonstiges

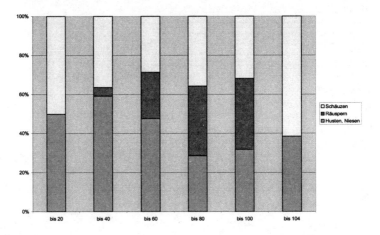

8

Entwicklungslabor Akademische Beredsamkeit, Anhang 2

Graphik 23.6.09_3 Direkte Reaktionen

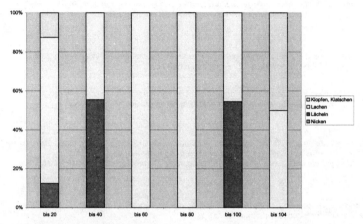

Graphik 23.6.09_4 Professorale Tätigkeiten

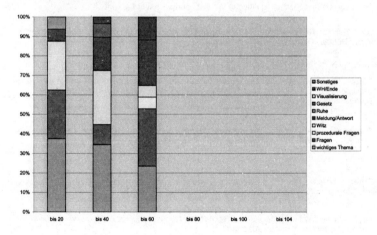

9

133

Entwicklungslabor Akademische Beredsamkeit, Anhang 3

Literaturliste

Achleitner, Inge (Hg.): *Erinnerungsarbeit als Forschungsmethode. Wiederbeleben von Teamerfahrungen bei der Organisationsentwicklung im Bildungsbereich.* Innsbruck 1988.(Impulse für Erwachsenenbildung und Hochschuldidaktik Nr. 8)

Albach, Horst (Hg): *Hochschulorganisation und Hochschuldidaktik.* Wiesbaden 2000. (Zeitschrift für Betriebswirtschaft / Ergänzungsheft Nr.3)

Albrecht, Rainer: *E-Learning in Hochschule. Die Implementierung von E-Learning an Präsenzhochschulen aus hochschuldidaktischer Perspektive.* Berlin 2003.

Albisser, Stefan*: Berufsfeldbezogene Fachdidaktik als Grundlage selbsttätigen Lernens und Studierens. Die unterrichtsmethodische Erprobung einer innovativen, auf dem Strukturgitteransatz aufbauenden Einführung in die Gynäkologie/Obstetrik.* Münster 1983.

Altrichter, Herbert (Hg.): *Lehrerausbildung an der Universität.* Wien 1981. S. 195 – 364. (Zeitschrift für Hochschuldidaktik Bd. 5)

Arbeitsgruppe Hochschuldidaktische Weiterbildung. Besser Lehren.

Apel, Hans J.: Die Vorlesung. Einführung in eine akademische Lehrform. Köln, Weimar, Wien: Böhlau, 1999.

Bargel, Tino (Hg.): *Sozialisation in der Hochschule. Beiträge für eine Auseinandersetzung zwischen Hochschuldidaktik und Sozialisationsforschung.* Hamburg 1975. (Blickpunkt Hochschuldidaktik Bd. 37)

Becker, Egon (Hg.): *Reflexionsprobleme der Hochschulforschung. Beiträge zur Theorie- u. Methodendiskussion.* Hamburg 1983. (Blickpunkt Hochschuldidaktik Bd. 75)

Berendt, Brigitte et al. (Hg.): *Handbuch Hochschullehre. Informationen und Handreichungen aus der Praxis für die Hochschullehre.* Bonn 1994-2001. R

Berendt, Brigitte et al. (Hgg.): *Neues Handbuch Hochschullehre. Lehren und Lernen effizient gestalten.* Stuttgart 2002 ff. R

Berendt, Brigitte (Hg.): *Massenveranstaltungen. Probleme und Lösungsansätze.* Weinheim 1998.

Best Practice Beispiele an der RUB

1

Bligh, Donald: What's the Use of Lectures? Exeter: intellect, 1998.

Blumstengel, Astrid: Entwicklung hypermedialer Lernsysteme. Berlin 1998.

Bock, Klaus Dieter: *Seminar-/Hausarbeiten – betreut, gezielt als Trainingsfeld für wissenschaftliche Kompetenzen genutzt – ein Schlüssel zur Verbesserung von Lehre und zur Reform von Studiengängen. Bielefeld 2004.*

Bollnow: *Erfahrungsbegriff in der Pädagogik. In: Zeitschrift für Pädagogik 14 (1968)*

Bortz, Jürgen & Nicola Döring: *Forschungsmethoden und Evaluation für Human- und Sozialwissenschaftler. 3., überarb. Aufl. Berlin u.a. 2002 [1984].*

Branahl, Udo (Hg.): *Didaktik für Hochschullehrer. Notwendigkeit, Stellenwert, Beispiele.* Hamburg 1981. (Blickpunkt Hochschuldidaktik Bd. 65)

Bremer, Claudia: *Hochschullehre und Neue Medien. Medienkompetenz und Qualifizierungsstrategien für Hochschullehrende. In: Welbers, Ulrich (Hg.): Hochschuldidaktische Aus- und Weiterbildung. Bielefeld 2003, S. 323-345.*

Brems, Stefanie und Gruber, Hans: *Aktuelle Entwicklungen der Hochschuldidaktik an den Universitäten Bayerns.* Regensburg: Zentrum für Hochschul- und Wissenschaftsdidaktik, 2003. (Schriftenreihe Nr. 1)

Bredella, Lothar, Werner Delanoy & Carola Surkamp (Hgg): *Literaturdidaktik im Dialog. Tübingen 2004. ?*

Brendel, Sabine, Karin Kaiser & Gerd Macke (Hgg.): *Hochschuldidaktische Qualifizierung. Strategien und Konzepte im internationalen Vergleich. Bielefeld 2005.*

Brinek, Gertrude: *Vom Sinn und Unsinn der Hochschuldidaktik. Wien 1996.*

Bülow, Margret (Hg.): *Evaluation. Hamburg 2000.*

Bülow-Schramm, Margret (Hg.): *Theater mit der Lehre? Theater in die Lehre! Über den Nutzen von Inszenierungen in der Hochschule. Hamburg 1996.*

Burdorf, Dieter: "Wozu Form? Eine Kritik am literaturdidaktischen Inhaltismus". In: *Sprache und Literatur in Wissenschaft und Unterricht 35, 2004, Nr. 93, S. 102-119.*

2

Entwicklungslabor Akademische Beredsamkeit, Anhang 3

Craanen, Michael (Hg.): Notwendige Verbindungen. Zur Verankerung von Hochschuldidaktik in Hochschulforschung. Bielefeld 2005.

Decker, Albert: Selbstgesteuertes Lernen mit multimedialer und telekommunikativer Technologie im tertiären Bildungssektor. Ein neuropsychologischer Ordnungs- und Analyserahmen zur Unterstützung des didaktischen Begründungsprozesses. Erlangen-Nürnberg 2003.

Derner, Norbert; Specht, Hans; Stuhler, Elmar A.: Hochschulforschung und -lehre. Theoriebezogenes komplexes Problemlösen ; Festschrift für Rainer Fuchs. München 1995.

Dombeck, Kristin & Scott Herndon: Critical Passages. Teaching the Transition to College Composition. New York 2004.

Dortmunder Diskussionsbeiträge zur Hochschuldidaktik. Dortmund 1985 ff.

Dummann, Kathrin, Jung, Karsten, Lexa, Susanne und Niekrenz, Yvonne: Einsteigerhandbuch Hochschullehre. Aus der Praxis für die Praxis. Darmstadt: Wissenschaftliche Buchgesellschaft 2007.

Dumann, Kathrin: Einsteigerhandbuch Hochschullehre. 2008.

Enzinger, Hildegart (Hg.): Der alltägliche K(r)ampf mit der Lehre. Wien 1989. (Zeitschrift für Hochschuldidaktik Bd. 13)

Esselborn-Krumbiegel, Helga: Von der Idee zum Text. Eine Anleitung zum wissenschaftlichen Schreiben im Studium. Paderborn u.a. 2004 [2002].

Ewald, Günter (Hg.): Lehrende lernen das Lehren. Hamburg 1978.

Fabianke, Ruth (Hg.): Frauen in der Hochschullehre. Hamburg 1991.

Falter, Jürgen: Zur Kausalanalyse qualitativer Daten. Frankfurt a. M. 1982.

Faltin, Günter (Hg.): Berufsforschung und Hochschuldidaktik. Hamburg 1974.

Fast, Robin Riley (Hg.): Approaches to teaching Dickinson's poetry. New York 1989.

Fauth, Dieter (Hg.): Hochschullehre und Religion. Würzburg 2000.
Feifel, Erich: Beiträge zur Hochschuldidaktik. Zürich 1974.

Fischer, Dietlind (Hg.): Lernen am Fall. Libelle: Wissenschaft, 1983

3

Entwicklungslabor Akademische Beredsamkeit, Anhang 3

Fischer, Dietlind (Hg.): Neues Lehren und Lernen an der Hochschule. Weinheim 1999.

Flammann, Klaus: Gestaltung und Einsatz bildlicher Darstellungen. Berlin 1976

Flender, Jürgen & Martin Mürmann: Hochschuldidaktischer Weiterbildungsbedarf aus Sicht der Lehrenden. Die Paderborner Basiserhebung 2002. Paderborn 2003.

Frank, Andrea: Hochschulsozialisation und akademischer Habitus. Eine Untersuchung am Beispiel der Disziplinen Biologie und Psychologie. Weinheim 1990.

Frederking, Volker: "Handlungs- und Produktionsorientierung im Deutschstudium? Zur Koinzidenz von Lehrinhalt, Lehrform und zu vermittelnder Lehrkompetenz". In: Ders. (Hg.): Verbessern heißt verändern. Neue Wege, Inhalte und Ziele der Ausbildung von Deutschlehrer(inne)n in Studium und Referendariat. Baltmannsweiler 1998, S. 56-85.

Fritsch, Helmut: Medien im Hochschulunterricht. Zur Strukturierung von Lehrmaterial durch Kategorisierung didaktischer Funktionen. Tübingen 1974. (Studien und Berichte zum Fernstudium im Medienverbund Bd. 7)

Gebert, Doris: Innovation durch Tradition. Dokumentation der 23. Arbeitstagung 2004. Bochum 2005.

Geißler, Karlheinz A.: Anfangssituationen. Was man tun und besser lassen sollte. 10. Aufl. Weinheim und Basel: Beltz, 2005.

Greiner, Thorsten & Ulf Abraham: "Die Lehre der Literatur oder: Was Literaturlehrende von ihrem Gegenstand lernen können". In: Sprache und Literatur in Wissenschaft und Unterricht 33, 2002, Nr. 89, S. 55-68.

Hochreiter, Susanne und Klingenböck, Ursula (Hg.): Literatu - Lehren - Lernen. Hochschuldidaktik und germanistische Literaturwissenschaft. Wien, Köln, Weimar: Böhlau Verlag 2006.

Kember und McNaught: Enhancing University teaching. London, 2007.

Kienapfel, Diethelm: Vorlesung und Vorlesungskritik. Hamburg 1971. (Hochschuldidaktische Materialien Bd. 27)

4

Entwicklungslabor Akademische Beredsamkeit, Anhang 3

Koch-Priewe, Barbara, Kolbe, Fritz-Ulrich und Wildt, Johannes: Grundlagenforschung und mikrodidaktische Reformansätze zur Lehrerbildung. Bad Heilbrunn: Klinkhardt, 2004

Knoll, Jörg (Hg.): *Hochschuldidaktik der Erwachsenenbildung.* Bad Heilbrunn 1998. (Theorie und Praxis der Erwachsenenbildung)

Kranz, Ursula: *Verfahren und Modelle der hochschuldidaktischen Weiterbildung.* Köln 1987.

Landwehr: neue Wege des Wissensvermittlung. 2006. R

Lenz, Werner: *Öffnung der Universität. Reflexionen, Erfahrungen, Berichte, Tendenzen.* Wien 1984 (Impulse für Erwachsenenbildung und Hochschuldidaktik Bd. 3)

Lingelbach, Gabriele (Hg.): *Vorlesung, Seminar, Repetitorium. Universitäre geschichtswissenschaftliche Lehre im historischen Vergleich.* München 2006.

Macke, Gerd; Hanke, Ulrike; Viehmann, Pauline: *lehren, vortragen, prüfen. [Mit Methodensammlung "Besser lehren"].* Weinheim 2008. R

MacKenzie, Norman: *Lehren und Lernen. Einführung in neue Methoden und Mittel der Hochschuldidaktik; eine Unesco-IAU-Studie.* München 1973.

März, Richard (Hg.): *Qualität der Hochschullehre. Proceedings des Workshops an der Medizinischen Fakultät Graz und weiterführende Beiträge.* Innsbruck 1996.

Markowitsch, Jörg. *Handbuch praxisorientierter Hochschulbildung.* Wien 2004.

Marton, Ference (Hg.): *The experience of learning.* Edingburgh 1984.

Matalik, Silvia Elisabeth: *Methodische Konzepte virtuellen Lehrens und Lernens Erwachsener.* Aachen 2003.

Matiru, Barbara: *Teach your best. A handbook for university lectures.* Bonn 1993.

5

Entwicklungslabor Akademische Beredsamkeit, Anhang 3

Meister, Hans: *Lernmethoden, Lernerfolge und Lernvoraussetzungen bei Studenten. Experimentelle Bedingungsanalyse eines hochschuldidaktischen Projektes zur problemorientierten Einführung in die Pädagogische Psychologie.* Düsseldorf 1974.

Merkt, Marianne: *Die Gestaltung kooperativen Lernens in akademischen Online-Seminaren.* Münster 2005.

Merkt M., Mayrberker K. (Hgg): *Die Qualität akademischer Lehre. Zur Interdependenz von Hochsschuldidaktik und Hochschulentwicklung.* Innsbruck 2007.

Mertens, Peter (Hg.): *Betriebswirtschaftliche Hochschuldidaktik. Materialien und Untersuchungsergebnisse.* Wiesbaden 1971.

Metz-Göckel, Sigrid: *Theorie und Praxis der Hochschuldidaktik. Modelle der Lehr- und Lernorganisation.* Frankfurt 1975.

Mittrach, Silke: *Lehren und Lernen in der virtuellen Universität. Konzepte, Erfahrungen, Evaluation.* Aachen 1999.

Möhle, Dorothea: *Einführung in die Probleme des Lernens und Lehrens von Sprache. Ein hochschuldidaktischer Versuch zur Gestaltung des Studienanfangs für künftige Lehrer der neueren Sprachen.* Hamburg 1974.

Molitor, André: *The university teaching of social sciences. Public administration; a report prepared for Unesco at the request of the International Institute of Administrative Sciences.* Paris 1959.

Morrill, Paul H.: *The academic profession. Teaching in higher education.* New York 1982.

Müller, Hans-Harald (Hg.): *Hochschuldidaktik und hochschulpolitische Praxis. Gremienbeschlüsse zur Studien- und Prüfungsreform.* Hamburg 1972.

Müller, Wilfried: *Berufsforschung und Hochschuldidaktik.* Hamburg 1973. (Blickpunkt Hochschuldidaktik Bd, 32)

Müller-Wolf, Hans-Martin: *Lehrverhalten an der Hochschule. Dimensionen, Zusammenhänge, Trainingsmöglichkeiten.* München 1977.

Pfäffli, Brigitta K.: *Lehren an Hochschulen. Eine Hochschuldidaktik für den Aufbau von Wissen und Kompetenzen.* Bern, Stuttgart, Wien: Haupt Verlag, 2005.

6

Entwicklungslabor Akademische Beredsamkeit, Anhang 3

Richthofen, Anja von und Lent, Michael (Hg.): Qualitätsentwicklung in Studium und Lehre. Bielefeld: Bertelsmann Verlag 2009. (Blickpunkt Hochschuldidaktik Bd. 119)

Rohbeck, Johannes (Hg.): *Jahrbuch für Didaktik der Philosophie und Ethik 8/2007. Hochschuldidaktik Philosophie.* Uster 2007.

Rovio-Johansson, Airi: *Being Good at Teaching. Exploring Different Ways of Handling the Same Subject in Higher Education.* Göteborg 1999.

Schaeper, Hildegard: *Lehrkulturen, Lehrhabitus und die Struktur der Universität. Eine empirische Untersuchung fach- und geschlechtsspezifischer Lehrkulturen. Weinheim 1997.*

Schoenke, Eva: Effiziente Vermittlung komplexer Lerninhalte am Beispiel Textlinguistik. Bremen: Universitätsbuchhandlung, 2000.

Spinner, Kaspar H.: "Bildung im Literaturstudium? Für eine hochschuldidaktische Neuorientierung". In: Griesheimer, Frank & Alois Prinz (Hgg.): Wozu Literaturwissenschaft? Kritik und Perspektiven. Tübingen 1991, S. 180-197.

Stelzer-Rothe, Thomas (Hg.): *Kompetenzen in der Hochschullehre. Rüstzeug für gutes Lehren und Lernen an Hochschulen. Rinteln 2005.*

Viebahn, Peter: *Psychologie des studentischen Lernens. Ein Entwurf der Hochschulpsychologie.* Weinheim 1990.

Vopel, Klaus W. (Hg.): *Gruppendynamische Experimente im Hochschulbereich.* Hamburg 1972.

Wagemann, Carl-Helmut: *Die Botschaft überbringen. Gedanken über Fachunterricht an Hochschulen.* Weinheim 1998.

Webler, Wolff-Dietrich (Hg.): *Der Ort der Lehre in der Hochschule. Lehrleistungen, Prestige und Hochschulwettbewerb.* Weinheim 1991.

Webler, Wolff-Dietrich: *Professionelle Ausbildung zum Hochschullehrer. Modularisierter Auf- und Ausbau der Forschungs- und Lehrkompetenz sowie des Wissenschaftsmanagements in einem Curriculum.* In: HSW 52, 2004, H.2, S. 66-74.

Welbers, Ulrich (Hg.): *Hochschuldidaktische Aus- und Weiterbildung. Grundlagen, Handlungsformen, Kooperationen.* Bielefeld 2003. (Blickpunkt Hochschuldidaktik Bd. 110)

7

Welbers, Ulrich (Hg.) *Das integrierte Handlungskonzept Studienreform: Aktionsformen für die Verbesserung der Lehre an Hochschulen.* 1997

Wenzel, Eberhard (Hg.): *Der kreative Akademiker als Richtziel hochschuldidaktischer Denkweise bei der Gestaltung universitärer Lehr- und Studienprozesse.* Dresden 1994.

Webler, Wolff-Dietrich: *Professionalität in Hochschulen. Zur Qualifizierung des wissenschaftlichen Nachwuchses für seine künftigen Aufgaben in in Lehre, Prüfung, Forschungsmanagement und Selbstverwaltung. In: HSW 41, 1993, H. 3, S. 119-144.*

Wehr, Silke und Ertel, Helmut (Hg.): Lernprozesse fördern an der Hochschule. Beiträge aus der hochschuldidaktischen Praxis. Bern, Stuttgart,Wien: Haupt Verlag 2008.

Wildt, Johannes & Olaf Gaus: "Überlegungen zu einem gestuften System hochschuldidaktischer Weiterbildungsstudien". In: Welbers, Ulrich (Hg.): Studienreform mit Bachelor und Master. Gestufte Studiengänge im Blick des Lehrens und Lernens an Hochschulen. Neuwied 2001, S. 159-195.

Wildt, Johannes, Birgit Encke & Karen Blümcke (Hg.): *Professionalisierung der Hochschuldidaktik. Ein Beitrag zur Personalentwicklung an Hochschulen. Unter Mitarb. v. Nicole Auferkorte. Bielefeld 2003. (Blickpunkt Hochschuldidaktik Bd. 112)*

Wilson, Karen und Korn, James H.: Attention During Lectures: Beyond Ten Minutes. In: Teaching of Psychology, 34: 2, 2007. S. 85 - 89.

Wörner, Alexander: *Lehren an der Hochschule. Eine praxisbezogene Anleitung.* Wiesbaden 2006.

8

Rezension zu: Apel, Hans J.: *Die Vorlesung. Einführung in eine akademische Lehrform*. Köln, Weimar, Wien: Böhlau, 1999.

Die Monographie zur Vorlesung ist ein äußerst hilfreiches und für unser Projekt gewinnbringendes Werk Hans Jürgen Apels. Hier stellt der Autor kritisch dar, mit welchen Gründen die Vorlesung als Lehrform kritisiert und dennoch praktiziert wird, führt wichtige Argumente für die Vorlesung auf, stellt die Geschichte der Vorlesung dar und präsentiert Kriterien bzw. "Strategien" (s. 46 ff.) für gute Vorlesungen. "Diese Schrift soll Anregungen geben, dazuzulernen." (S. 17).

Das Buch ist in drei Teile gegliedert. Der erste beschäftigt sich mit der Geschichte der Vorlesung, der zweite stellt die Realität der Vorlesung vor, der dritte gibt Hinweise zur sprachlichen und organisatorischen Gestaltung der Vorlesung.
Während der erste und der dritte Teil nur peripher für unser Projekt interessant sind, bietet der zweite Teil eine Ergänzung zu dem, was sich unser Projekt im ersten Semester zum Ziel setzte.

Methodisch geht der Autor so vor, dass er sowohl Studierende befragt, welche Vorlesungen sie als gut einschätzen und wann eine Vorlesung von ihnen als unzulänglich bewertet wird, als auch sich selbst ein Bild als teilnehmender Beobachter von verschiedenen Vorlesungen unterschiedlichster Fachbereiche und Vorlesender macht. Schließlich entwickelt er daraus eine Zusammenstellung verschiedener Strategien der Eröffnung und Gliederung bis hin zum Mediengebrauch oder sprachlichen Auftreten (S. 46 - 56), folgert aus Erkenntnissen der lecture-Forschung (S. 60 ff.) und Studentenbefragungen (S. 57 - 60) , was der/die Vorlesende im didaktischen und rhetorischen Bereich jeweils vermeiden sollte und gibt schließlich eine recht detaillierte Übersicht über Merkmale guter Vorlesungen. Auch hier geht Apel zunächst von der Sicht der Studierenden aus, die ja die Vorlesungen "benötigen (...), um Studienleistungen zu erbringen" (S. 64). Auch hier bleibt es nicht beim Referat studentischer Wünsche und Kritikpunkte, sondern der Autor diskutiert die Ergebnisse und bettet sie ein in die Erkenntnisse, die die rhetorische Theorie zur Verfügung stellt.

In seinem Überblick über die Geschichte der Vorlesung sammelt er die historischen Stimmen der Kritik und Zustimmung zur Vorlesung, setzt sich fundiert mit Kritikern der verschiedenen Epochen auseinander, schließt sich aber selbst schließlich den positiven Stimmen an. Indem er die Vorlesung mit dem Lernen mithilfe eines Lehrbuches vergleicht, ist es allerdings kaum verwunderlich, dass die Vorlesung - als face-to-face Kommunikation - besser abschneidet als das einsame Lernen mit Lehrbuch.

142

Apel führt in seinem Kapitel zur Realität der Vorlesung zwei Grundformen von Vorlesungen ein: die klassische und die interaktive. In ersterer dominiert "die sprachliche Vermittlung" und ist "mit einer guten didaktischen Organisation verbunden" (S. 72), in letzterer wechseln Wissensvermittlung und Wissenserörterung dynamisch, d.h. dass hier alle Teilnehmer über eine spezifische stoffliche Vorbereitung verfügen, die die Möglichkeit gibt, in der Vorlesung gemeinsam über Probleme zu diskutieren, so dass statt bloßem Vortrag ein Wechsel an Lehr-Lern-Formen und größere studentische Beteiligung möglich ist, die, so die These Apels, erhöhter Aufmerksamkeit beitragen kann. (S. 75 ff.)

Auch das im Realitätskapitel enthaltene Unter-Kapitel (S. 55 f. und S. 88 - 92) zur Erfassung der Aufmerksamkeit der ZuhörerInnen in einer Vorlesung ist für das Projekt von Interesse. Als bisher einziger deutscher Beitrag in hochschuldidaktischer Literatur, der durch den Verweis auf Lloyds Aufmerksamkeitskurve dieses Thema behandelt und als wichtig beurteilt, gibt er Einblicke in die angloamerikanische Forschung zur Aufmerksamkeit. Leider fehlt bei Apel allerdings genau der entscheidende Literaturhinweis auf die für ihn wesentliche Studie von Lloyd. Nach weiterer Recherche zu Lloyd und der angloamerikanischen Aufmerksamkeitsforschung erscheint Apels Kapitel recht dürftig und nicht mehr auf dem neuesten Stand. Dennoch ist dieses Kapitel ein wertvoller Hinweis darauf, wie stiefmütterlich in der deutschen Forschung bislang mit dem Thema umgegangen worden ist.

Weiterhin stellt Apel Andreas Helmkes "Angebots-Nutzungs-Modell" vor, das die Studiensituation und die Ziele eines Studiums und die für deren Erlangung nötigen Voraussetzungen beschreibt. Sowohl Lehrende als auch Lernende müssen spezielle Voraussetzungen mitbringen, damit Studienerfolg erzielt werden kann. Das Modell-Schaubild (S. 100) und dessen Beschreibung und Diskussion (S. 99 - 106) könnten insbesondere auch den studentischen Hilfskräften des Projektes einen hilfreichen Einblick gewähren, welche Faktoren sich wie auf den "Erfolg" einer Vorlesung auswirken können.

Rezension zu: Best Practice Beispiele an der RUB (URL: http://www.uv.ruhr-uni-bochum.de/ifb/angebote_le/kompetenzorientiert/tagung/Best-Practice-Beispiele.htm)

Unter dem Motto "Gemeinsam - interdisziplinär - praxisnah" fand am Freitag, 25.1.2008 eine fachübergreifende Tagung zum Lehren und Lernen an der Ruhr-Universität Bochum (RUB) statt. Rund 50 Lehrveranstaltungen aus der RUB stellten sich mit Postern und Workshops als Best Practice-Beispiele vor.

Neben besonders gelungenen Vernetzungen zwischen Universität und Wirtschaft oder studentischen Lerngruppen 2.0, die für das Projekt "Entwicklungslabor akademische Beredsamkeit" weniger interessant sind, wurden auch folgende Lehrmodelle vorgestellt:

1. Newen, Prof. Dr. Albert: Wittgenstein
   - Vermittlung von Wittgensteins Kernthesen in einer Lehrveranstaltung.
   - Mittels u.a. vereinfachte Darstellung und Visualisierung (Din A0-Poster, Kurzdialoge, PPP)
   - Posterausstellung (und mdl. Erläuterungen) der Studierenden zu Kernthesen Wittgensteins
   - Ausarbeitung der Biographie Wittgensteins in Form eines 20min. Kurzfilms
   - Abendveranstaltung in Tübingen u. Bochum u.a.:
     i. Präsentation der Grundthesen (Rezitation und Dialog)
     ii. Ergänzt durch musikalische Präsentation der Kenthesen.

2. Günther, Prof. Dr. Linda-Marie: Moderiertes Teamwork im Fach Geschichte
   - Konzept: Aufteilung des Seminars in 2 kleine Gruppen, die wöchentlich abwechselnd im Seminar und im Teamwork arbeiten
   - Regelmäßige Analyse antiker Quellen an Hand von Fragestellungen angelehnt an die Seminarinhalte
   - Erarbeitung eigenständiger Lösungen in kleinen Gruppen unter Moderation von Studierenden höherer Fachsemester
   - Kritische Diskussion der Ergebnisse im Seminar
   - Vorteile:
     i. Moderatoren als Vermittler zwischen Dozent und Studierenden Überschaubare Gruppengröße ermöglicht intensivere Arbeit
     ii. Schulung von Teamwork-Kompetenz, Quellenarbeit und Ergebnis-Kritik.

3. Günther, Prof. Dr. Linda-Marie: Vorlesungsprüfungscoaching

- Konzept: sich frühzeitig mit potenziellen Prüfungsfragen auseinanderzusetzen. Diese sind vom Prüfer als Übungsbeispiele konzipiert und werden in einer Diskussionsrunde erörtert.
- Die Moderation übernimmt ein(e) Studierende(r) aus einem höheren Fachsemester.
- Vorteile:
    i. Vermittlung zwischen Prüfer und Studierenden
    ii. Möglichkeit zur regelmäßigen Vorbereitung
    iii. Austauschmöglichkeiten mit Kommilitonen.

4. Goßens, Dr. Peter: Portfolio-Einsatz

- Portfolio-Aufgaben im Blackboard (14 Sitzungen 6 Aufgaben)
- Weiterführende oder nachbereitende Portfolioaufgabe
- Teilnehmer lesen und kommentieren nach Einstellen der bearbeiteten Aufgaben die Beiträge der Kommilitonen
- Ergebnisse werden von Seminarleiter in Hinblick auf nächste Sitzung ausgewertet
- Feedback als Anfangsimpuls der Einheit
- Diskussionen auf Grundlage des eigenständig erworbenen Wissens der TN
- Weitere Bearbeitung der Themen durch kleinere Arbeitsgruppen als methodisches Element in der Sitzung.

5. Waschik, Dr. Klaus; Gemba, Dr. Holger: interaktive Studienplattform Russisch

- Die Studienplattform ist umfassend mit multimedialen (z.B. interaktive Vorlesungen, kommentierte Übungen) ausgestattet.
- Das autonome Lernen wird durch individuelle Protokolle und Arbeitspläne gefördert.
- Plattform erhöht nachhaltig die Motivation der Studierenden und sichert ein sinnvolles Qualitätsmanagement (z.B. Studienerfolgskontrolle).
- Plattform ist orts- und zeitunabhängig nutzbar und erfordert keine Zusatzsoftware.

Entwicklungslabor Akademische Beredsamkeit

6. Feltes,Prof. Dr. Thomas; Alex, Michael: Bochumer Kriminologsiche Haftgruppe
   - wöchentlich stattfindende Gruppentreffen zw. Gefangenen und Studierenden in der JVA Bochum
   - je ein Gruppenmitglied (Studierende oder Gefangene) übernimmt die Gestaltung des Treffens
   - kurzes Referat über ein zuvor mit den Gefangenen abgestimmtes Thema, vorzugsweise aus dem Themenkreis„Recht im Alltag", vorbereitet, über das anschließend in der Gruppe diskutiert wird.
   - Gefangenen wird dadurch die Möglichkeit geboten, angemessenes Diskussionsverhalten in der Gruppe zu trainieren und sich mit von der eigenen Meinung abweichenden Standpunkten auseinander zu setzen.
   - Die Studierenden lernen im Rahmen der Arbeit der Haftgruppe unter anderem:
     i. den Resozialisierungsanspruch des Strafvollzugsgesetzes mit der Strafvollzugsrealität zu kontrastieren und den Gründen hierfür nachzugehen,
     ii. unterschiedliche, disziplinär geprägte Denkweisen der Studierenden zu erkennen und dadurch ihre eigene, fachbezogene Sichtweise zu hinterfragen
     iii. selbständig das Programm für die Besuche der Haftgruppe in der JVA zu organisieren und Form und Inhalte mit den Gefangenen und der Anstaltsleitung abzustimmen,
     iv. rechtliche und sozialwissenschaftliche Themen so sprachlich und problemorientiert aufzubereiten, dass sie von den Strafvollzugsinsassen verstanden werden,
     v. die individuell geprägten Sichtweisen der Strafvollzugsinsassen sowie deren bewusste und unbewusste Manipulationsversuche zu erkennen, die Hintergründe dafür zu analysieren und geeignete Handlungsstrategien, die sowohl den Gefangenen, als auch dem Anspruch der Haftgruppe gerecht zu werden.

7. Kammertöns, Prof. Dr. Annette: kooperatives Lernen in leistungsheterogenen Gruppen
   - Einteilung der Studierenden in Stamm- und Expertengruppen, die verschiedene Aufgaben erhalten bzw. untereinander Aufgaben verteilen sollen.

146

8. Laubenthal, Dr. Barbara: Battle of Theories
   - Methode, um Wissen zu verschiedenen Theorien zu einem bestimmten Forschungsbereich fundiert und nachhaltig zu vermitteln
   - Spielerisch-kompetitives Lernsetting: Teams versuchen, Überlegenheit ihrer Theorie zu demonstrieren
   - Publikum und Jury prämieren die überzeugendste Performance
   - Die aktive Beschäftigung mit Theorien fördert die nachhaltige Aneignung theoretischer Ansätze
   - Die Anwendung von Theorien wird eingeübt
   - Sowohl wissenschaftliche Kompetenz als auch soft skills werden vermittelt
   - größtmögliche Partizipation der Seminarteilnehmer/innen wird gefördert, da jede/r Studierende eine (aktive) Rolle hat Battle fördert gerade in großen Seminaren die Kommunikation unter den Teilnehmer/innen und trägt so dazu bei, die Beteiligung im Seminar zu erhöhen
   - flexible Querschnittsmethode, auf andere Disziplinen und deren Gegenstandsbereiche transferierbar.

9. Platen, Prof. Dr. Petra: Vorlesung Sportmedizin: E-Learning während der Vorlesung
   - Aufnahme der Vorlesung über das Hörsaalmikrofon auf einen separaten mp3-Stick
   - Bearbeitung der Aufnahme
   - Audiospur wird als PodCast auf den RUBeL-Server geladen
   - Audiospur und Powerpointpräsentation werden synchronisiert und in das Internet gestellt
   - Vorlesung kann bspw. beim Joggen gehört werden
   - zeit- und ortsunabhängig online verfügbar.

10. Günturkün, Prof. Dr. Dr. Onur; Kirsch, Dr. Janina A.; Faustmann, Prof. Dr. Pedro: das menschliche Gehirn. Ein mal- und Bastelkurs
   - Knetmasse, Perlen, Bindfäden..: Die Studenten modellieren die zu lernenden Hirnstrukturen.
   - Das Sehen und Fühlen der gekneteten Hirnstrukturen verbessert den Gedächtnisabruf. Durch das Drehen und Betrachten des eigenen Werkes werden neue Perspektiven sichtbar.

11. Stolpe, Prof. Dr. Harro: Planspiel zur Umweltverträglichkeit (Fakultät für Bauingenieurwesen)

- Dauer: 1 Woche, Leitung: Professor, wiss. Hilfskräfte, aber auch externe Experten.

12. Dehling, Prof. Dr. Herold; Kacso, Dr. Daniela: Helpdesk Mathematik

- Helpdesk Mitarbeiter bieten Hilfe und Beratung bei Fragen zum Stoff der Mathematikvorlesungen und zu den wöchentlichen Übungsaufgaben
- Das Helpdesk ist auch in der vorlesungsfreien Zeit geöffnet, um Studierende bei den Klausurvorbereitungen zu unterstützen
- Mitarbeiter des Helpdesk sind studentische Hilfskräfte der Fakultät für Mathematik
- Betrieb ohne großen zusätzlichen finanziellen und personellen Aufwand: die Sprechzeiten der studentischen Tutoren des SZMA werden koordiniert angeboten.

13. Sommer, Prof. Dr. Katrin: das Schülerlabor

- das Alfried Krupp-Schülerlabor ist mit bis zu 6000 Schülern pro Jahr ein ideales Erprobungsfeld für angehende Chemielehrer. In diesem Umfeld und
- unter Aufsicht eines kompetenten Ausbilders genießen die Studierenden „Heimvorteil" und unterrichten Schulklassen von der Jahrgangsstufe 6 bis 13
- in chemiespezifischen Schulthemen. Sie führen ein Projekt in der Funktion als Lehrer durch, erhalten Beobachtungsaufgaben oder schlüpfen selbst
- noch einmal in die Rolle eines Schülers. Parallel zum stattfindenden Rollentausch arbeiten die Studierenden im Team an einem neuen Chemieprojekt,
- das mit Schülern zunächst erprobt, anschließend evaluiert und später in den Projektkanon des Alfried Krupp-Schülerlabors aufgenommen wird.

Rezension zu: Brems, Stefanie und Gruber, Hans: *Aktuelle Entwicklungen der Hochschuldidaktik an den Universitäten Bayerns.* **Regensburg: Zentrum für Hochschul- und Wissenschaftsdidaktik, 2003. (Schriftenreihe Nr. 1)**

Diese vergleichende Studie bietet einen Überblick über die vorhandenen hochschuldidaktischen Anstrengungen und Institutionen an bayrischen Universitäten bis zum Jahr 2002. Ausgehend von einem Fragebogen, den die Autoren entwickelten und den alle bayrischen Universitäten beantworteten, fassen die Autoren die sehr unterschiedlichen Angebote im Bereich der Hochschuldidaktik in Bayern zusammen und schaffen so wertvolle Einsicht, welchen Stellenwert die Hochschuldidaktik an den verschiedenen Orten besitzt. Dass die schon sehr interessante und aussagekräftige Studie mit theoretischen Überlegungen zu den Einflussfaktoren auf die Qualität der Lehre generell und zu Kompetenzprofilen von Hochschullehrern unterfüttert wird, macht sie noch wertvoller.

So beeinflusst die Qualität der Lehre längst nicht nur der Wissensstand der Lehrperson und auch nicht nur dessen/ihre hochschuldidaktische Weiterbildung, sondern auch seine/ihre Kommunikation mit den Studierenden, die Studien- und Prüfungsordnung, die finanziellen Ressourcen, die klaren Zielvorstellungen genauso wie die Lernfähigkeit der Studenten. (siehe auch Arbeitsgruppe Hochschuldidaktische Weiterbildung Freiburg 2000) Und die Arbeitsgemeinschaft für Hochschuldidaktik formulierte schon in ihrem Bielefelder Memorandum (1991) z.B., dass neben dem Erwerb eines ausgedehnten Repertoires an Lehrmethoden auch die Beteiligung der Studenten an der Vorbereitung und Gestaltung der Lehre vorangetrieben werden sollte - zwei Aspekte, denen sich dieses Projekt insbesondere verschreibt. Bei so unterschiedlichen Einflussfaktoren auf gute Lehre ist es allerdings nicht verwunderlich, dass "jedes Bundesland in puncto Verbesserung der Lehre seine eigene Vorstellungen hat" (S. 8) und eigene Maßnahmen ergreift. Entsprechend gibt es an deutschen Hochschulen auch keinen Konsens über Kriterien guter Lehre. Interessant ist übrigens die Beobachtung, dass - wenn befragt zu Kriterien guter Lehre - Lehrende mehr Wert auf fachlich-inhaltliche Kriterien legen, Studierende mehr auf die Vermittlungsformen des Stoffes und die Persönlichkeit des/der Lehrenden. Die hier zitierte Befragung von Rindermann (2001) kann auch für unser Projekt erhellend sein.

Was das Kompetenzprofil für Hochschullehrer betrifft, lehnen sich die Autoren u.a. an Webler (2000 a und 2000b) an. Neben Fachkompetenz, Methodenkompetenz und Sozialkompetenz werden auch Persönlichkeitskompetenz (die Kompetenz im Umgang mit sich selbst, nach Alsheimer et al. 1996, S. 121), Planungskompetenz, Beratungskompetenz, Qualifizierungskompetenz, Medienkompetenz, Prüfungskompetenz, Evaluationskompetenz

Entwicklungslabor Akademische Beredsamkeit

und Kontextkompetenz von einem guten Hochschullehrenden verlangt. Dabei ist es nicht immer leicht zu klären, wie die verschiedenen Kompetenzen gefördert werden könnten. Ein nicht zu unterschätzender Faktor für die Entwicklung von Lehrkompetenz ist das Modell der eigenen Lehrer/Lehrerinnen - die "implizite Lehre" (nach Knoll).

Die verschiedenen hochschuldidaktischen Programme an bayrischen Universitäten, ihre Zielsetzungen, ihre Mitgliederzahl und Angebote sind äußerst vielfältig. Erhellend ist daher die Einordnung der Programme, die die Autoren vornehmen, um auch unsere Überlegungen in einen größeren Kontext einordnen zu können. Besonders relevant sind folgende Aspekte:

Entsprechend dem didaktischen Handlungsfeld-Modell nach Jütting (1980 und 1982) können die Ziele hochschuldidaktischer Programme didaktischen Handlungsfeldern zugeordnet werden, die wiederum in vier Ebenen einzuteilen sind: Das Megadidaktische Handlungsfeld (wie z.B. personelle Ausstattung des Programms, didaktische Konzeption), das Makrodidaktische Handlungsfeld (z.B. Organisation, Planung, Angebotskonzeption), das Mesodidaktische Handlungsfeld (Vorbereitung und Auswertung einzelner Kurse) und das Mikordidaktische Handlungsfeld (Vorbereitung eines bestimmten Seminars). Unsere Arbeit dürfte insbesondere dem Mega- und Mesodidaktischen Handlungsfeld zugerechnet werden - da wir uns sowohl für die Evaluation und Beratung (zu) bestimmter/n Lehrveranstaltungen einsetzen als auch wissenschaftliche Begründungen zu Lehr-Lern-Maßnahmen versuchen zu liefern. (vgl. S. 31)

Was die MitarbeiterInnen der Programme angeht, ist hervorzuheben, dass die LMU München und das HDZ Augsburg jeweils Vollzeit- und Teilzeitkräfte für hochschuldidaktische Programme unterhalten. An der LMU München wurden seit 1994/5 die Seminare von MitarbeiterInnen der Psycholinguistik und Sprechwissenschaft durchgeführt. Andere Programme, wie etwa die Universität Bayreuth konnte 2002 auf 16 ehrenamtliche MitarbeiterInnen des "Fortbildungszentrums Hochschullehre" zurückgreifen, die Universität Eichstätt verknüpft dagegen das hochschuldidaktische Engagement mit dem Amt des/r Konventsprechers/in.

Die Veranstaltungen, die in den Programmen angeboten werden, sind nicht nur Workshops und Seminare, sondern auch Beratungen, Hospitationen, kollegiale Coachings und Supervisionen. Da unser Projekt Anteile von kollegialem Coaching als auch Hospitation besitzt, könnte die jeweilige Umsetzung an den verschiedenen bayr. Universitäten, die diese Angebote anbieten, von Interesse sein.

Schließlich ist noch anzumerken, dass bei der Namensgebung der hochschuldidaktischen Programme das Wort "Hochschuldidaktik" häufig vermieden wurde. Das hochschuldidaktische Zentrum Augsburg dagegen trägt diesen Namen seit 1972 - und ist einer anderen Tradition verpflichtet als die Weiterbildungsinstitutionen an anderen Universitäten.

Rezension zu: Fischer, Dietlind, Friebertshäuser, Barbara, Kleinau, Elke (Hg.): *Neues lehren und Lernen an der Hochschule. Einblicke und Ausblicke. Professionalisierung der Hochschuldidaktik. Ein Beitrag zur Personalentwicklung an Hochschulen.* Weinheim: Deutscher Studienverlag, 1999.

Der Band von Fischer, Friebertshäuser und Kleine versucht, „kreative und innovative Konzepte" für „lebendiges Lernen" an der Hochschule vorzustellen. (S. 5) Die Beiträge zeigten deutlich, so die Herausgeberinnen, dass insbesondere nach „anregenden und motivierenden Formen der Lehre, nach einer anderen Lehr- und Lernkultur an Hochschulen" gesucht wird.(S. 5) Dass die Autorinnen des Bandes sich in ihren Beiträgen um innovative und insbesondere frauenfördernde oder frauenentsprechende Lehrformen bemühen, wird sehr deutlich und sie tun dies mithilfe recht unterschiedlicher theoretischer Ansätze – von TZI und Gestaltpädagogik bis hin zur Erinnerungsarbeit nach Frigga Haug. Doch wie so viele andere Sammelbände zu hochschuldidaktischen Fragestellungen findet die Leserin auch hier nur eine Sammlung sehr unterschiedlicher „Methoden, Modelle und Beispiele konkreter Lehrkonzepte" (S. 5) – die mal mehr, mal weniger brauchbar für unser Projekt sind. Mit Fragestellungen wie „Gibt es eine frauenfreundliche Didaktik?", „Wer fürchtet sich vor weiblicher Elite?" oder einem Artikel zu feministischen Aspekten in der Hochschuldidaktik schlägt das erste Kapitel einen Ton an, der sonst in der hochschuldidaktischen Literatur recht wenig beachtet wird – der allerdings für unser Projekt weniger von Interesse sein dürfte. Auch das zweite Kapitel widmet sich feministischen Perspektiven, nun allerdings im Blick auf die eigene Berufsbiographische. Lehrende und Lernende kommen zu Wort und reflektieren ihr Tun. In diesen wohldurchdachten Beiträgen zeigt sich, dass auch nicht-empirische Studien sehr wohl einen guten Beitrag leisten können, die Dynamiken und Spannungen, denen Lehrende und Lernende an der Hochschule ausgesetzt sind, zu beleuchten. Während der Artikel von Hildegard Marcha (S. 79 – 94) die Bedeutung der Lehre in den Berufsbiographien von Wissenschaftler/innen aus Ost und West behandeln und interessante Erkenntnisse zum Stellenwert von Lehre liefern kann, ist vor allem der studentische Beitrag (Renate Wiese) interessant und verdient es, gelesen zu werden. Das dritte und letzte Kapitel widmet sich didaktischen Entwürfen verschiedenster Art. Hier werden z.B. Initiationsseminare zum Studienbeginn vorgestellt (Barbara Friebertshäuser/Christiane Schmidt oder Susanne Maurer) oder die Konzeption von Forschungswerkstätten (Angela Bolland) vorgestellt, die für unser Projekt nicht sehr gewinnbringend sind. Heide von Feldens (S. 105 - 116) Artikel zur Erinnerungsarbeit mit Frigga Haug ist zwar zu speziell für unser Projekt, enthält jedoch die Ermutigung, sich durchaus erwachsenenpädagogischer Methoden in der Hochschuldidaktik zu bedienen (S. 115), außerdem in Veranstaltungen darauf zu achten, durch verschiedene Arbeitsweisen verschiedene Lernweisen der Teilnehmer anzusprechen (S. 114) und den wertvollen Hinweis, dass durch die Thematisierung von

Erfahrungen alleine, Lernprozesse noch nicht gefördert werden. Erst durch die produktive Auseinandersetzung und Verknüpfung mit dem Lernstoff kann eigene Erfahrung sehr wohl Lernen vertiefen. (S. 107 und 114).

Gewinnbringend zu lesen für das Projekt sind wenigstens Aspekte aus den Artikeln von Gertrud Simon, Renate Luca, Marion Franke und Cornelia Muth.

Wiese, Renate: Wissenschaft will gelernt sein. Ein studentischer Erfahrungsbericht. In: Fischer, Dietlind, Friebertshäuser, Barbara, Kleinau, Elke1999. S. 117 - 125.

Der Erfahrungsbericht der Studentin (Jahrgang 1956) schildert, fundiert gestützt durch hochschuldidaktische Studien renommierter Wissenschafler, Probleme und Schwerpunkte, die ein Studium mit sich bringt, das wenigstens dazu führen soll, für die wissenschaftliche Laufbahn vorbereitet zu sein. Vor allem ihre Betrachtungen zu Umgangsformen und Motivation der Lehrenden und der Studierenden und ihre Fordeurng nach Reflexion des eigenen Lernprozesses sind für unser Projekt interessant. So beschreibt sie, dass gerade der Umgang miteinander in Lehrveranstaltungen dazu führt, dass viele Redebeiträge von studentischer Seite kommen oder nicht. (S. 122) Motivation, so betont sie mit einem Zitat von Kurt Koeder, ist die optimale Voraussetzung für gutes Lernen. (S. 119) Die Motivation könne aber gedämpft werden von Stofffülle oder der geringen Berücksichtigung der eigenen Interessen durch ein starres Curriculum. Schließlich hebt sie hervor, dass für erfolgreiches Lernen, d.h. auch erfolgreiche Einführung in wissenschaftliches Arbeiten, das an der Universität vermittelt werden sollte, auch die eigene Lernstruktur reflektiert werden müsste. Die Lernprozesse würden aber viel zu wenig in Veranstaltungen oder im Universitätsbetrieb insgesamt thematisiert. (S. 120) "Es sollte Bestandteil des Studiums sein, sich mit der eigenen Lernsituation (..) auseinanderzusetzen und Arbeits- und Lernstrategien zu entwickeln, die zum optimalen Lernerfolg verhelfen." (S. 120)

Simon, Gertrud: Die themenzentrierte Interaktion (TZI) als Methode der Hochschuldidaktik und als Inhalt des Pädagogikstudiums. In: Fischer, Dietlind, Friebertshäuser, Barbara, Kleinau, Elke1999. S. 169 – 177.

Der Artikel zeigt gelungen auf, was unter TZI (Themenzentrierte Interaktion) nach Ruth Cohn zu verstehen ist (S. 170 f.) und dass sie auch für die Konzeption von Vorlesungen genutzt werden kann und sollte. (S. 172) Indem zwischen dem Thema bzw. Inhalt der Vorlesung (es) und den Zuhörern (ich) eine Brücke gebaut wird, indem beachtet wird, dass jede/r den eigenen Zugang zum Thema finden muss, kann „lebendiges Lernen" auch in Vorlesungssituationen stattfinden. (S. 173) Ein kurzer, ausbaufähiger, Fragenkatalog (S.

173) ermöglicht es dem/der Vorlesungshaltenden, sich während der Konzeptionsphase für die Vorlesung auf seine/ihre Studierenden einzustellen und gegebenenfalls Aspekte des Themas ins Bewusstsein zu rücken, die normalerweise keine Erwähnung gefunden hätten, allerdings durchaus eine Lernhilfe für die Studierenden darstellen könnten. In den ersten Vorlesungen müssen diese Phantasien des/r Vorlesungshaltenden natürlich überprüft werden. Aber auch das bespricht Simon. Schließlich unterstützt die Autorin anhand der Theorie der TZI auch das Element, in einer Vorlesung Kleingruppen zu bilden. Kleingruppen verstärken, so Simon, nicht nur die ich-wir-Achse, sondern vertiefen genauso auch die ich-es-Achse, also den Bildungsaspekt und stärken die studentische Kooperation (wir-es-Achse). (S. 174) Kritisch zu sehen für die Brauchbarkeit in einer Vorlesung sind sicherlich das „chair-person"-Prinzip und die Störungsregel. Zwar geht Simon auf dieses Problem ein und spricht sich dafür aus, die beiden Prinzipien auch in Vorlesungen wichtig zu nehmen, bietet dafür aber, meines Erachtens, zu wenig gute Argumente und noch weniger praktische Handreichungen wie das „chair-person"-Prinzip z.B. geschickt umgesetzt werden könnte. (S. 175) Die Literaturliste gibt einige gute Hinweise für eine weitergehende Beschäftigung mit der TZI-Anwendung in der Hochschule.

Luca, Renate: "Diese Arbeit und die Ergebnisse werde ich 'nie' vergessen." Ein ganz normales Medienseminar und der Versuch, die persönliche Bedeutsamkeit des Themas zu berücksichtigen. In: Fischer, Dietlind, Friebertshäuser, Barbara, Kleinau, Elke1999. S.179 - 189.

Renate Lucas Aufsatz beschreibt ein Medienpädagogikseminar mit den von ihr konzipierten Aufbauphasen und den begeisterten Rückmeldungen der Seminarteilnehmer/innen. Dies wäre nicht so interessant für uns, wenn daraus nicht Hinweise auf die Bedeutsamkeit des „persönlich bedeutsamen Lernens" deutlich würden, die auch für unser Projekt (Thema persönliche Intention und Motivation) eine Rolle spielen dürften. Lucas Ansatz verbindet TZI und Gestaltpädagogik produktiv zu einer Konzeption „persönlich bedeutsamen Lernens". Darunter versteht sie ein inneres Beteiligtsein („man ist ‚mit dem ganzen Herzen' dabei, S. 182), eine plötzliche Erkenntnis, eine Einsicht, ein Aha-Erlebnis, nicht aber notwendigerweise eine äußere Aktivität! (S. 184) Durch Die – freie – Wahl der Themen, in Balance mit Person und Gruppe kann, so Luca, „persönlich bedeutsames Lernen" gefördert werden. (S. 181) Besonders relevant ist für uns wohl weniger die Theorie der TZI, die ja schon von Simon ausführlicher dargestellt wurde, als eher die Erkenntnis, dass allein durch innere Themenmotivation großer Lernerfolg erzielt werden kann. Das muss nicht dringend sichtbar werden, aber tritt es ein (das könnte auch zu hause, während Hausarbeit..geschehen), dann wird die Lehrveranstaltung sehr gelobt und sehr geschätzt: „Diese Arbeit und die Ergebnisse werde ich ‚nie' vergessen." (S. 179)

Franke, Marion: Sternstunden. Wissenschaftliche Kreatitivät in Lern- und Lehrprozessen am Beispiel des Baustein-Modells. In: Fischer, Dietlind, Friebertshäuser, Barbara, Kleinau, Elke1999. S. 191 – 205.

In ihrem Aufsatz geht Marion Franke von der für unser Projekt durchaus relevanten These aus, dass Wissensaufnahme und –veränderung über Kreativität erleichtert werden kann. (S. 192) Kreative Fähigkeiten sind, so die Autorin, lern- und trainierbar. (S. 193) Auf diese grundsätzliche Einsicht aufbauend stellt die Autorin einen Seminaraufbau nach der „Baustein-Methode" vor. Dieses Konzept setzt ein Seminar aus vier aufeinander aufbauenden Phasen zusammen: einer Einführungs-, einer Kleingruppen-, einer Kompakt- und einer Nachbereitunsgphase. In einem solchen Seminar, das, wie hier vorgestellt, aus 11 Bausteinen besteht, bestimmen die Studierenden die Seminargestaltung wesentlich. Kreativitätstechniken fließen in die studentische Zusammenarbeit in allen Seminarphasen ein und werden von den Studierenden je nach Inhalt, Ziel und Situation angemessen und selbstbestimmt angewandt. Zwar ist dieser Artikel aufgrund seines Fokus' auf Seminare für uns weniger direkt brauchbar, vor allem der 2. Baustein zum „Alltagswissen", der wie die Bausteine 1 – 5 zur Einführungsphase gehören, könnte aber auch in Vorlesungen gut einzusetzen sein. In diesem Baustein tauschen sich die Studierenden, angeregt durch einen kurzen Text, alltagswissenschaftliche Definitionen von Begriffen o.ä., über ihr bereits vorhandenes Theorie- und Praxiswissen zum Thema aus. Franke schlägt, neben dem shcnellen Wechsel von Kleingruppen und unterschiedlichen Aufgabenstellungen (S. 197), als Methode dafür auch ein Gespräch in Fishbowl-Anordnung (also ein mithörender Außen- und ein diskutierender Innenkreis) vor. (S. 198) In allen Einführungsphasen-Bausteinen werden neben inhaltlichen Fragen, Projektverteilung, Kleingruppenfindung, auch Kreativitätstechniken und Moderationsmethoden vorgestellt, damit es den Studierenden auch möglich ist, den Unterricht kreativ zu gestalten. (S. 195 – 198).

Muth, Cornelia: Mut und Verantwortung als feministische Übergangsphänomene. In: Fischer, Dietlind, Friebertshäuser, Barbara, Kleinau, Elke1999. S. 157 - 167.

Cornelia Muth beschäftigt sich in ihrem Artikel mit der Frage nach den Beziehungen zwischen Dozent/in und Studierenden. Mit dem Titel ihres Aufsatzes spricht sie die beiden Aspekte an, die die Beziehung zwischen den beiden Personen (sie stützt sich in deren Definition auf Martin Bubers Vorstellung vom "Du" - Buber: Ich und Du. Heidelberg 1983) kennzeichnen sollen. (S. 162 f.) Mut braucht es auf Seiten der Lehrperson, gemäß Winnicotts Terminologie "Übergangsphänomene" zwischen innerer und äußerer Wirklichkeit zu werden, d.h. auch dem Emotionalen in der Beziehung Raum zu geben. Daneben gilt es, eine "liebevolle, positive Grundhaltung" gegenüber dem/r Studierenden zu entwickeln, die insbesondere darin gründet, dass die eigene Person als "Hauptarbeitsinstrument" verstanden und behandelt wird ("die Arbeit an der eigenen Person") , also Verantwortung für sich selbst übernimmt, dann auch in dieser Beziehung und so schließlich auch für das Gegenüber. (S. 166) Mut und Verantwortung auf der Studierendenseite braucht es, um sich auf diese Beziehung mit der Lehrperson einzulassen und diese "Übergangsphänomene" zu nutzen, um sich verändern zu lassen. Wichtig auch für unser Projekt finde ich die Betonung, dass Studierende und Lehrende Menschen sind, die in - auch auf emotionale Weise - Beziehung miteinander treten, und die Erkenntnis, dass für eine gute Beziehung Selbsterkenntnis und Verantwortung für den anderen notwendig sind.

Rezension zu: Geißler, Karlheinz A.: *Anfangssituationen. Was man tun und besser lassen sollte.* 10. Aufl. Weinheim und Basel: Beltz, 2005.

Das Buch von Karlheinz Geißler befasst sich mit Anfangssituationen von Lehr- und Lernprozessen in der Erwachsenenbildung. Der Dozent oder die Dozentin sind in Anfangssituationen nicht nur gefordert, ins Thema der Veranstaltung einzuführen, sondern auch die schwierige soziale Situation des Anfangs in den Griff zu bekommen. Gerade im Anfang werden die Weichen für die Dynamik des Lehr-Lernprozesses und die diese bestimmenden Beziehungsqualitäten gestellt. (S. 35) Für eine erste Beschäftigung mit dem Thema bietet das Buch eine vergnügliche Einführung, für das Projekt sind nur ein paar wenige Aspekte von Bedeutung, genauer: die Kapitel 8, 9 und 10.

Kapitel 8: Zur Dozentenfrage nach den Erwartungen und Befürchtungen der Teilnehmer. In: Geißler, Karlheinz A., 2005. S. 71 - 84.

Das Kapitel über Erwartungen und Befürchtungen der Seminarteilnehmer beginnt mit einer Reflexion zu verschiedenen Arten der Erwartungsabfrage am Anfang und schließt mit dem Fazit, dass die Erwartungen und Befürchtungen der TeilnehmerInnen zu einem anderen Zeitpunkt als der Anfangsphase viel nützlicher sein dürften. Die Reflexion des Lernprozesses findet dabei am besten nicht nur einmal sondern häufiger statt. Insbesondere für die Abfrage der Erwartungen der Studierenden durch die aktivierenden Hilfskräfte des Projektes ist dieses Kapitel nützlich.

Kapitel 9: Seminarregeln als Lernkontrakt. In: Geißler, Karlheinz A., 2005. S. 85 - 94.

Die Regeln des Umgangs miteinander - d.h. unter den TeilnehmerInnen sowie zwischen Lehrperson und Teilnehmerkreis - sind oft nicht klar. Nur dann kann ein Lehr-/Lernprozess "produktiv voranschreiten, wenn seine Basis relativ deutlich ist, wenn also angemessene d.h., auf gemeinsamen Erwartungen basierende Regeln verabredet wurden und diese dann auch praktisch werden." (S. 88) Gerade für den gemeinsamen Umgang der studentischen Hilfskräfte untereinander aber auch der Projektbeteiligten mit den studentischen Hilfskräften bietet dieses Kapitel eine hilfreiche Basis. Geißler empfiehlt, eine möglichst gute Arbeitsbeziehung, ein "Arbeitsbündnis" zu etablieren. (S. 88) Vom Dozenten eingeführte Seminarregeln sind dabei insbesondere für den Dozenten hilfreich, weil sie ihn/sie dazu bringen, das eigene Erwachsenenbildungskonzept auf die beabsichtigte Interaktionspraxis herunterzubrechen und dadurch zu reflektieren.

Kapitel 10: Spiele in Anfangssituationen. In: Geißler, Karlheinz A., 2005. S. 95 - 106.

Das zehnte Kapitel beschäftigt sich mit Spielen in Anfangssituationen. Neben der Vorstellung einiger Kennenlern-Spiele plädiert der Autor insbesondere dafür, Spiele nicht nur als Auflockerung zwischendurch sondern als eine formal und inhaltlich sinnvolle Methode wahrzunehmen. So spricht sich Geißler dagegen aus, die Spiele in Bildungsveranstaltungen weiterhin Spiele zu nennen, sondern schlägt vor, sie als Übungen zu titulieren und insbesondere, "den konzeptionellen Wert solcher 'spielerischen' Interventionen (wie z.B. jene, die das gegenseitige Kennenlernen fördern sollen) zu verändern." (S. 103) Das bedeutet, dass der Dozent/die Dozentin dafür zu sorgen hat, die Realität der Übungssituationen sichtbar zu machen und die Übungen in den gesamten Ablauf homogen zu integrieren. (S. 104) Diese Hinweise sind sowohl für die Gestaltung initiierender Kennenlern-Phasen innerhalb des Projektteams relevant als auch für die Konzeption von Lehrveranstaltungen mit verschiedenen auflockernden Methoden bzw. Übungen.

Rezension zu: Hochreiter, Susanne und Klingenböck, Ursula (Hg.): *Literatur - Lehren - Lernen. Hochschuldidaktik und germanistische Literaturwissenschaft.* Wien, Köln, Weimar: Böhlau Verlag 2006.

Der Sammelband von Susanne Hochreiter und Ursula Klingenböck umfasst Beiträge zu Lehren und Lernen in der Literaturwissenschaft. Viele Beiträge sind daher für das Projekt unbrauchbar, da sie sich zu spezifisch mit Problemen des Faches Literaturwissenschaft, so z.B. den Curricula, der Organisation des Faches mit oder ohne Praktika oder dem Verhältnis zur DeutschlehrerInnenausbildung, auseinandersetzen. Die für das Projekt interessantesten Beiträge finden sich in den Kapiteln 2 und 3 des Sammelbandes. Das 2. Kapitel des Buches befasst sich mit den Bedingungen und Möglichkeiten (literaturwissenschaftlichen) Lehrens und Lernens, das 3. Kapitel mit hochschuldidaktischer Weiterbildung und Evaluation. Darunter sind allerdings nur zwei Aufsätze für das Projekt wirklich gewinnbringend: Die Aufsätze von Spindler und Wildt.

Weiterhin findet sich in diesem Sammelband:

- Die Beiträge des 1. Kapitels sind Aufsätze zum Verhältnis von Fachwissenschaft und Fachdidaktik und deren Beziehung zur Hochschuldidaktik. Wenn auch für das Projekt zu sehr auf das Fach Literaturwissenschaft beschränkt, bieten eine übersichtliche Unterscheidung zwischen Fach-, allgemeiner und Hochschul-Didaktik und formulieren überzeugende Plädoyers für das Miteinander von (Literatur-)Wissenschaft und Hochschuldidaktik: Die Artikel von Wintersteiner und Welbers.
- Best-Practice Beispiele zu Projekt-Seminaren und elektronisch-gestützter Vorlesungen finden sich im 2. Kapitel: In den Artikeln von Janke und Hofmeister.
- Das 3. Kapitel behandelt Fragen der Evaluierung von Curriculum und Lehrveranstaltungen, um Lehre zu verbessern: Der Artikel von Sagmeister.
- Das 4. Kapitel stellt, eher außer der Reihe, mit je einem Aufsatz die Idee eines "europäischen Bakkalaureat" und das Konzept des Rosa-Mayreder-Colleges in Wien vor.

Spindler, Maria: *Lernprozesse gestalten - Im Sapnnungsfeld von Individualisierung und Vergemeinschaftung.* In: Hochreiter, Susanne und Klingenböck, Ursula 2006. S. 231 - 252.
Besonders erhellend ist die Einführung von Komplexitätsgraden von Lehr-Lern-Situationen ("Steigerungsstufen der sozialen Komplexität in der Lehre" (S. 239)), die die Autorin nutzt, um Methoden in ihrer Komplexität einordnen zu können, geht leider aber nicht weiter auf die praktische Nutzung einer solchen Einordnung ein. Überdies betont die Autorin in ihrem

Artikel, wie wichtig Reflexion und Feedback zu den Methoden der Lehrveranstaltung durch und zusammen mit Studierenden für gute und stets sich verbessernde Lehre ist. Weiterhin stellt die Autorin in ihrem Aufsatz ein Frageraster vor, das bei der Suche nach der geeignetsten Methode entsprechend Ziel und Inhalt der Lehrveranstaltung hilfreich sein kann. Neben diesen hilfreichen Vorschlägen verliert sich die Autorin sonst leider immer wieder in Details (z.B. schildert sie ausführlich die fünf Phasen der Gruppenentwicklung nach Tuckman und Jensen, 1977), weshalb die Lektüre des Beitrags nur eingeschränkt zu empfehlen ist.

Hochreiter, Susanne: *Im Spiel: Handeln und Dialog. Modelle und Praxis von Theaterpädagogik in der Hochschullehre.* In: Hochreiter, Susanne und Klingenböck, Ursula 2006. S. 205 - 229.
Die Autorin plädiert in ihrem Artikel für die Nutzung von Theater in der Lehre, das als Vermittlungsmedium, als pädagogisches Instrument dienen soll. Mit der Idee des "kooperativen Theaters", durch das die Zuschauer selbst ins Spiel kommen und durchs eigene Handeln lernen sollen, wird der Einsatz von theaterpädagogischen Elementen an der Universität begründet. Die Studierenden, so die Autorin, könnten durch theaterpädagogische Ideen und Arbeitsweisen profitieren, indem sie hier mit allen Sinnen Lernen lernten, in Rollenspielen Probehandeln und eine Horizonterweiterung erfahren könnten oder über "Forumtheater" nach Augusto Boal soziale Konfliktsiuationen meistern lernten, die Hochschullehrenden könnten lernen, mit Hörsälen anders als bislang umzugehen und den Raum als Lern-Bestandteil wahrzunehmen, einen Perspektivenwechsel erfahren, wie Lernen gut unterstützt werden kann, und z.B. Simulationsszenen als Teil von Qualifikationsprüfungen einführen. Die Autorin zeigt zwar auf, in welchen literaturwissenschaftlichen Kontexten theaterpädagogische Mittel einsetzbar sein dürften, gibt allerdings keine methodischen Hinweise, wie etwa Szenenspiel als Element im Hochschul-Seminar angeleitet werden kann.

Wildt, Johannes: *Hochschuldidaktische Weiterbildung in Deutschland.* In: Hochreiter, Susanne und Klingenböck, Ursula 2006. S. 269 - 283.
Der Autor bietet einen fundierten Überblick über die hochschuldidaktische und - pädagogische Anstrengungen in Deutschland. Nach einem geschichtlichen Abriss über die Hochschuldidaktik und deren konjunkturellen Schwankungen, widmet er sich dem Status Quo (2006) und den hochschuldidaktischen Akteuren, um festzustellen: fast die Hälfte aller deutschen Universitäten verfügen über Einrichtungen, die hochschuldidaktische Weiterbildung anbieten, und können deren Angebote mittlerweile bewerten und akkreditieren lassen, doch was die hochschuldidaktische Forschung und Entwicklung angeht, bestünden,

so der Autor, "erhebliche Defizite". (S. 271) Der Autor hält ein Plädoyer für eine eigenständige Hochschul-Fachdidaktik und schlägt als Vorstufe dazu vor, die Hochschule als nicht zu vernachlässigenden Lernort in der Fachdidaktik zu verankern.

Rezension zu: Merkt, Silke/Mayrberger, Kerstin (Hg.): Die Qualität akademischer Lehre. Zur Interdependenz von Hochschuldidaktik und Hochschulentwicklung. Innsbruck: Studienverlag 2007.

Dieser Sammelband ist der erste Teil einer Festschrift für Rolf Schulmeister und beschäftigt sich mit unterschiedlichen Facetten der Hochschuldidaktik vornehmlich ihrer Beziehung zur Hochschulreform.

Besondere Relevanz für das Projekt hat dabei allein der Artikel von Schulz von Thun. Alle Artikel des Sammelbandes haben zwar ein Literaturverzeichnis, es findet sich allerdings nur selten eine standardisierte deutsche oder Oxford-Zitationsweise. Hinzu kommt, dass die Mehrzahl der Aufsätze einen eher historisch-deskriptiven Zugang zum Thema „Hochschuldidaktik" wählen und wenig theoriegeleitet vorgehen.

Weiterhin finden sich in diesem Sammelband:

- Artikel, die sich mit systemischen Einflüssen auf die Hochschuldidaktik beschäftigen, wie etwa Qualitätsentwicklung (Lüthje), Bologna-Prozess (Fischer, Bülow Schramm), Prüfungen (Huber) oder Personalentwicklung (Pellert).
- Artikel, die spezielle hochschuldidaktische Projekte an der Universität Hamburg präsentieren. So z.B. das von Schulmeister selbst ins Leben gerufene Projekt zur „Statistik-Angst" (inzwischen Methodenlehre-Baukasten) (Nuyken/Vollmers/Gücker), das auf E-Learning basierende Projekt KoOP (Konzeption und Realisierung hochschulübergreifender Organisations- und Prozessinnovationen für das digitale Studieren an Hamburgs Hochschulen) (Mayrberger) und der Weiterbildungsstudiengang „Master of Higher Education", der die Professionalisierung der Hochschullehre vorantreiben soll (Merkt).
- Artikel zu bestimmten Paradigmen der Hochschuldidaktik, die allerdings weniger im Kontext von Vorlesungen zu Bedeutung kommen wie Praxisbezug (Wildt), forschendes Lernen (Schurig) und soziale bzw. Schlüsselkompetenz (Redlich/Rogmann).

Schulz von Thun, Friedemann: Wie gestalte ich meine Vorlesung – und halte die Hörerschaft und mich selbst bei Laune? In: Die Qualität akademischer Lehre. Zur Interdependenz von Hochschuldidaktik und Hochschulentwicklung. Insbruck: Studienverlag 2007. S. 115 – 131.

Der einzige für das Projekt tatsächlich gewinnbringend zu lesende Artikel des Sammelbandes von Schulz von Thun beschreibt zehn Gestaltungskriterien, die der Autor selbst in seiner Vorlesung zu angewandter Kommunikationspsychologie (ca. 500

Teilnehmer, mit dem Preis für exzellente Lehre ausgezeichnet) anwendet. Es handelt sich dabei nicht um ein Rezept, sondern vielmehr um eine Anregung für jeden Lehrenden, selbst reflexiv tätig zu werden und eigene Gestaltungskriterien zu formulieren und weiter zu entwickeln.

1. Die Klärung organisatorischer Fragen erfolgt über ein mehrseitiges Handout (weniger Nachfragen, weniger Lücken bei Versäumnis der ersten Sitzung(en)).

2. Der Lehrende schafft durch explizite Bezugnahme auf sich selbst, die Teilnehmer und den Vorlesungsinhalt ein gemeinsames Situationsverständnis und stellt seinen beabsichtigten Vorlesungsverlauf zur Diskussion.

3. Zu Beginn jeder Veranstaltung wird eine kurze Wiederholungsphase etabliert, um den in der letzten Sitzungen nicht anwesenden Studenten den Anschluss zu erleichtern, den übrigen eine Auffrischung zu ermöglichen.

4. Unpünktlichkeit und Störungen können die Hörsaal- und somit die Lehr-Lern-Situation erheblich beeinträchtigen und erfordern spezifische Lösungen.

5. Der freie Vortrag ist zwar bisweilen redundant und sprachlich unterkomplex, erhöht jedoch durch Personalisierung und Komplexitätsreduktion die Lernquote.

6. Die Visualisierung bildet eine zentrale Stütze des mündlichen Vortrags.

7. In Vorlesungen wird nicht eine vollständige Stoffsammlung versucht, sondern der Lehrende schildert die für ihn relevant erscheinenden Teilbereiche, die ihn als Wissenschaftler, Praktiker und Betroffener beeinflussen.

8. Interaktionelle Unterbrechungen (unsere „Murmelphase") werden als Möglichkeit des Aufatmens sowohl für den Lehrenden aus auch für den Zuhörer geschildert.

9. Das Einbinden aktueller Bezüge erfordert zwar Mut, ermöglicht aber konkrete Anknüpfungspunkte an die Lebenswirklichkeit der Studierenden.

10. Hausarbeiten (die leistungsbezogene Prüfungsform dieser Veranstaltung) sollen nicht den Stoff der Vorlesung reproduzieren, sondern durch eine „Antwort" auf die Inhalte der Veranstaltung repräsentieren, dass die Studierenden sich diese Inhalte selbst angeeignet und selbst nutzbar gemacht haben.

Rezension zu: Pfäffli, Brigitta K.: Lehren an Hochschulen. Eine Hochschuldidaktik für den Aufbau von Wissen und Kompetenzen. Bern, Stuttgart, Wien: Haupt Verlag, 2005.

Das Buch von Brigitta K. Pfäffli, Leiterin der Fachstelle für Hochschuldidaktik an der Fachhochschule der Zentralschweiz in Luzern, soll dem Dozenten konkrete Hilfestellungen geben, eine Lernwelt mit zielorientiertem Charakter zu schaffen. Neben Kapiteln zur Funktion von Qualitätsstandards, Motivation und Lernverständnis der Studierenden, Planung von Lernprozessen (leider viel zu allgemein und kurz) und zur Konzeption von Modulen und Kursen, finden sich zwei besonders spannende Kapitel, nämlich jenes über Methoden vermittlungsorientierter Lehre und eines zu E-Learning. Das Buch zeichnet sich insgesamt durch eine erkleckliche Anzahl an Bespielen aus. Jedoch fehlen Literaturhinweise, weswegen es eher dem Spektrum an Handbüchern zuzuordnen ist.

Die Ausführungen zum Lernverständnis der Studierenden sind für unser Projekt dahingehend wichtig, dass wir uns mit Studenten befassen und diese einbinden in die Entwicklung neuer Methoden.

Das Methodenkapitel (S. 160 – 185) konzipiert sich aus einer Beschreibung von Methoden für den Kontaktunterricht, Methoden für den Kontaktunterricht kombiniert mit Selbststudium und Methoden für begleitetes Selbststudium. Als Methoden vorgestellt werden dem Leser Referat/Vorlesung, Impulsreferat, Lehrgespräch, Diskussion, Gruppenarbeit, Methode 6-6-6, Expertenbefragung, Gruppenpuzzle, Studierforum, Lernteam-Coaching, Leittextmethode und Literaturstudium. Die einzelnen Methoden werden anschaulich und mit Beispielen beschrieben. Zudem wird darauf eingegangen, wie und wann eine Methode zum Tragen kommen sollte und wann nicht. Leider ist der Pool an Methoden eher altmodisch und wirklich neue Ansätze können nicht aufgezeigt werden. Für unser Projekt von Belang sind sicherlich nicht alle vorgestellten Methoden, jedoch finden sich einige traditionelle Methoden in interessanter Abwandlung (z.B. 6-6-6 Methode) wieder, so dass dies auch für die Vorlesung interessant sein durfte.

Das Kapitel zu E-Learning (S. 266 - 278) gibt einen guten Überblick darüber, was E-Learning ist, wann sein Einsatz sinnvoll ist. Darüber hinaus bietet dieses Kapitel einen Überblick über Ansätze und Methoden virtueller Lehre. Bedeutsam für unser Vorhaben ist dieses Kapitel daher, weil es konkrete, wenn auch wenig wirklich neue, Ansätze zum Einsatz neuer Medien in der Vorlesung bietet. Hierzu zählen Übertragung von Vorlesungen via Webcam, Selbsttutorial mit diversen Aufgaben, Übungen, Bereitstellen der Vorlesungsmaterialien im

WWW und Übungen /Tests im Internet. Bemerkenswert ist hier die Unterscheidung von Lehr- und Lernfunktion sowie Verweise auf den Zeitaufwand der jeweiligen Methode.

Richthofen, Anja von und Lent, Michael (Hg.): Qualitätsentwicklung in Studium und Lehre. Bielefeld: Bertelsmann Verlag 2009. (Blickpunkt Hochschuldidaktik Bd. 119)

Der Sammelband von Anja von Richthofen und Michael Lent gibt einen guten Überblick zum Thema Qualitätsentwicklung in der (Fach-)Hochschule. Für das Projekt relevant sind allerdings nur wenige Artikel und zwar wohl solche, die sich mit Methoden der Lehrveranstaltungsverbesserung befassen: Die Artikel von Szczyrba, Ackermann/Becker und Linde.

Weiterhin finden sich in diesem Sammelband:

- Artikel, die sich mit hochschulübergreifenden Qualitätsentwicklungssystemen befassen: Die Artikel von Menzel, von Lojewski/Boentert.
- Gute Gründe für Qualitätsentwicklung im Hochschulbereich und Trends in diesem Feld zeigen auf: Die Artikel von Jungkind und Brinker.
- Motivation zu Qualitätsentwicklung besprechen: Die Artikel von Stelzer-Rothe und Mehrtens.
- Mit Evaluation befassen sich: die Artikel von Heger und von Richthofen.

Szczyrba, Birgit: 'Das Auge kann sich selbst nicht sehen.' - Selbstevaluation mit dem Lehrportfolio. In: Anja von Richthofen und Michael Lent, 2009. S. 158 - 169.

Der Artikel stellt das Evaluations-Konzept der Lehrportfolios vor. Hier ist der Lehrende aufgefordert, die eigene Lehre, Lehr- Entscheidungen und Lehr-Fortschritte anhand eines Portfolios zu dokumentieren. Das Lehrportfolio hilft dem Lehrenden, zwischen Ziel, Themen, Methoden und Zielgruppe zu differenzieren (die "hermeneutische Spirale für das Verfassen von Lehrportfolios"), hilft, Verbesserungsmöglichkeiten zu bedenken, auszuprobieren und zu bewerten, erlaubt ein ausgewogenes Urteil über die Reaktionen der Umwelt (Fremdevaluationen) auf die eigenen Lehrleistungen zu fällen und unterstützt den Lehrenden dabei, die eigenen Lehrleistungen offen zu vertreten. Lehrportfolios können veröffentlicht werden und als Vorbilder für andere Lehrende dienen. Das "Verfahrensgerüst Lehrportfolio" für die Selbstevaluation in der Lehre sollte allerdings kein bloßer Zeitvertreib für überengagierte Dozierende sein, sondern institutionell verankert werden, so die Verfasserin. In Berendt, Brigitte et al. (Hgg.): *Neues Handbuch Hochschullehre. Lehren und Lernen effizient gestalten.* Stuttgart 2002 ff. (bereits in Literaturliste aufgenommen und bestellt) finden sich in E 2.6. u.a. von der Verfasserin verfasste Hinweise zum Erstellen eines Lehrportfolios.

Ackermann, Dagmar und Becker, Walter: Erprobung neuer Lehrkonzepte mit Lernteamcoaching. In: Anja von Richthofen und Michael Lent, 2009. S. 183 - 198.

Die Autoren stellen die Methode des Lernteamcoaching vor, die sie in zwei sehr unterschiedlichen Rahmenbedingungen eingeführt und ausprobiert haben. Im Zentrum steht die Überlegung, dass die Universität Studierende nicht zu bloßen Informationsempfängern sondern zu eigenständig denkenden und lernenden Subjekten "erziehen" sollte. Die Rolle des Hochschuldozenten ist beim Lernteamcoaching (LTC) die des "begleitenden Coachs". Beim LTC werden Vorlesungen kombiniert mit Selbstlern- und Gruppenlernphasen, während denen der Lehrende die Diskussion der anhand von Materialien selbst angeeigneten Inhalte unterstützend begleitet und lediglich moderierend eingreift. Das Konzept erwartet dabei hohe Flexibilität vom Lehrenden, der bei den Veranstaltungen unterschiedliche Gruppen in ihrem jeweiligen Diskussionsstand zu begleiten hat. Das LTC ist eine sehr innovative Herangehensweise an Hochschullehre, konnte allerdings bislang, so der Erfahrungsbericht der Autoren, nur wenig gute Ergebnisse einholen. Nur 15 bis 20 % der Studierenden des Experiments, LTC bei einem Chemiepraktikum anzuwenden, waren zugänglich für diese Form der Arbeit. Der Rest blieb bald weg bzw. wechselte den Kurs. Positive Rückmeldungen gab es jedoch von den Studierenden, die dem neuen Lernweg aufgeschlossen gegenüberstanden. Das Konzept ist durchaus bedenkenswert, in jedem Fall aber noch verbesserungswürdig, was die Vorbereitung der Studierenden und die Auswahl des Kurses angeht.

Linde, Frank: Qualitätsentwicklung in der Hochschullehre durch Peer-Besuche. In: Anja von Richthofen und Michael Lent, 2009. S. 199 - 207.

Der Artikel stellt als Best-Practice Beispiel gegenseitige Peer-Besuche von Hochschuldozenten vor. Hochschullehrer finden sich in Teams zusammen, die pro Semester ein Teammitglied hochschuldidaktisch beobachten und beraten. Der Prozess der Peer-Besuche fächert sich in drei Schritte auf: Vor- und Nachbereitung und den Besuch selbst. Am Prozess sind neben dem "peer" auch Studenten und ein Prozessbeobachter beteiligt. Peer-Besuche dienen der Qualitätskontrolle und methodischen und didaktischen Verbesserung von Hochschuldozierenden. Der Artikel stellt die Methode als eine gelungene vor, erläutert den Aufwand, skizziert mögliche Schwierigkeiten und zählt gute Gründe für die Einsetzung von Peer-Besuchen auf.

Rezension zu: Universität Paderborn, Dr. Flender, Jürgen; Mürmann, Martin: *Hochschuldidaktischer Weiterbildungsbedarf aus Sicht der Lehrenden: Die Paderborner Basiserhebung 2002.* **Universität Paderborn 2003.**

Die in diesem Buch vorgestellte Basiserhebung ist Teil eines umfassenderen Evaluationskonzepts, das verschiedene Kriterien, Beurteilungsperspektiven und methodische Vorgehensweisen differenziert.

Hier wird ein Überblick gegeben, welche Projektziele sich für das Projekt Hochschuldidaktik „Erweiterung der Lehrkompetenz"(Leitung: Prof. Dr. E. König/Prof. Dr. W. Hauenschild) nach Auswertung des in dem Buch enthaltenen Fragebogen an Lehrende der Universität Paderborn ergeben haben. Beschrieben werden die praktischen Konsequenzen und offene Fragen nach Auswertung der Bedarfsanalyse. Des Weiteren ist ein Ausblick enthalten, in dem besonders auf Optimierungsinteresse und Weiterbildungsmotivation eingegangen wird.

An der Basiserhebung hatten 102 Lehrende aus den Fakultäten Kulturwissenschaften, Wirtschaftswissenschaften, Naturwissenschaften, Maschinenbau sowie Elektrotechnik, Informatik und Mathematik teilgenommen.

Rezension zu: Wehr, Silke und Ertel, Helmut (Hg.): *Lernprozesse fördern an der* *Hochschule. Beiträge aus der hochschuldidaktischen Praxis.* **Bern, Stuttgart, Wien: Haupt Verlag 2008.**

Lernen soll, so das Ziel, das Karl Weber, Vorsitzender der Programmleitung Higher Education an der Universität Bern, im Vorwort beschreibt, "selbstorganisiert, selbstgesteuert sein und reflektiert werden" und das Lehren "individuellen Lernstilen und Tempi Rechnung tragen." (S.8) Der Sammelband von Silke Wehr und Helmut Ertel beschäftigt sich mit der Frage nach der Förderung solcher Lehr- und Lernprozesse. Insbesondere von Interesse für das Projekt sind dabei die Artikel, in denen Methoden zur Aktivierung von Studierenden dargestellt und reflektiert werden, sowie Überlegungen zum Verhältnis zwischen Lehrperson und Lernerfolg allgemein, also die Artikel von Ertel, Ertel und Wehr, Baeriswyl, Mayordomo und Possner.

Weiterhin finden sich in diesem Sammelband:
- Artikel, die sich mit Schreibprozessen und schriftlichen Arbeiten, darunter auch Essays, auseinandersetzen und Hinweise für die Betreuung und Bewertung solcher Arbeiten geben : Die Artikel von Suter, Büschi und Arn.
- Artikel, die bestimmte aktivierende Methoden vorstellen: die Artikel von Grüter (die Leittextmethode: eine aktivierende Methode vor, die insbesondere für Seminare geeignet sein dürfte, aber evtl. auch in kleineren Vorlesungen Verwendung finden könnte. Die Hauptarbeit liegt dabei allerdings beim Hochschullehrer, der Leitfragen und Informationsmaterial vorbereiten muss, in der Unterrichtsstunde selbst dann aber lediglich Beratungsfunktionen übernimmt.) und Büschi (Der Artikel stellt die Arena-Methode vor. Hier handelt es sich um eine Diskussionsmethode, die sicherlich aktivierende wirkt. Der Zeitaufwand für die Vorbereitung der verschiedenen Gruppen ist recht hoch und es müssen entsprechende Räumlichkeiten zur Verfügung stehen. Die Gruppe sollte nicht mehr als 50 Teilnehmer umfassen.)
- Artikel, die sich mit Evaluation befassen: die Artikel von Wehr (hier liegt der Schwerpunkt auf der Evaluation durch Unterrichtshospitation; u.a. werden im Artikel die verschiedenen Hospitationsteilphasen - Vorbesprechung, Hospitation, Nachbesprechung - vor- und außerdem ein recht ausführlicher und brauchbarer Hospitationsleitfaden zur Verfügung gestellt) und Kellerhals (dieser äußerst interessante Ansatz, mit Evaluationen umzugehen, hebt die Verbindung von Lern- und Lehrzielen und der passenden Evaluation hervor und stellt verschiedene Evaluationstypen vor)

Ertel, Helmut: Lehre, Lernen und Assessment. In: *Lernprozesse fördern an der Hochschule.* *Beiträge aus der hochschuldidaktischen Praxis.* Bern, Stuttgart, Wien: Haupt Verlag 2008, S. 13 - 46.

Der Artikel von Helmut Ertel plädiert dafür, dass Lehrende sich lernpsychologisches Grundlagenwissen aneignen sollten, damit sie das Lernen ihrer Studierenden effektiv fördern können. Das Wissen um verschiedene mögliche Lehr-Lern-Ereignisse nach Gagné und deren Abfolge (für eine Übersicht siehe z.B. Abb. 3 und 4, S. 22 und 24) oder auch um - den sehr betreuungsintensiven und daher eher für die Umsetzung in Seminaren geeigneten - "Cognitive Apprenticeship Approach" können und sollen gerade, so der Autor, als Anhaltspunkte für methodische Entscheidungen dienen. Weiterhin weist der Autor darauf hin, dass Lernen insbesondere auch außerhalb von Unterrichtssituationen stattfindet und gerade dieses Lernen genauso Beachtung verdient und Gestaltungspotential besitzt wie die Lernprozesse der Unterrichtssituation selbst. Beachtenswert ist weiterhin der Hinweis des Autors, dass insbesondere Inhalt und Art der Prüfungen das Lernen bestimmen und gerade bei Überlegungen zur Verbesserung von Lehre und Lernen mitbedacht werden müssten. Die Lehrperson, so sieht es Ertel, hat also die wichtigste Rolle für gelingende Lernsituationen inne und prägt das Lernen durch die von ihm oder ihr geprägten "Schlüsselmomente guter Lehre", wie sie Helmke und Schrader (2001) herausgestellt haben, nämlich Erklärung, Engagement und Empathie. (S. 15 f.)

Ertel, Helmut und Wehr, Silke: Lernprozesse fördern durch Praxisgemeinschaften. In: *Lernprozesse fördern an der Hochschule. Beiträge aus der hochschuldidaktischen Praxis.* Bern, Stuttgart, Wien: Haupt Verlag 2008, S. 47 - 70.

Der Artikel stellt "Communities of Practice" (CoP) als Möglichkeit vor, gemeinsam und bedürfnisorientiert Hochschuldidaktik zu erlernen. "CoP"s sind freiwillige Lerngemeinschaften von Hochschullehrenden, die von Koordinatoren organisiert werden. Sie stellen damit ein innovatives, scheinbar sehr erfolgreiches äußeres organisatorisches Modell vor, wie hochschuldidaktische Weiterbildung organisiert werden kann. Am Beispiel der CoPs in Bern werden Aufgaben und Probleme der Koordinatoren sowie die Vor- und Nachteile von CoPs in der Weiterbildung an Hochschulen diskutiert.

Baeriswyl, Evelyne: Das Lerngespräch im Praktikum konstruktiv führen. In: *Lernprozesse fördern an der Hochschule. Beiträge aus der hochschuldidaktischen Praxis.* Bern, Stuttgart, Wien: Haupt Verlag 2008, S. 169 - 195.

Der Artikel von Baeriswyl ist insofern für das Projekt relevant, als dass er zwischen Schwierigkeitsgraden von Fragen unterscheidet. (S. 180 ff.) Für den Vorlesungskontext kann es helfen, bewusst "leichtere" Fragen bei neuerem Stoff als bei der Wiederholung von schon bekannten Inhalten zu wählen. Außerdem wird hier das Lerngespräch zwischen zwei Gesprächspartnern thematisiert, wie es zwischendurch auch in der Vorlesung stattfinden kann bzw. zwar mit mehreren Gesprächspartnern aber dennoch im Gesprächs-, insbesondere Fragecharakter vorkommt. Diesbezüglich ist der Artikel durchaus lesenswert und gewinnbringend. Da der Artikel allerdings lediglich eins-zu-eins Lernsituationen zwischen PraxislehrerInnen und ihren StudentInnen beschreibt und Hinweise für die Führung eines konstruktiven Vorbreitungs- oder Feedback-Gesprächs einer Praxisphase von Studierenden an der FH (hier am Beispiel Physiotherapie) geht, ist der Rest des Artikels, so z.B. u.a. die Klassifikation der Gesprächsaktivitäten der beiden GesprächspartnerInnen nach dem "Cognitive Apprenticeship Approach", weniger relevant für das Projekt.

Mayordomo, Moisés: Lernen an der Hochschule: kritisch, sinnlich, induktiv. In: *Lernprozesse fördern an der Hochschule. Beiträge aus der hochschuldidaktischen Praxis.* Bern, Stuttgart, Wien: Haupt Verlag 2008, S. 192 - 214.
Der Artikel stellt drei Formen studentischer Aktivierung vor. Mit allen drei Methoden lässt sich auch in Vorlesungen etwas anfangen. Einschränkernderweise muss betont werden, dass sich die Methoden in geisteswissenschaftlichen Fächern erprobt werden und sich besonders für solche Fächer und Themen anbieten. Die erste Methode ist der kritische Umgang in der Vorlesung mit dem Lehrbuch, so dass neben grundlegenden Informationen, die in der Einführungsveranstaltung, für die dieser Ansatz konzipiert wurde, auch Kritikfähigkeit und - bewusstsein vermittelt wurden. Der Ansatz beinhaltet auch, dass sich Studentengruppen bilden, die die Aufgabe haben, bestimmte Fragen zum Text zu beantworten und deren Ergebnisse per Email an den Hochschullehrer zu senden. Die zweite Methode ist die Arbeit mit dem "Omani"-Legekoffer. Hier sollen sich die Studenten mithilfe des Legematerials mit allen Sinnen mit den Lerninhalten beschäftigen. Die gemeinsame Visualisierungsarbeit fördert nicht nur die Aktivität der Studierenden, sondern führt, so der Autor, zu mehr und "sehr genauen Diskussionen der Sachverhalte". (S. 204) Als dritte Methode wird in diesem Artikel der induktive Einstieg in ein Thema vorgestellt. So wird der selbstinformierende induktive Einstieg in eine Vorlesung vorgestellt: über Gruppenaufgaben werden wichtige Felder der Vorlesung abgedeckt, so dass erste Einblicke in die Fragestellungen der Vorlesung kennengelernt werden können und sich gegebenenfalls bereits eigene Perspektiven, Interessen oder Forschungsfragen bezüglich des Vorlesungsstoffes ergeben können. Als zweite Möglichkeit, einen induktiven Einstieg zu wählen, stellt der Autor eine

Vorgehensweise vor, wie sich Studierende der natürlichen Operationen bei der Deutung eines Textes bewusst werden können.

Possner, Dietmar: Schwierige und komplexe Sachverhalte vermitteln. In: *Lernprozesse fördern an der Hochschule. Beiträge aus der hochschuldidaktischen Praxis.* Bern, Stuttgart, Wien: Haupt Verlag 2008, S. 253 - 268.

Der Artikel stellt Möglichkeit vor, an Schlüsselstellen, d.h. Stellen, an denen äußerst wichtige und für das weitere Verständnis des Gegenstandes zentrale Stellen behandelt werden, Wissen zu festigen. Dabei ist die Erkenntnis leitend, dass sich mangelndes Vorwissen, mangelndes Problembewusstsein oder mangelnde Aktivität der Lernenden insbesondere an Schlüsselstellen hemmend auf das lernerische Fortkommen auswirkt. Ziel der Lehrperson muss es daher also sein, durch bestimmte Aktivitäten herauszufinden, welche Lücken oder Verständnisschwierigkeiten die Studierenden mitbringen, und diese Lücken zu schließen. Eine Methode, Systemzusammenhänge sichtbar zu machen ist das "Wirkungsgefüge" in kybernetischer visueller Darstellungsweise. Hier werden Parameter eines Systems zunächst aus den Reihen der Studierenden gesammelt, dann über Pfeildiagramme in gemeinschaftlicher Überlegung miteinander verbunden und schließlich immer wieder neu nach bestimmten Gesichtspunkten strukturiert und gegebenenfalls entfernt. Eingebettet werden kann diese kybernetische Darstellungsweise eines komplexen Sachverhalts in die "Konsolidierungsspirale". Der Autor schlägt unter diesem Titel einen phasenweisen Wechsel zwischen den Lehrer-Tätigkeiten reduzieren, strukturieren, reagieren, aktivieren und spionieren vor (siehe anschauliche Abb. 2, S. 261). Als Hilfsmittel empfiehlt Possner dabei eine Reihe an Maßnahmen und Möglichkeiten zu den verschiedenen Spiral-Tätigkeiten(zusammengefasst siehe Abb. 4, S. 267).

Rezension zu: Wildt, Johannes, Encke, Birgit und Blümcke, Karen (Hg.): *Professionalisierung der Hochschuldidaktik. Ein Beitrag zur Personalentwicklung an Hochschulen.* **Bielefeld: Bertelsmann, 2003. (Blickpunkt Hochschuldidaktik Bd. 112)**

Der Band von Johannes Wildt, Birgit Encke und Karen Blümcke entstand aus dem hochschulübergreifenden Projekt „berufsbegleitende Weiterbildung zur hochschuldidaktischen Moderation", einem „Meilenstein in der Professionalisierung der Hochschuldidaktik" (S. 307), das in seiner praktischen Phase 2001 seinen Abschluss fand und das zum Ziel hatte, die Entwicklung der hochschuldidaktischen Kompetenz der ProjektteilnehmerInnen zu fördern. So durchliefen die TeilnehmerInnen eine Reihe von 17 Weiterbildungsworkshops, um ihr hochschuldidaktisches Handlungsrepertoire zu erweitern, hatten den Auftrag, auf dem neu erworbenen Wissen aufbauend „experimentelle" Praxisworkshops zu konzipieren (S. 23), und wurden gleichzeitig darin geschult, in Zukunft als Multiplikatoren des Gelernten fungieren zu können. Der Band gliedert sich daher in mehrere Teile, innerhalb derer wieder einzelne Beiträge für das Projekt erhellend sind. Die Darstellung der zentralen Weiterbildungsworkshops gibt einen guten Überblick über Felder hochschuldidaktischer Weiterbildung, zeigt detailliert einen möglichen Workshopablauf und thematische Schwerpunkte auf und schließt jeweils mit gut ausgewählten und kommentierten Literaturhinweisen für jedes Thema. Für die Planung hochschuldidaktischer Weiterbildungsveranstaltungen kann der erste Teil des Bandes hilfreiche Unterstützung bieten. Für das Projekt ist dieser Teil aber weniger von Interesse. Auch der dritte und vierte Teil, die hochschuldidaktische Institutionalisierungskonzepte aus Paderborn, Erfurt, Lübeck und der Ruhr-Universität Bochum und das HDMod als Netzwerk hochschuldidaktischer Kompetenz vorstellen, behandeln Themen, die außerhalb unsere primären Fragestellung liegen, könnten als best practice-Beispiele in Zukunft eine Rolle spielen, wenn es darum geht, die Beschäftigung mit hochschuldidaktischen Fragen fest an der Universität des Saarlandes zu verankern. So sind zum jetzigen Zeitpunkt für unser Projekt lediglich die Artikel des zweiten Teils und darin insbesondere solche zur hochschuldidaktischen Weiterbildung von Interesse. Darunter umfassen die Artikel zur "experimentellen Lehre" mit Konzepten zu Online-Lernen, zu einem Seminar zu interkultureller Kommunikation und zu einem interkulturellen Kompetenztraining für den universitären Lehr- und Lernbetrieb allerdings zu spezifische Beispiele, so dass auch sie uninteressant sind. Schließlich sind zu empfehlen: die Artikel von Mürmann und Schulte, Auferkorte und Selent, von Wildt, Blümcke und Friedrich und Battaglia. Dabei muss darauf hingewiesen werden, dass es sich bei den Artikeln um die Darstellung der Konzeption und Reflexion von Workshop-Konzepten zu dem jeweiligen hochschuldidaktischen Thema handelt. Der Aspekt, wie die Themen (erfolgreich)in einem Workshop vermittelt wurden, steht also im Mittelpunkt, nicht die allein theoretische

Betrachtung des Themas. Insbesondere die Unterkapitel zur hochschuldidaktischen Relevanz eines Themas sollen empfohlen sein.

Mürmann, Martin und Schulte, Dagmar: Lehrveranstaltungen lerngerecht planen - Veranstaltungsplanung. In: Johannes Wildt, Birgit Encke und Karen Blümcke, 2003. S. 184 - 191.

Der Artikel fasst einen Weiterbildungsworkshop zur Veranstaltungsplanung zusammen. Dabei spielen, so die Autoren, bei der Planung von Lehrveranstaltungen in der Hochschule folgende Faktoren eine maßgebliche Rolle: Der/die Lehrende muss sich das eigene Rollenverständnis als Lehrende/r und das daraus resultierende Handeln bewusst machen und kann so auch besser die Lernprozesse der Studierenden reflektieren. Die/der Lehrende muss seine didaktischen Prinzipien, Annahmen und Alltagstheorien formulieren können, so dass der eigene Stil in der Lehre definiert und mit der eigenen Praxis abgeglichen werden kann. Im Weiterbildungsworkshop erhielten die TeilnehmerInnen neben Hinweisen für die Gesamtplanung einer Lehrveranstaltung über ein ganzes Semester hinweg auch eine "Methoden-Bar" - eine Sammlung von über 40 Methoden für die Hochschuldidaktik, die nach den Gesichtspunkten Einstieg, Strukturierung, Erarbeitung, Diskussion und Abschluss geordnet sind. Zwar ist die "Methoden-Bar" nicht Teil des Artikels, doch finden sich zum Schluss des Artikels Hinweise auf Methodensammlungen, aus denen die "Methoden-Bar" vermutlich teilweise zusammengestellt sein dürfte.

Auferkorte, Nicole und Selent, Petra: Semesterbegleitendes Feedbackverfahren in Lehrveranstaltungen. In: Johannes Wildt, Birgit Encke und Karen Blümcke, 2003. S. 191 - 197.

In diesem Artikel stehen die Beteiligung der Studierenden am Lehr- und Evaluationsprozess und die Einsicht der Lehrenden in den Lernprozess der Studierenden im Mittelpunkt. Die Perspektiven und Voraussetzungen der Studierenden sind eigentlich eine wichtige Planungshilfe für Lehrveranstaltungen, allerdings selten bekannt. Der Artikel legt nahe, ein semesterbegleitendes Feedbackverfahren in Lehrveranstaltungen einzuführen, das zunächst Erwartungen der Lehrenden und Studierenden an die Veranstaltung abgleicht, daraus Schlüsse für den Fortgang der Veranstaltung ziehen lässt und deren Umsetzung durch das Semester hindurch durch Feedback der Studierenden prüft. Die Studierenden und Lehrenden gehen dabei ein "Arbeitsbündnis" (S. 192) ein, das dafür sorgen soll, dass die anfangs vereinbarten Ziele auch erreicht werden. Ziele des Workshops und schließlich der

7 Anhang

Entwicklungslabor Akademische Beredsamkeit, Anhang 4   S. 34

Umsetzung des Verfahrens sind die Erweiterung der Handlungskompetenz der eigenen Lehrtätigkeit auf Seite der Lehrenden, die Partizipation am Lehr- und Lernprozess auf Seite der Studierenden. Ein möglicher Workshop, der in die Methode des semesterbegleitenden Feedbacks einführt, sollte auch einen Block enthalten, in dem sich die Lehrenden mit ihrer beruflichen Identität, also ihren Rollen als HS-Lehrende beschäftigt.

Wildt, Johannes: *Massen*veranstaltungen - Präsenzveranstaltungen mit großen Teilnehmerzahlen. In: Johannes Wildt, Birgit Encke und Karen Blümcke, 2003. S. 198 - 204.

Der Artikel behandelt dezidiert das Thema Vorlesungen, allerdings wählt er für diese Veranstaltungsart die offenere Bezeichnung "Massenveranstaltung". Der Autor betont dabei, dass die Hochschuldidaktik die Vorlesung nicht in Frage stellt, sondern macht "den Weg für ihre Optimierung, Anreicherung mit didaktischen Innovationen und ggf. auch Alternativen unter den Bedingungen der Lehre in Veranstaltungen mit größerer Teilnehmerzahl frei." (S. 199) Denn der Vorteil der Vorlesung liegt, so Wildt, "gerade in der persönlichen Perspektive auf den Lehrstoff und die Art seiner Durcharbeitung" (S. 201). Er schlägt vor, sich allerdings nicht dem Gestaltungszwang "traditioneller" Vorlesungen zu unterwerfen, sondern eine Variationsbreite an Lehr-Lern-Arrangements zu kennen und einzusetzen, so schlägt er u.a. open-space, Gruppenarbeit, bei der die Gruppen von Gruppendelegierten zusammengehalten werden, Murmelgruppe, aber auch fragenentwickelndes Unterrichtsgespräch als Methoden für die Vorlesung vor und ruft dazu auf, Veranstaltungsformen zu kombinieren und innovative Formate zu entwickeln.

Blümcke, Karen und Friedrich, Hans-Jürgen: (Klein-)Gruppenarbeit anleiten in Lehrveranstaltungen. In: Johannes Wildt, Birgit Encke und Karen Blümcke, 2003. S. 204 - 211.

Für eine gute Gruppenarbeit ist eine adäquate Gruppenzusammensetzung sowie eine kompetente Gruppenleitung nötig. Der Workshop schlägt u.a. vor, durch die Methode des "Actstorming" Handlunsgweisen als GruppenleiterIn zu erproben, setzt außerdem auf die Erweiterung kommunikativer und sozialer Kompetenzen sowie des Methodenrepertoires. Das Literaturverzeichnis gibt gute Hinweise, um sich in die Methoden der Gruppenleitung weiter einzulesen.

Battaglia, Santina: Hiobsbotschaften an Studierende überbringen ("durchgefallen") - eine Übung zum Thema "Auf der anderen Seite stehen" für Lehrende. In: Johannes Wildt, Birgit Encke und Karen Blümcke, 2003. S. 229 - 235.

Für die Qualität der Lehre ist die Beziehung zwischen Lehrendem und Lernendem ein entscheidender und nicht zu unterschätzender Faktor, unterstreicht die Autorin in ihrem Artikel. Und wie (gute, insbesondere aber auch schlechte) Nachrichten z.B. über Prüfungsleistungen vermittelt werden, sei ein "verlässlicher Indikator" für die Qualität der Ausbildung an einer Hochschule (S. 230). Der Workshop soll Lehrende qualifizieren, "die notwendigen Äußerungen in Aktion und Reaktion so zu tun, dass sowohl sie als auch die Studierenden möglichst gut mit den Inhalten umgehen können." (S. 230) Dabei steht die Einsicht im Zentrum, dass der Lernende sich im Gespräch als Person wahrgenommen und behandelt fühlen muss. Wie Lehrende mit Studierenden im Gespräch umgehen, hängt eng mit ihrem Rollenselbstverständnis zusammen. Ziel des im Artikel vorgestellten Workshops ist es, sowohl für die eigene Rolle als Lehrende/r zu sensibilisieren und andererseits Empathie für Empfindungen und Bedürfnisse des Studierenden zu wecken.

Rezension zu: Wilson, Karen und Korn, James H.: Attention During Lectures: Beyond Ten Minutes. In: Teaching of Psychology, 34: 2, 2007. S. 85 - 89.

Der Artikel der beiden amerikanischen Autoren beschäftigt sich mit dem Thema Aufmerksamkeit von Schülern und Zuhörern in Vortragssituationen. Er gibt einen umfassenden Überblick über die bis zum Erscheinungsdatum 2007 publizierten Studien und Arbeiten, die versuchen, sinkende und steigende Aufmerksamkeit zu erfassen und in einen Zusammenhang mit der Zeitdauer der Vorlesung zu bringen, und diskutiert kritisch ihre Untersuchungsmethoden und empirische Beweisstärke.

Die Autoren räumen dabei den Studien, die über physiologische Messungen, z.B. EEG und Herzschlagrate, versuchen, die Aufmerksamkeit von Zuhörern festzustellen, am meisten Potential ein, "students' attentional process during lectures" zu verstehen (S. 88) und schlagen daher vor, Blighs Studien auf einer größeren Skala weiterzuführen.

Die anderen Herangehensweisen, wie z.B. Beobachtungen studentischer Aktivitäten vorzunehmen (z.B. Frost 1965), wie wir es im ELAB getan haben, werden von den Autoren als zu subjektiv und zu sehr auf die Gesamtheit und nicht auf den individuellen Studenten fokussiert bewertet (S. 86). Die Möglichkeit, studentische Notizen, die während der Vorlesung angefertigt werden, auszuwerten, beurteilten die Autoren als gut, kritisieren allerdings die bisherige Vorgehensweise aus schärfste. Sie empfehlen, sich weiterhin der Frage zu widmen, was die Studierenden im Moment denken. (S. 88) So empfehlen sie: "When teachers evaluate the effectiveness of their lectures, they should find out what students put in their notes. Are they recording relevant content or misinformation with an organized structure? A good teacher who lectures would help students develop efficient note-taking skills that promote transfer to longterm memory."(S. 88)

Darüber hinaus empfehlen die Autoren, dass sich Vorlesende Gedanken darüber machen sollten, zu welchem Zweck sie Vorlesungen halten - zum bloßen Wissenstransfer oder um kritisches Denken anzuregen.

Der Artikel erscheint mir sehr hilfreich zu sein für unsere weitere Arbeit, insbesondere in Bezug auf den Aufmerksamkeitsbogen. Er gibt sowohl die wichtigsten Studien an, die ähnliche Arbeit geleistet haben, als auch wichtige Kritikpunkte, die dazu beitragen, die Arbeit am Aufmerksamkeitsbogen und mit dem Thema Aufmerksamkeit effektiv fortzuführen.

Erste Befragung Individualarbeitsrecht I

Bitte beantworten Sie - anonym - folgende Fragen bezüglich der Vorlesung:

1. Wo sitzen Sie gerade? Reihe: ☐
   (*Anmerkung: Es befinden sich 14 Reihen im Hörsaal,
   Reihe 1= ganz unten, Reihe 14= ganz oben*)

2. Sitzen Sie häufiger in diesem Bereich?   Ja ☐   Nein ☐
   (*z.B. im hinteren Drittel des Hörsaals*)

3. Sie wurden im Laufe der letzten Vorlesungen von Prof. Weth persönlich aufgerufen oder hätten aufgerufen werden können:

   a. Warum wurden Sie gefragt?

   _____

   _____

   _____

   b. Wie haben Sie sich gefühlt, als sie aufgerufen wurden oder würden sich wohl fühlen, wenn dies geschähe?

   _____

   _____

   _____

   Glauben Sie, über eine direkt an Sie gerichtete Frage einen besonderen Lerneffekt erzielen zu können?
   Ja ☐   Nein ☐

   _____

4. Wie soll eine Vorlesung gestaltet sein, so dass Sie etwas daraus mitnehmen/lernen?

Entwicklungslabor Akademische Beredsamkeit, Anhang 7

Zweiter Fragebogen Individualarbeitsrecht I

Bitte beantworten Sie - anonym - folgende Fragen bezüglich der Vorlesung.

1. Wurden Sie im Laufe der letzten Vorlesungen von Herrn Professor Weth persönlich aufgerufen?

   Ja _____   Nein _____

   a. Wie haben Sie sich gefühlt, als sie aufgerufen wurden?

   _____

   _____

   b. Hat sich im Laufe der Vorlesung Ihre Einstellung zum Frageverhalten des Lehrenden verändert? Wenn ja, wie?

   _____

   _____

   _____

   c. Hätten Sie sich in der Vorlesung mehr Methodenvielfalt gewünscht?

   Ja _____   Nein _____

   d. Halten Sie ein Projekt zur Hochschuldidaktik für sinnvoll?

   Ja _____   Nein _____

   Warum:

   _____

   _____

➤ Bitte umblättern!

Entwicklungslabor Akademische Beredsamkeit, Anhang 7

2.a. Sie haben in dieser Vorlesung verschiedene Lehrmethoden kennen gelernt.
Wie bewerten Sie folgende Methoden bezüglich ihrer Eignung für
Vorlesungen? Bitte kreuzen Sie Zutreffendes an:

Methode	unbe-kannt?	wenn bekannt: -- + 2 --- sehr geeignet	- + 1 -	- 0 -	-- - 1 ---	-- - 2 --- gar nicht geeignet
Entscheidungsspiel (Publikum soll Stellung beziehen - "wir stimmen demokratisch ab")						
Fragen des Lehrenden						
Murmelgruppen						
Visualisierung (auf Tafel, Folie, PowerPoint)						
Zettelkasten (in den Fragen bezüglich des Vorlesungsstoffes eingeworfen werden können)						

b. Sie haben auch in anderen Vorlesungen oder Veranstaltungen
Lehrmethoden kennen gelernt. Wie bewerten Sie folgende Methoden
bezüglich ihrer Eignung für Vorlesungen? Bitte kreuzen Sie Zutreffendes an:

Methode	unbe-kannt?	wenn bekannt: -- + 2 --- sehr geeignet	- + 1 -	- 0 -	-- - 1 ---	-- - 2 --- gar nicht geeignet
Lernjournal (begleitende tagebuchartige schriftliche Dokumentation des eigenen Lernprozesses in einer Lehrveranstaltung)						
Lernstopp (Lehrender unterbricht Vortrag für ein paar Minuten, um den Zuhörern Gelegenheit zu geben, das Gehörte zu verarbeiten)						
Minutenfrage (in den letzten beiden Minuten einer Veranstaltungsstunde bittet der Lehrende die Studierenden folgende Fragen auf einem Antwortzettel zu beantworten: 1. Was ist das Wichtigste, das Sie heute gelernt haben? 2. Was haben Sie am wenigsten verstanden? In der nächsten Stunde wird darauf eingegangen.)						

Weitere Methoden, die Sie kennen:

Entwicklungslabor Akademische Beredsamkeit, Anhang 8

Ergebnisse Fragebögen

Tabelle 1:

Wie soll eine gute Vorlesung gestaltet sein? (I) * Wo sitzen Sie gerade? Kreuztabelle

			Wo sitzen Sie gerade?			
			1	2	3	Gesamt
Wie soll eine gute Vorlesung gestaltet sein? (I)	weniger Fragen nur freiwillige Meldung	Anzahl	1	2	2	5
		% von Wo sitzen Sie gerade?	2,8%	9,5%	5,6%	5,4%
	Fragen sind gut	Anzahl	2	0	0	2
		% von Wo sitzen Sie gerade?	5,6%	,0%	,0%	2,2%
	Diskussionen sind gut	Anzahl	6	1	6	13
		% von Wo sitzen Sie gerade?	16,7%	4,8%	16,7%	14,0%
	Gestaltung/Struktur sind wichtig	Anzahl	5	6	3	14
		% von Wo sitzen Sie gerade?	13,9%	28,6%	8,3%	15,1%
	Verständlichkeit	Anzahl	1	2	2	5
		% von Wo sitzen Sie gerade?	2,8%	9,5%	5,6%	5,4%
	Raum/äußere Faktoren	Anzahl	0	0	4	4
		% von Wo sitzen Sie gerade?	,0%	,0%	11,1%	4,3%
	Skript/Visualisierung	Anzahl	2	3	11	16
		% von Wo sitzen Sie gerade?	5,6%	14,3%	30,6%	17,2%
	Beispielfälle	Anzahl	14	5	6	25
		% von Wo sitzen Sie gerade?	38,9%	23,8%	16,7%	26,9%
	Sonstiges	Anzahl	5	2	2	9
		% von Wo sitzen Sie gerade?	13,9%	9,5%	5,6%	9,7%
Gesamt		Anzahl	36	21	36	93
		% von Wo sitzen Sie gerade?	100,0%	100,0%	100,0%	100,0%

Tabelle 2:

Wie haben Sie sich gefühlt? (I) * Wo sitzen Sie gerade? Kreuztabelle

			Wo sitzen Sie gerade?			
			1	2	3	Gesamt
Wie haben Sie sich gefühlt? (I)	nervös/überfordert	Anzahl	4	6	6	16
		% von Wo sitzen Sie gerade?	11,4%	26,1%	20,0%	18,2%
	nicht gut/würde mich unwohl/überrumpelt fühlen	Anzahl	10	11	9	30
		% von Wo sitzen Sie gerade?	28,6%	47,8%	30,0%	34,1%
	gut/sehr gut	Anzahl	8	2	3	13

Entwicklungslabor Akademische Beredsamkeit, Anhang 8

	(hätte Lerneffekt, wü	% von Wo sitzen Sie gerade?	22,9%	8,7%	10,0%	14,8%
	okay/neutral	Anzahl	8	2	7	17
		% von Wo sitzen Sie gerade?	22,9%	8,7%	23,3%	19,3%
	je nachdem	Anzahl	5	1	4	10
		% von Wo sitzen Sie gerade?	14,3%	4,3%	13,3%	11,4%
	Sonstiges	Anzahl	0	1	1	2
		% von Wo sitzen Sie gerade?	,0%	4,3%	3,3%	2,3%
Gesamt		Anzahl	35	23	30	88
		% von Wo sitzen Sie gerade?	100,0%	100,0%	100,0%	100,0%

Tabelle 3:
Kennen Sie die Methode "Minutenfrage"? Ist sie geeignet?

		Häufigkeit	Prozent	Gültige Prozente	Kumulierte Prozente
Gültig	sehr geeignet	17	17,5	25,0	25,0
	geeignet	20	20,6	29,4	54,4
	indifferent	20	20,6	29,4	83,8
	nicht geeignet	4	4,1	5,9	89,7
	gar nicht geeignet	7	7,2	10,3	100,0
	Gesamt	68	70,1	100,0	
Fehlend	System	29	29,9		
Gesamt		97	100,0		

Tabelle 4:
Kennen Sie die Methode "Lernstop"? Ist sie geeignet?

		Häufigkeit	Prozent	Gültige Prozente	Kumulierte Prozente
Gültig	unbekannt	1	1,0	1,3	1,3
	sehr geeignet	27	27,8	35,1	36,4
	geeignet	25	25,8	32,5	68,8
	indifferent	11	11,3	14,3	83,1
	nicht geeignet	3	3,1	3,9	87,0
	gar nicht geeignet	10	10,3	13,0	100,0
	Gesamt	77	79,4	100,0	
Fehlend	System	20	20,6		
Gesamt		97	100,0		

Tabelle 5:
Kennen Sie die Methode "Lernjournal"? Ist sie geeignet?

		Häufigkeit	Prozent	Gültige Prozente	Kumulierte Prozente
Gültig	unbekannt	3	3,1	5,2	5,2

Entwicklungslabor Akademische Beredsamkeit, Anhang 8

	nicht geeignet	7	7,2	12,1	87,9
	gar nicht geeignet	7	7,2	12,1	100,0
	Gesamt	58	59,8	100,0	
Fehlend	System	39	40,2		
Gesamt		97	100,0		

Tabelle 6:
Kennen Sie die Methode "Zettelkasten"? Ist sie geeignet?

		Häufigkeit	Prozent	Gültige Prozente	Kumulierte Prozente
Gültig	sehr geeignet	33	34,0	35,1	35,1
	geeignet	31	32,0	33,0	68,1
	indifferent	19	19,6	20,2	88,3
	nicht geeignet	6	6,2	6,4	94,7
	gar nicht geeignet	5	5,2	5,3	100,0
	Gesamt	94	96,9	100,0	
Fehlend	System	3	3,1		
Gesamt		97	100,0		

Tabelle 7:
Kennen Sie die Methode "Visualisierung"? Ist sie geeignet?

		Häufigkeit	Prozent	Gültige Prozente	Kumulierte Prozente
Gültig	sehr geeignet	64	66,0	69,6	69,6
	geeignet	24	24,7	26,1	95,7
	indifferent	4	4,1	4,3	100,0
	Gesamt	92	94,8	100,0	
Fehlend	System	5	5,2		
Gesamt		97	100,0		

Tabelle 8:
Kennen Sie die Methode "Murmelgruppe"? Ist sie geeignet?

		Häufigkeit	Prozent	Gültige Prozente	Kumulierte Prozente
Gültig	sehr geeignet	8	8,2	8,9	8,9
	geeignet	7	7,2	7,8	16,7
	indifferent	11	11,3	12,2	28,9
	nicht geeignet	20	20,6	22,2	51,1
	gar nicht geeignet	44	45,4	48,9	100,0

Entwicklungslabor Akademische Beredsamkeit, Anhang 8

	indifferent	15	15,5	16,1	92,5
	nicht geeignet	5	5,2	5,4	97,8
	gar nicht geeignet	2	2,1	2,2	100,0
	Gesamt	93	95,9	100,0	
Fehlend	System	4	4,1		
Gesamt		97	100,0		

Tabelle 10:
Kennen Sie die Methode "Entscheidungsspiel"? Ist sie geeignet?

		Häufigkeit	Prozent	Gültige Prozente	Kumulierte Prozente
Gültig	sehr geeignet	13	13,4	14,1	14,1
	geeignet	32	33,0	34,8	48,9
	indifferent	27	27,8	29,3	78,3
	nicht geeignet	12	12,4	13,0	91,3
	gar nicht geeignet	8	8,2	8,7	100,0
	Gesamt	92	94,8	100,0	
Fehlend	System	5	5,2		
Gesamt		97	100,0		

Entwicklungslabor Akademische Beredsamkeit, Anhang 10

Beobachtungen Frage- und Antwortverhalten 12.5.09

Befragte/r			Frage			Antwort			Notizen
wer (äußere Merkmale o.ä.)?	wo? rechts/links	Verhalten danach (nach Frage/Antwort-Wechsel)	was? Inhalt/Wortlaut	wie? Sprechparameter, Interpretation?	Dauer (mm :ss)	was? Inhalt /Wortlaut	wie? Sprechparameter, Interpretation?	Dauer (mm : ss)	

BeobachterIn: **beobachtete Reihen:** [1]

Beobachtungen Frage- und Antwortverhalten 19.5.09

Frage:, Anzahl der Fragen innerhalb der Fragehandlung:	Befragte/r: wer? (Wiederholungstäter?), wo?	freiwillige Meldung (m) oder aufgerufen (a)?	Verhalten danach?	Notizen

Entwicklungslabor Akademische Beredsamkeit, Anhang 12

Beobachtungen Antwort- und Reaktionsverhalten 26.5.09

Frage:, freiwillige Meldung (m) oder aufgerufen (a)?	Reaktion HS-Lehrer	Reaktion/Verhalten nach HS-Lehrer-Reaktion	Notizen

BeobachterIn: **beobachtete Reihen:** [1]

Entwicklungslabor Akademische Beredsamkeit, Anhang 13

Beobachtungen Antwort- und Reaktionsverhalten 2.6.09

Frage-Teil	Antwortende/r: Meldung (m) o. aufgerufen(a)?	Reaktion auf Antwort Hochschul-Lehrer	Reaktion darauf Antworten de/r

BeobachterIn: 1

Entwicklungslabor Akademische Beredsamkeit, Anhang 14

Zusammenfassung Beobachtungen Frage- und Antwortverhalten

Beobachtungen Frage- und Antwortverhalten der Vorlesung am 12.Mai 2009:

Befragte/r	Frage Wortlaut		Antwort	Notizen - Reaktionen auf Antworten:
weiblich: 18	1. Reihe:	• wäre das möglich? • wie kann man das	beantwortete Fragen: 44	• Wiederholung en des
männlich: 6	1	begründen? • Was ist das?	nicht beantwortete	Gesagten
Meldungen: 9	2. : -	• Melden? • Haben Sie davon schon	Fragen: 10	• Stirnrunzeln • Unterbrechun gen
	3. : 2	gehört? • Haben Sie eine Idee?	Wortwechsel mit einer Person über	• Ja, sehr schön,..
	4.: 5	• Was hätten wir da? • Was wurde da gemacht?	längere Zeit: 4 (zählt nicht zu	• Aha • Bspl.
Wiederholun gstäterinnen:	5.: 4	• Welcher Vertrag..? • Wie kann das beendet	Einzelantworten)	Zwischendrin • Nein
#2: 2	6.: 4	werden? • was mache ich da?	Aufrufe ohne Antwort: 3	• Selbst Antwort
#3: 5 (davon 1 Meldung -	7. : 7	• Wie gibt's das? • Was sind konkrete	"wer	geben • "starke
die erste Äußerung)	vorletz te: 2	Aufgaben? • Was ist mit ... gemeint?	will?"/Abstimmung: 2	Kurzfassung aber alles
#7: 6 (3,		• Kann man das? • Und jetzt?		richtig bis jetzt"
erste Äußerung)		• Was wäre? • Was hängt damit		• "ein Wort der Begründung
#8: 1 (1,		zusammen? • Kann er das ?		vielleicht?" • "Ich verstehe
erste Äußerung)		• Ist Ihnen der Fall klar? • Wer fängt an?		Sie so"
Wiederholun		• Was ist da möglich? • Wo?		
gstäter: #16: 2		• Könnte das sein? • Welche Frage stellen wir		
#43: 1		jetzt? • Welche ... können Sie		
		nennen? • Was ist danach?		
		• Ja oder nein? • Was meinen Sie?		
		• Warum? • Was ist denn das?		
insgesamt WHtäterInne n: 18	links: 7	• In welchen Fällen? • Wer stellt das fest? • Dazu Fragen?		
Redeanteile	mittig: 1	• Wer will es wiederholen? • Was ist das? • Schon mal gehört?		
	rechts: 15	• Und was interesiert uns?		

BeobachterIn: **beobachtete Reihen:** [1]

Entwicklungslabor Akademische Beredsamkeit, Anhang 14

		• Wie täten Sie das? • Wieviel? • Wie wirken die..? • Was gehört dazu? • Was ist ? • Wo? • Vor was? • Rückfragen?		

Beobachtungen Frage- und Antwortverhalten der Vorlesung am 19.Mai 2009:

weiblich: 16	"aktivierte" Reihen:	Teil-Fragen:	m	a	beantwortete	
männlich: 16		4	2	2	Fragen: 38	
		3	1	1		
Meldungen:		4	2	0	nicht	
17	1.: 4	5	1	0	beantwortete/selbst	
	2.: 5	9	----------		beantwortete	
	3.: 2	3	1	1	Fragen: 3	
	4.: 1	3	0	1		
	5.: 3	4	0	1	Wortwechsel mit	
Wiederholun	6.: 3	1	0	1	einer Person über	
gstäterinnen:	7.: 4	1	1	0	längere Zeit: 1	
#4: 3	8.: 4	3	1	0	(zählt nicht zu	
#21: 2	9.: 4	2	0	1	Einzelantworten)	
vom letzten	12.: 2	1	0	1		
Mal: 2	14.: 3	2	----------		Aufrufe ohne	
(darunter:		9	3	4	Antwort: 3	
#4)		1	----------			
		6	3	0	Abstimmung: 1	
		1	0	1	(einige	
Wiederholun		5	----------		Medlungen!)	
gstäter:		3	2	0		
#1: 7		5	0	4	Meldungen:	
		3	0	2	16	
insgesamt		1	0	1	(davon männl: 10,	
WHtäterInne		2	----------		weibl. 6)	
n dieses Mal						
Redeanteile:		**Fragenkomplexe: 25**			Aufrufe (ohne	
12					Meldung): 21	
		Mindest- und Höchstzahl an Fragen innerhalb eines Komplexes: 1 und 9			(davon männl. 7, weibl. 14)	
		Fragen insgesamt: 83				

Beobachtungen Frage- und Antwortverhalten, Vorlesung am 26.Mai 2009:

Frage: #, freiwillige Meldung (m) oder aufgerufen (a)?	Reaktion HS-Lehrer			Reaktion/Verhalten nach HS-Lehrer-Reaktion	Notizen
Fragenkomplexe: 17	Teil-Fragen:	m	a	*direkte Reaktion* • ja • Wh des Stichworts	*späteres Verhalten:* • *Weth nochmal zu*
Mindest- und Höchstzahl an Fragen	2 2 5	1 ---------- 0	0 2		

Entwicklungslabor Akademische Beredsamkeit, Anhang 14

innerhalb eines Komplexes: 1 und 7	4	4	2	• Ja. Völlig richtig *llegt Kopf schief*	*Antwortend er/m blicken*
Fragen insgesamt: 53	2	1	0		• *Rückfrage*
	6	6	0	• Jaaaaa	• *Weth schaut in*
Aufrufe ohne Antwort: 5	2	---------		*(langgezoge n)*	*Runde*
	7	4	3	• Sehr schön/*Blickk ontakt*	• *Blickt Gelobten Antwortend en an, macht Schnute*
	3	1	3	• Richtig. *(ohne WH des Stichworts)*	
	4	0	4	• Ja.. aber	• *Schaut auf, nachdem Frage gestellt wurde*
Wiederholungstäterinn en: 4	2	1	0	• Also. Sehr schön.	
	2	---------		• Ja.. trotzdem	• *Kopfschütte ln*
vom letzten Mal: 1	1	0	1	• Prima	• *Freut sich, lächelt*
	3	1	1	• *Unterbreche nd:* richtig!	
Wiederholungstäter: 5	2	---------		• Da haben Sie recht!	
	4	1	1	• Stopp!	
insgesamt WHtäterInnen dieses Mal Redeanteile: 13	2	1	0	• *Unterbricht*	
	3	0	2	• Jetzt haben Sie Bedenken...	
Wortwechsel mit einer Person über längere Zeit: 2	eigene Meldungen: 1			• Ich bring's jetzt mal salopp. Sie haben's vornehmer formuliert.	
				• Gute Gedanken!	

Beobachtungen Frage- und Reaktionsverhalten der Vorlesung am 2.Juni 2009:

Frage: #, freiwillige Meldung (m) oder aufgerufen (a)?	Reaktion HS-Lehrer			Reaktion/Verhalten nach HS-Lehrer-Reaktion
Fragenkomplexe: 26	Teil-Fragen:	m	a	*direkte Reaktion*
	1	0	0	• *Rumschauen. Augenbrauen nach oben, nicken*
Teilfragen insgesamt: 104	12	0	4	• Wh des Stichworts
	4	2	0	• Ja.
	1	0	1	• Ach.
Meldungen: 22	4	0	0	• Ja. *(kadenz fallend)*
	4	8	0	-> *abschließend, kein Gespräch mehr*
nicht beantwortete	1	---------		• Dann meinen Sie...?
Fragen (auch nicht aufgerufen): 37	3	0	2	• Ja, WH, wenn man sagt..
	1	---------		*(lachend)*
	3	0	1	-> *wirkte abwertend!*
Mindest- und	1	---------		• Bombig. Schön. Schande über
Höchstzahl an Fragen	7	3	1	

BeobachterIn: **beobachtete Reihen:** 3

Entwicklungslabor Akademische Beredsamkeit, Anhang 14

innerhalb eines Komplexes: 1 und 15	9 1 1	1 ------------ 0	13 ------------ 0	Sie. Wenn Sie es nicht verstanden haben, sind Sie selbst Schuld! *(nachdem sich niemand gemeldet hatte)*
Fragen insgesamt: 53	15 11	9 6	9 5	• *Sofort weitergefragt*
Aufrufe ohne Antwort: 5	2 1	------------ ------------		-> *zu kurze Pause, keine Antwort war möglich!*
	1 5	1 0	1 1	• *Schaut herum* • *Schaut, wartet auf ganze Antwort:*
Wiederholungstäter/inn en: 29	2 3 2	2 0 0	0 1 1	Sie sagen.. Das gefällt mir! Aber: Frage war gemeiner. • Davon gehen wir aus!
insgesamt WHtäterInnen dieses Mal Redeanteile: 13				• Jaaaa. • Richtig *(hohe Stimme; weist auf Antwortenden)* Richtig. • Stopp
	eigene Meldungen ohne			• *Nickt Antwortendem zu.*
Wortwechsel mit einer Person über längere Zeit: 4	Frage: 2			• *Schaut ins Publikum.* • *Unterbricht, lässt nicht fertig reden (Antwortender ist enttäuscht: beißt Lippen zusammen)* • Ja oder nein? (Antwortender: Dann ja!)
	"aktivierte" Reihen:			• Genau. • Jetzt kommen Sie ins Zweifeln!
	1.: 3			• Ne? *(Hochschluss, hohe Stimme)*
	2.: 2			• Könnte man ...? *(süßlich)* -
	3.: 3			-> *Reaktion auf süßliche Frau?*
	4.: 4			• Richtig.*(Tiefschluss)*
	5.: 12			• *Unterbricht. Lacht*
	6.: 12			• Etc. *(unterbricht Antwortende in letzter Reihe (Ende einer Aufruf-Kette))*
	7.: 5			
	8.: 2			
	9.: 5			• Stopp
	14.: 18			• Weiter .. ne • Jawoll. • Ja *(tiefe Stimme)* • Sehr schön, brauchen wir auch! • *Klare Pause* -> *für Ruhe sorgen* • Völlig zu recht! • Langsam! Also.. • Sehr schöner Gedanke! *(hohe Stimme)* • Da haben Sie recht! • Das kam, wollten Sie sagen.. *(hohe Stimme)* • *Zu Männl.: Stimme tief, zu weibl.: Stimme hoch* • Passen Sie auf! • Dich..weil du eine Frau bist.´.. *(zeigt auf Frau)* • *Zu wenig Zeit für Medlung/Antwort gelassen* • *Auf selbstständige Meldung: Ja? (rufend)*

BeobachterIn: **beobachtete Reihen:** [4]

Entwicklungslabor Akademische Beredsamkeit, Anhang 14

		-> *wirkt abweisend* • Ich übersetz das mal! • Warum so zögerlich? ->*emutigend* • *Finger vor dem Mund* • Danke! Hervorragend! *(Antwortende wird rot)* • Ja.. *(Antwortender schluckt, schaut ihn an)*

Beobachtungen Frage- und Antwortverhalten, Vorlesung am 14.Juli 2009:

Frage: #, Anzahl der Fragen innerhalb der Fragehandlung:	Befragte/r: wer? (Wiederholungstäter?), wo?		freiwillige Meldung (m) oder aufgerufen (a)?	Verhalten danach?	Notizen
Themenfragen: 26	Teil-Fragen:	m a	aktive		
nicht beantwortet:	1	-- ---	Reihen:		
12	1	-- ---	1.: 0		
beantwortet	1	1 0	2.: 2		
selbst/rhetorische	1	1 0	3.: 7		
Frage: 4	2	1 0	4.: 1		
	4	0 1	5.: 4		
sonstige Fragen	1	-- --	6.: 4		
(noch Fragen?): 15	3	1 2	7.: 0		
	5	1 0	8.: 0		
nicht beantwortet: 9	1	-- 4	9.: 3		
beantwortet selbst:	2	-- --	10.:1		
2	2	0 4	11:1		
	1	-- --	12.:1		
	1	-- --	13.:1		
	1	-- --	14.: 1		
	6	2 7			
Anzahl	3	0 3			
Fragekomplexe: 21	1	-- --			
	1	-- --			
Anzahl Teilfragen	1	-- --			
insgesamt:	2	1 0			
42					
WH-Täter : 3	davon Meldung: 4 weibl. , 3				
männl: 1	Männl.				
weibl. 2	und Aufrufe:				
je eine Aussage	5 männl., 15 weibl.				
zuästzlich.					
Meldung:	Zeit gestoppt, wie lange				
bei 2en: 2 Mal	Fragehandlung jweils				
Aufruf: einer 2 Mal	geaduert hat!				

Entwicklungslabor Akademische Beredsamkeit, Anhang 15

Zusammenfassung Ergebnisse Beobachtungsbögen

Termin	Anzahl Fragen komplexe	darunter Anzahl Teilfragen	Anzahl Meldungen	Anzahl Aufrufe	Anzahl "Aktive"	aktive Reihen	Wiederholungstäter	
12. Mai	54		7 davon 5 weibl. 2 männl.	28 davon 20 weibl. 6 männl.	29	Reihen 4 - 7 (mit etwa 20 "Wortbeiträgen")	5 4 weibl. 1 männl. (gemeinsam 14 x zu Wort gekommen, im Schnitt 1 x zusätzlich zu Wort gekommen)	
19. Mai	25	83	17 davon 6 weibl. 10 männl.	21 davon 14 weibl. 7 männl.	28	Reihen 1 - 9 (mit etwa 30 "Wortbeiträgen")	4 (meldeten sich, wurden nicht aufgerufen)	
26. Mai	17	53	21 davon 9 weibl. 9 männl.	19 1davon 4 weibl. 12 männl.	34	Reihen 1-3, 5 und 7-9 (mit etwa 26 "Wortbeiträgen")	7 darunter 3 weibl. 4 männl. (gemeinsam 19x zu Wort gekommen, 10 Meldungen und 9 Aufrufe)	
2. Juni	26	104	32 davon 14 weibl. 12 männl.	40 davon 15 weibl. 25 männl.	41	1-9 und 14 (mit insgesamt 66 "Wortbeiträgen")	10 darunter 4 weibl. 6 männl. (gemeinsam 35x zu Wort gekommen, 15 Meldungen, 21 Aufrufe)	

Entwicklungslabor Akademische Beredsamkeit, Anhang 16

Beobachtungsbogen Aufmerksamkeitsmanifestationen 16.6.09

Beobachtung von Aufmerksamkeit/Konzentration des Publikums
Manifestationsmöglichkeiten von Aufmerksamkeit

Thema											
Murmeln alle											
Murmeln einzelne(Paare, Dreiergespräche)											
körperliche Unruhe											
Schreib-geräusche											
Blätter-geräusche											
Blicke											
"Vermeidungs-schweigen"											
– –											
– –											
– –											
– –											
– –											
– –											

Notizen:

Beobachtungsbogen Aufmerksamkeitsmanifestationen 22.6.09

Erste Ergebnisse Beobachtungsbogen Aufmerksamkeit/Konzentration des Publikums
Manifestationsmöglichkeiten von Aufmerksamkeit

was?	Häu-fig-keit	eher hohe Aufmerksamkeit (+)/eher niedrige Aufmerk-samkeit (-) manifestierend
Murmeln alle		
Murmeln Paare, Dreiergespräche		
Murmeln einzelne - leise		
Murmeln einzelne - laut (= Kommentar abgeben)		
körperliche Unruhe		
Zusammenpacken		
Sitzposition ändern		
Schreib-geräusche		
Blätter-geräusche		
Blicke - dem Dozenten/der Visualisierung zugewandt		
Blicke - vom Dozenten/Visualisierung abgewandt		
"Vermeidungsschweigen"		
flüstern		
lesen anderer Texte		
nicken		
lachen		
lächeln		
mitschreiben		
Gähnen		
mit Stift/Papier/sonstigem Artefakt spielen		
aufstehen/gehen		
Flaschen aufmachen/ Papier knistern		
Papier reißen		
Husten, niesen, schnäuzen, räuspern		
Reißverschluss		
Rascheln Kleidung		
nachmachen/ nachsprechen		
klopfen		

Mündliches
Körperlicher Ausdruck/ Reaktionen/Kommunikationsräume

Entwicklungslabor Akademische Beredsamkeit, Anhang 18

Erste Ergebnisse Beobachtungsbogen Aufmerksamkeit

Ergebnisse Beobachtungsbogen Aufmerksamkeit/Konzentration des Publikums
Manifestationsmöglichkeiten von Aufmerksamkeit

was?	wie häufig?	eher hohe Aufmerksamkeit (+)/eher niedrige Aufmerksamkeit (-) manifestierend
Murmeln alle	3	3 (-)
Murmeln Paare, Dreiergespräche	9	8 (-), 1 (+)
Murmeln einzelne - leise		
Murmeln einzelne - laut (= Kommentar abgeben)	1	1(+)
körperliche Unruhe	15	7(-) , 2 (+) *
Zusammenpacken		
Sitzposition ändern		
Schreibgeräusche	10	1(-)
Blättergeräusche	11	5 (-), 1 (+)
Blicke - dem Dozenten/der Visualisierung zugewandt	7	7 (+)
Blicke - vom Dozenten/Visualisierung abgewandt	11	8 (-)
"Vermeidungsschweigen"	2	
flüstern	7	7(-)
lesen anderer Texte	3	3(-)
nicken	3	3(+)
lachen	10	9 (+)
lächeln	2	2(+)
mitschreiben		
Gähnen	1	1(-)
mit Stift/Papier/sonstigem Artefakt spielen		
aufstehen/gehen		
Flaschen aufmachen/ Papier knistern		
Papier reißen		
Husten, niesen, schnäuzen		

* "Bein" wechseln, um Aufmerksamkeit wieder voll auf Dozenten zu lenken/zurechtrucken

197

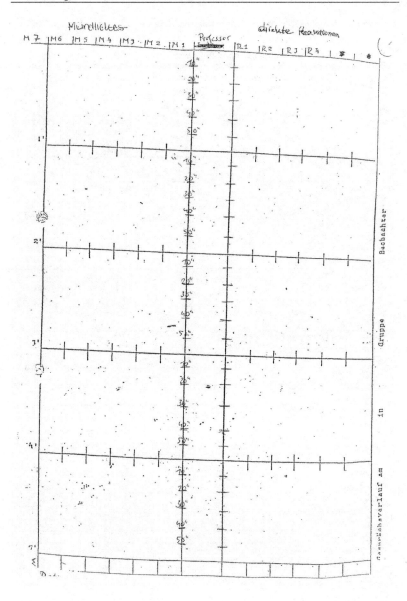

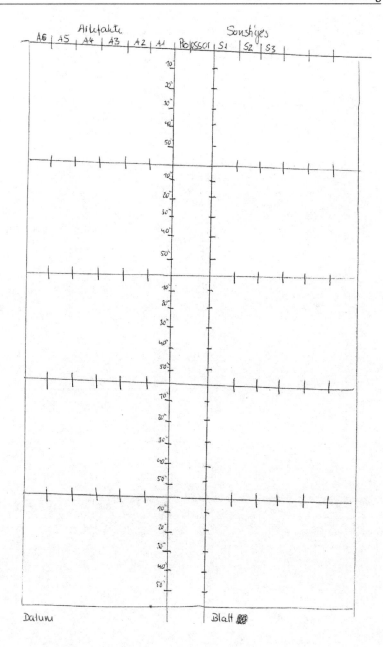

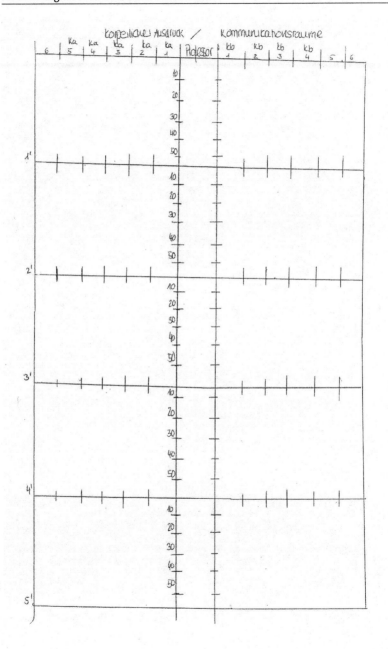

Entwicklungslabor Akademische Beredsamkeit, Anhang 20

Diagramme aus den Aufmerksamkeitsbögen

Diagramm (1)
Auszug aus der Vorlesung vom 07.07.09 - 00:19:40 - 00:22:00

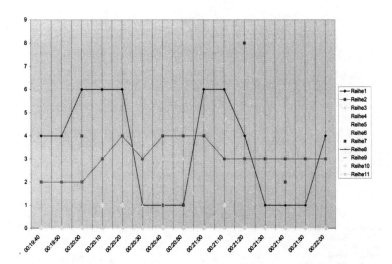

Dunkelblau: Mündliches (M)
Pink: Artefakte (A)
Gelb: Körperlicher Ausdruck (Ka)
Rot: professorale Tätigkeit
Blau: lächeln (R2)
Hellblau: lachen (R3)
Hellgrün: klopfen/klatschen (R4)

Entwicklungslabor Akademische Beredsamkeit, Anhang 20

Diagramm (2)
Auszug aus der Vorlesung vom 30.6.09 - 00:57:00 - 00:59:20

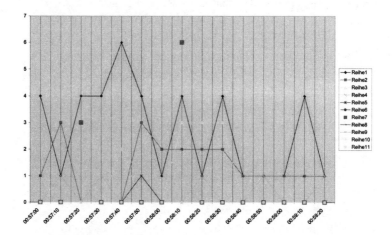

Dunkelblau: Mündliches (M)
Pink: Artefakte (A)
Gelb: Körperlicher Ausdruck (Ka)
Türkis: husten/niesen (S1)
Weinrot: räuspern (S2)
Rot: professorale Tätigkeit
Blau: lächeln (R2)
Hellblau: lachen (R3)
Hellgrün: klopfen/klatschen (R4)

2

Entwicklungslabor Akademische Beredsamkeit, Anhang 20

Diagramm (3) - Überblick über die gesamte Vorlesung, Auswahl der drei Faktoren Mündliches (M), Artefakte (A) und Körperlicher Ausdruck (Ka)

Vorlesung vom 30.06.09

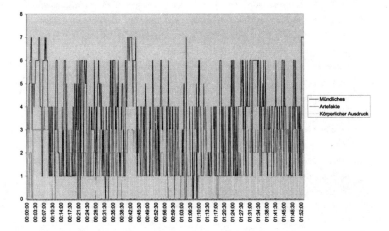

Vorlesung vom 07.07.09

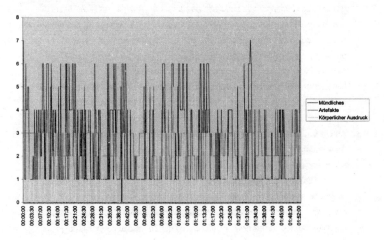

3

Entwicklungslabor Akademische Beredsamkeit, Anhang 21

Protokoll vom 26.5.2009

Folgende Themen wurden besprochen:

- Das Experiment "Murmelgruppen" in der Veranstaltung vom 26.05.09 ist positiv zu bewerten. Prof. Weth ist von der Methode "total überzeugt". Das Murmelgruppen-Experiment sei "gut vorbereitet und gut umgesetzt worden". Die Antworten seien nach den Murmelgruppen präziser und länger ausgefallen, es ist äußerst positiv zu bewerten, dass es in den verschiedenen Gruppen zu Streitgesprächen mit "hoch beachtlichen Argumenten" kam. Die Murmelgruppenphase selbst wurde intensiv und bis zuletzt murmelnd genutzt. Die Befragung der Studierenden, ob sie in Zukunft weiterhin Murmelgruppen durchführen wollten, ergab allerdings lediglich 18 Ja-Stimmen und eine deutliche Überzahl an Nein-Stimmen. Woran das liege, werde Frau Baltes in ihrem Tutorium am 27.05.09 von ihren Studenten erfragen. In jedem Fall "nehmen wir die Murmelgruppen in unser Repertoire auf!" (Weth)
- Die Studierenden in der Vorlesung bilden eine sehr heterogene Gruppe (das geht auch aus den Fragebögen hervor). Es gibt nicht nur Studierende, die gerne mitarbeiten, sondern auch solche, die das (noch) nicht gerne tun. Gerade letztere sind "zu knacken".

Folgende Vorhaben wurden beschlossen (b) oder angedacht (a):

- ➢ (b) DropBox ist eingerichtet und wird ab jetzt für die Ablage von Protokollen, der Literaturliste und anderen Materialien, die für das Projekt von Interesse sind, genutzt. Die DropBox muss an den Rechnern der ProjektteilnehmerInnen installiert werden und ist ab dem Installationszeitpunkt nutzbar.
- ➢ (b) Prof. Riemers Hilfskraft wird Lese- und Rezensionsarbeit übernehmen. Die Literaturliste mit Hinweisen, welche Bücher bestellt sind, bereits gelesen wurden, etc. wird in die DropBox eingestellt und von den Lesenden/Rezensenten jeweils aktualisiert.
- ➢ (b) Die Ergebnisse der Fragebogen-Erhebung vom 19.05.09 werden nach der Auswertung ins Internet gestellt und den Studierenden zugänglich gemacht.
- ➢ (a) Anfang Juli soll die Rekrutierung der studentischen Hilfskräfte beginnen.
- ➢ (b) Am 02.06.09 wird ein Zettelkasten in der Vorlesung "Individualarbeitsrecht I" eingeführt, in den Studierende Fragen und Kommentare zum Inhalte der Vorlesung, die ihnen während der Vorlesung einfallen, werfen können. Die Fragen werden in der nächsten Stunde beantwortet. Ab 02.06. soll der Zettelkasten eine ständige Einrichtung in der Vorlesung sein.

Entwicklungslabor Akademische Beredsamkeit, Anhang 21

> (a) Gegebenenfalls kann ein virtueller Zettelkasten eingeführt werden, der es ermöglicht, auch innerhalb der Woche Fragen zum Inhalt der Vorlesung zu stellen, die in der nächsten Woche beantwortet werden können. Evtl. könnten die Fragen auch von anderen Studenten beantwortet werden. (Dabei muss es allerdings eine Gewähr für die "Richtigkeit" der Antworten geben.)

> (b) Am 02.06.09 soll eine Hausaufgabe für Freiwillige aufgegeben werden: in der nächsten Stunde (09.06.09) soll ein Fall vorbereitet werden. Dieser wird in der Vorlesung von den Freiwilligen vorgetragen und anhand von vorher überlegten Gedanken, Fragen, Lösungsmöglichkeiten gemeinsam mit den anderen Studierenden und Prof. Weth wie üblich erarbeitet.

> (a) Mögliche Methoden:

  o Nachbearbeitung: Nach der Vorlesung sollen Studierende an die Tafel schreiben, was die wichtigsten Punkte der Vorlesung waren. Evtl. können diese Ergebnisse auch ins Netz gestellt werden.

  o Im nächsten Semester könnte Gruppenbildung so vorgenommen werden, dass Experten für ein bestimmtes Thema sich jeweils auf unterschiedliche Gruppen aufteilen. So wird aus Gruppenarbeiten für andere Gruppenteilnehmer ein Wissensgewinn erkennbar. (Einen ähnlichen Ansatz hat Prof. Dr. Annette Kammertöns in ihrer Best Practice Veranstaltung "kooperatives Lernen in leistungsheterogenen Gruppen" vorgestellt. Der Ansatz wurde am Freitag, 25.1.2008 in einer fachübergreifenden Tagung zum Lehren und Lernen an der Ruhr-Universität Bochum (RUB) vorgestellt und ist als PowerPointPräsentation im Internet einsehbar. Nähere Informationen zur Tagung finden sich auch im Dokument "Best Practice Veranstaltungen RUB" in der DropBox im Unterordner "Rezensionen".)

Nächster Termin am 02.06.2009 nach der Vorlesung Individualarbeitsrecht I.

Saarbrücken, den 29. Mai 2009

Entwicklungslabor Akademische Beredsamkeit, Anhang 22

Protokoll vom 02.6.2009

Folgende Themen wurden besprochen:

- In den Zettelkasten wurden 15 Zettel eingeworfen. Maßgeblich enthielten die Zettel Rückmeldungen zu Stil und Organisation der Vorlesung, nicht direkt zum Inhalt der Vorlesung. Die Rückmeldungen, die den Zetteln im Zettelkasten zu entnehmen sind, sind sehr unterschiedlich und unterstreichen, wie heterogen die Studierenden, die in der Vorlesung Individualarbeitsrecht I sitzen, sind.
- Herr Schnell wurde in der letzten Woche auf die Anstellung als Hilfskraft für das Projekt im kommenden Semester angesprochen. Bei den Studierenden besteht also durchaus auch Interesse am Projekt.
- Die Materialausgabe hat die Projektnummer nicht akzeptiert. Frau Trischler wird bei Frau Florange nachhaken, wie sich das ändern lässt.

Folgende Vorhaben wurden beschlossen (b) oder angedacht (a):

- (b) Frau Trischler wird einen Kostenvoranschlag für die Fahrt und Übernachtung in Bochum (Lern-Experten-Tagung an der RUB am 26. Juni 2009) erstellen.
- (b) Herr Prof. Weth beantwortet die auf den Vorlesungsinhalt bezogenen Fragen aus dem Zettelkasten. (2 Stück)
- (b) Die Hinweise auf den Zetteln des Zettelkastens werden von Frau Trischler abgetippt und in die DropBox eingestellt.
- (a) Die Schulung der Hilfskräfte - wenn möglich ab Anfang Juli - soll Folgendes beinhalten:
  - o Kommunikative Kompetenzen: so z.B.
    - Gesprächsleiter-Kurs (um Feedback von den anderen Studierenden einholen zu können)
    - Feedback-Kurs (Frau Roßmanith)
  - o Sachkompetenzen: Kriterienkataloge, Methodenwissen, Verbesserungs"tools"
- (b) In der Stunde vom 09.06.09 wird dem Wunsch der Studierenden nach mehr Visualisierung nachgegangen. Frau Baltes und Frau Trischler entwerfen eine Struktur für einen zu bearbeitenden Fall, anhand der Prof. Weth den Fall in der Vorlesung bespricht.
- (b) Am 09.06.09 soll eine Hausaufgabe für Freiwillige aufgegeben werden: in der nächsten Stunde (16.06.09) soll ein Fall vorbereitet werden. Dieser wird in der Vorlesung von den Freiwilligen vorgetragen und anhand von vorher überlegten Gedanken, Fragen, Lösungsmöglichkeiten gemeinsam mit den anderen Studierenden und Prof. Weth wie üblich erarbeitet.

Entwicklungslabor Akademische Beredsamkeit, Anhang 22

Nächster Termin am 09.06.2009 nach der Vorlesung Individualarbeitsrecht I.

Saarbrücken, den 02. Juni 2009

Entwicklungslabor Akademische Beredsamkeit, Anhang 23

Ablauf Workshop Gesprächsleitung

Workshop Gesprächsleitung für studentische Hilfskräfte am 31. August 2009, 10 - 17 Uhr

wann?	was?	Medien/Hilfsmittel	wer?
10:00 - 10:05	Begrüßung (wir sind: Leiterinnen, Beobachterinnen und Rückmelderinnen)		F & E
10:05 - 10:10	Einführung: Ablauf mit Pausen vorstellen	Flipchart	F
10:10 - 10:55	Vorstellung: 1) Germanisten/Juristen stellen einen den anderen vor ("versuche den anderen vorzustellen. Was hast du im Laufe des Studiums, bei der Vorstellung für das Projekt...so mitgekriegt?") 2) Bist du zufrieden mit der Vorstellung? Was hat gefehlt? Willst du noch etwas ergänzt haben? 3) alle fragen nach und vervollständigen so das Bild der vorgestellten Person usw. 4) Prozessevaluation: was ist euch was den Gesprächsprozess/Vorstellungsprozess anging aufgefallen? Was ist euch beim Kommunikationsverhalten der anderen positiv/negativ aufgefallen?	F notiert mit auf Kärtchen: Frageverhalten, Gesprächsverhalten, sonstiges	E
10:55 - 11:00	Pause: 5 - 15 Minuten		
11:00 - 11:15	Diese Gespräche waren dominant Personen-orientiert Im Gespräch ist es aber überhaupt wichtig, wer da miteinander spricht!! Situationsmodell - was gehört alles zu Kommunikation, zum Gegenüber (wozu, woher, etc. - Horizont kennenlernen) Übung: Horizonterschließung der Mit-Studierenden mithilfe des Situationsmodells (Pawlowski, S. 8 - 12) -> ggfls. Unterschiede, Gegensätze, Widersprüche zu Hiwi-Gruppe identifizieren	Moderationswand mit großen runden Kärtchen auf denen die W-Fragen stehen, auf Moderationskarten sammeln, was uns zu den W-Fragen einfällt. E anpinnen: Kärtchen den W-Fragen jeweils zuordnen	F
11:15 - 11:30	Klären (hauptsächlich gefragt), Streiten (z.B. intern nötig) WH: Klärendes Gespräch bedeutet: Die Person ist das Wichtigste! Was denkst DU darüber?	E: Moderationswand mit Zeitstrahl, Moderationskärtchen mit Gesprächsphasen	F
11:30 - 12:30	Konzentrierter Dialog Teil 1 (siehe Geißner: Sprecherziehung S.	Vorgehen auf Flipchart anschreiben	F

Entwicklungslabor Akademische Beredsamkeit, Anhang 23

	112 ff. und Vorteile Pabst-Weinschenk, S. 129 f.) 3TN bilden eine Kleingruppe: A und B sprechen miteinander, C ist der Kontrolleur, dann sprechen B und C miteinander, A kontrolliert, dann C und A, B kontrolliert. Gesprächsdauer je 10 Minuten. Methode: es wird nicht immer direkt geantwortet, sondern immer erst, nachdem das Gehörte sinngemäß (Verstehens-, keine Gedächtnisübung!) wiederholt worden ist. Hier liegen die Schwierigkeiten; es wird oft Wichtiges überhört, weggelassen, Unangenehmes verdrängt, anderes zurechtgehört - hier muss Kontrolleur direkt oder nach einer Gesprächssequenz eingreifen! Konzentration ist gefordert: auf das Gesagte und in eine (nicht-interpretierende) Spiegeläußerung zunächst üben mit Alltäglichem (wie spät ist es denn..?) und dann zu Hobbys, interessanteren Themen wechseln danach kurz: Austausch, wie es den GPartnern erging, Beobachtungen des Kontrolleurs		
12:30 - 13:00	Konzentrierter Dialog Teil 2 Methode: Partner sprechen über sich selbst, wobei der Rücksprecher die Aufgabe übernimmt, eigene Beiträge als offene Nachfragen zu äußern (übt elementaren Fragearten: erfragen und nachfragen vs. Abfragen und verhören) (Bspl: A: ich habe ein problem. B: du bist bedrückt. willst du mit mir drüber reden? A: ob ich mit dir drüber sprechen will? Ich kanns versuchen. B: du meinst, du kannst es versuchen. Das ist super. Worum gehts denn?..) Gesprächszeit je 5 Minuten danach kurz: Austausch, wie es den GPartnern erging, Beobachtungen des Kontrolleurs	Vorgehen auf Flipchart anschreiben	F
13:00 - 13:30	Reflexion Frageverhalten in Vorstellungsrunde und KD: was ist bislang aufgefallen? welche Fragetypen gibt es noch? wann werden die gebraucht? Wann	F mitschreiben auf Flipchart	F

	sind sie sinnvoll? evtl: E + F **befragen!!**		
13:30 - 14:30	Pause: 1 Stunde		
14:30 - 15:30	Gesprächsverhaltensanalyse, erste Bewusstheitsbildung zu Gesprächsprozessen und -dynamiken Klärungsgespräch Thema: Wann halte ich eine Vorlesung für gut? Wie lerne ich gut? Methode: Fishbowl	Leitfrage für Gespräch auf Flipchart schreiben	F
	kurze Einführung in Feedback-Geben und Nehmen Feedback beruht auf persönlicher Wahrnehmung. Wahrnehmungen "sind": die Feedbacknehmer brauchen sich nicht verteidigen, sondern können diese Wahrnehmungen der anderen ruhig einmal anhören. Die Feedback-Aussagen können nur als "ich"aussage gemacht und direkt an die andere Person gerichtet werden. Was wurde an der Person, ihrem Verhalten und Handeln wahrgenommen? Das Wahrgenommene gilt es zunächst ungewertet zu **beschreiben**. Dann: wie **wirkt** das Wahrgenommene auf den Feedback-Geber? Schließlich: wie **reagiert** der Feedback-Geber auf diese Wirkung? Auf der Grundlage der sicherlich unterschiedlichen Wahrnehmungen und Wirkungen kann sich der Feedback-Nehmer überlegen, ob er/sie in Zukunft etwas an Verhalten und Handeln ändern möchte und was oder nicht. (Slembek, In: Slembek- Geißner: Feedback. Das Selbstbild im Spiegel der Fremdbilder. 1998; S. 62)	Flipchart	F
	1. Durchlauf: Beobachter kurz zur Seite führen: was wollt ihr beobachten? 2. Durchlauf: Beobachter kurz zur Seite führen: auf was könnt ihr, wollt ihr jetzt achten? nach 1. und 2. Durchlauf: Feedback zu Fishbowl-Gespräch Methode: Beobachter feedbacken TN zunächst persönlich. Dann wird in Plenum über das ganze Gespräch und wichtige Erkenntnisse gesprochen	Beobachter sollen sich auf Kärtchen notieren, was sie beobachten wollen - evtl. unterschiedliche farbige Kärtchen benutzen für versch. Beobachtungspunkte	
15:30 - 15:50	Reflexion des Fishbowl-gesprächs bzgl. Strukturierung... Gesprächsleitung wichtig		F

Entwicklungslabor Akademische Beredsamkeit, Anhang 23

	gemeinsam zusammentragen: Aufgaben des GL: a) inhaltsbezogene Aufgaben: in das Thema einführen, b) zuhören, nachfragen, Fragen, festhalten und strukturieren Aufgaben der TN: zuhören, nachfragen, präzis formulieren	E: auf Flipchart mitschreiben	
15:50 - 15:55	Moderations-Methoden für Gesprächsleitung: Kartenabfrage und Cluster erstellen	 Moderationswand, -karten (groß für Clusterüberschriften, klein für Karten selbst), -pins	F
15:55 - 16:00	Zurufliste	Flipchart	E
16:00 - 16:05	Punktabfrage (Ein- und Mehrpunktabfrage)	Klebepunkte + Moderationswand mit Kärtchen	F
16:05 - 16:10	Mindmap	Flipchart oder (leere) Moderationswand	E
16:10 - 16:15	Pause: 5 Minuten		
16:15 - 16:55	Brainstorming: • was glauben Sie (nach diesem heutigen Tag) zu können? • was brauchen Sie noch von uns, um Ihre Aufgabe erfüllen zu können? - Lösungsideen sammeln (mit Hiwi-Moderator, der pro "Problemlösung" wechselt)	Aufgabe und Ankündigung der wechselnden ModeratorInnen auf Flipchart	F E & F Gesprächsprozess beobachten und Feedback geben
16:55 - 17:00	Organisatorisches: • weiterer Termin für Sammlung der Aktivierungs-Ideen (mit E & F als GL-Beobachterinnen) zu finden? • Sonst Fragen, Rückmeldungen? • Verabschiedung		E & F

Zusatz-Module:

• Redehandlungen identifizieren
   o Basisformen nach Bose, Gutenberg: Vermittlung mündlicher Kompetenz in der Lehrerbildung,In: Skript zur Vorlesung "Einführung in die Sprechwissenschaft und Sprecherziehung" S. 122: Argumentieren, Informieren, Erzählen, Unterhalten

• Rollenspiel (Lehmann, S. 96 - 101):
   o Interventionsmöglichkeiten
   o Möglichkeiten, zurück zum Thema zu führen
   o Möglichkeiten, Streit zu schlichten/Kontroversen zu begegnen

• Blickkontakt! (Geißner, Leuck, Schwandt, Slembek, S. 44f.)

Entwicklungslabor Akademische Beredsamkeit, Anhang 23

Extra Termin:

	Gesprächsverlaufssoziogramm GVS erklären Trockenübung		
	erste Ideen für Aktivierung der Studierenden sammeln (mit Hiwi-Moderator/GL, der pro Problemlösung wechselt, einer/m GVS-Protokollierenden und Trischler/Baltes geben Feedback zur GL)		
evtl. auch nach Feedbackworkshop?	Aushändigen und Besprechung des Zwischenberichts, so dass Hilfskräfte in das Projekt eingebunden sind!		

Workshop Gesprächsleitung für studentische Hilfskräfte 2. Teil, geplant für den 09. Oktober 2009, 13:00 – 16:30 Uhr

wann?	was?	Medien/Hilfsmittel	wer?
13:00 - 13:02	Begrüßung (Eva und Franziska sind heute insbesondere: Beobachterinnen und Rückmelderinnen)		E & F
13:02 - 13:05	Einführung: Ablauf mit Pausen vorstellen	Flipchart	F
13:05 - 13:25	Haltungen und Aufgaben Gesprächsleiter zusammentragen	Handout	E (das Diagramm macht F)
13:25 - 13:35	Kurze gemeinsame Wiederholung der Moderationsmethoden	Handout	E moderiert an, F beantwortet evtl. Fragen
13:40 - 14:00	Strukturierungsübungen: welches Essen hättet ihr gerne heute abend? - 1 Moderator moderiert und clustert	Kärtchen, Modwand, Flipchart etc.	F
	zunächst Ziel (Zwecksatz) klären, dann Moderationsmethoden überlegen und entscheiden, wer die Rolle des Moderators übernimmt	Flipchart mit Fragestellung	
	zuvor jeweils gemeinsam klären: worauf ist zu achten? Welche Methode anwenden? Die viell. verändern? am Schluss Feedback zur Moderation		
14:00 – 14:25	a) Reflexion zum Feedbackseminar b) Wie jetzt weiter damit umgehen?	Flipchart mit Fragestellung	E
14:25 - 14:35	Pause: 5 Minuten		
14:35 - 15:15	a) Interaktionsrecherche zusammentragen b) Ergibt sich daraus etwas Neues? c) Anhaltspunkte für Hiwi-Vorgehen?	Flipchart mit Fragestellung	F & E

Entwicklungslabor Akademische Beredsamkeit, Anhang 23

	zunächst Ziel (Zwecksatz) klären, dann Moderationsmethoden überlegen und entscheiden, wer die Rolle des Moderators übernimmt		
15:15 - 16:00	a) Was wollen wir machen mit unseren Stunden? b) erste Ideen für Aktivierung der Studierenden sammeln	Flipchart mit Fragestellung	E
	zunächst Ziel (Zwecksatz) klären, dann Moderationsmethoden überlegen und entscheiden, wer die Rolle des Moderators übernimmt (evtl. mehrere Moderatoren, die pro Problemlösung wechseln, Trischler/Baltes geben Feedback)		
16:00 - 16:15	a) Termin für Treffen im Semester finden	Flipchart mit Fragestellung	E
	zunächst Ziel (Zwecksatz) klären, dann Moderationsmethoden überlegen und entscheiden, wer die Rolle des Moderators übernimmt		
16:15 - 16:30	Organisatorisches: Feedback zum Nachmittag	Flipchart mit Fragestellung	F
	zunächst Ziel (Zwecksatz) klären, dann Moderationsmethoden überlegen und entscheiden, wer die Rolle des Moderators übernimmt		
	Verabschiedung		E & F

Erfahrungsbericht Andrei Macavei

Ich habe in dem Projekt ELAB gerne gearbeitet und vieles gelernt, nicht nur von meinen Kolleginnen und Kollegen, sondern auch von meinen Kommilitoninnen und Kommilitonen. Meine Erwartungen gegenüber den Mitstudierenden waren am Anfang sehr groß, im Nachhinein sind sie allerdings ein wenig geschrumpft. Ich hätte mir manchmal mehr Engagement von den Studierenden gewünscht. Die Hoffnung habe ich aber nicht verloren. Für die guten Ergebnisse und die angenehme Zusammenarbeit bin ich dankbar. Einen großen Dank an die Kursteilnehmer, an das engagierte Team und an die Projektleitung, die das ganze ermöglicht hat.

Erfahrungsbericht Andreas Frank

Als wir unsere Arbeit für das Entwicklungslabor Akademische Beredsamkeit begannen, freute ich mich auf die Zusammenarbeit mit den Student/inn/en. Gleichzeitig war ich aber auch der Meinung, dass die Aktivierung der Student/inn/en eine schwierige Aufgabe werden würde. Umso überraschter war ich, als sich bei unseren Gesprächen schnell Ideen für eine aktivere Teilnahme an der Vorlesung ergaben. Viele der erstellten Konzepte basieren damit auf Wünschen und Anregungen der Student/inn/en. Ich bin daher guter Dinge, dass sie die Aktivierungsmethoden positiv aufnehmen und – vielleicht mit etwas Hilfe seitens der Dozent/inn/en – diese auch in die Tat umsetzen werden.

214

Entwicklungslabor Akademische Beredsamkeit, Anhang 24

Erfahrungsbericht Dragana Spahic

Meine Erfahrung in den Studentengesprächen:
Dass die Aufgabe, die uns gestellt wurde keine Einfache ist hab ich zwar gewusst, aber, dass sie so anspruchsvoll ist hätte ich dann doch nicht gedacht. Diese Aussage bezieht sich vor allem auf die Versuche, von den Kommilitonen ein konstruktives Feedback zu bekommen. Auf die Frage, ob sie als Studenten Verbesserungsbedarf in der Vorlesung sehen, kam sehr oft die gleiche Antwort: Es ist doch alles wunderbar so, wie es ist. Wird man stets mit diesem einen Satz konfrontiert, so ist es sehr schwer da noch was anderes herauszukitzeln. Daher war diese teilweise Trägheit meiner Mitstudenten sich etwas gründlicher mit der gestellten Frage zu beschäftigen, demotivierend. Erzählte man von dem Projekt ELAB wurde man manchmal sogar nur mit großen ungläubigen Augen angeschaut. Dies alles hätte frustrierend sein können, wenn es nicht die paar Leute gegeben hätte, die mir mit ihrem offenen Ohr und ihren ehrlichen Antworten geholfen hätten.

Erfahrungsbericht Katrin Altmaier

Mitarbeit am Projekt: Entwicklungslabor Akademische Beredsamkeit
Über meine Mitarbeit als studentische Hilfskraft am Projekt „Entwicklungslabor akademische Beredsamkeit" möchte ich zunächst sagen, dass es mich sehr interessiert hat, mir sehr viel Spaß bereitet hat, ich gerne mitgearbeitet habe und viel daraus gelernt habe.
Als sehr gewinnbringend und hilfreich empfand ich die, der Projektarbeit vorausgehenden, Workshops mit Franziska und Eva. Es war sehr schön sich im Team kennenzulernen und darüber hinaus sehr lehrreich – auch für mein Leben außerhalb des Projektes.
Zu Beginn der eigentlichen Arbeit gab es jedoch „Startschwierigkeiten", die daran lagen, dass ich zunächst nicht so ganz wusste, was von mir erwartet wurde. Dies lag jedoch wohl daran, dass auch innerhalb der Projektleitung und den Projektmitarbeitern Unsicherheit über den weiteren Verlauf bestand. Auf Grund der sehr engagierten, motivierten und motivierenden Arbeit von Eva Baltes und

sich nach und nach heraus zu kristallisieren, in welche Richtung wir studentischen Hilfskräfte gehen wollten und sollten.

Der Versuch zunächst mit allen studentischen Hilfskräften (Juristen und Germanisten) zusammen zu arbeiten scheiterte jedoch. Dies lag nicht an der Arbeitsmoral oder Teamfähigkeit der einzelnen Teammitglieder, sondern vielmehr an der Planlosigkeit über das weitere Vorgehen, die zunächst herrschte, und dann, bei allmählicher Überwindung der Planlosigkeit, an der Unvergleichbarkeit der beiden Fachrichtungen und Vorlesungen, um die es vorrangig zunächst in dem Projekt ging (Vorlesung von Prof. Weth und Prof. Gutenberg/ Jura und Germanistik).

Der Entschluss, der darauf folgte, in „Fachrichtungs-Teams" zu arbeiten und sich dann immer wieder auszutauschen, war konsequent und hilfreich.

Ein erneuter sinnvoller Einschnitt war der „Kreativtag" mit Franziska und Eva an einem Samstag im Dezember. Hier entwickelten wir endlich die Ideen zu den Konzepte, die wir danach erstellten.

Die danach folgende Arbeit an den Konzepten war leider nicht ganz so, wie ich sie mir erhofft hatte, da nicht alle studentischen Hilfskräften die Arbeit gleich ernst nahmen, und so manche Arbeit an einem Konzept nur an einer Person hängen blieb.

Auch hätte ich mir im Nachhinein mehr Feedback zu den Konzepten gewünscht. Die Bewertung, die unter den studentischen Hilfskräften stattfinden sollte funktionierte leider nicht.

In Bezug auf die Reaktion von Seiten der Studenten, an denen gewisse Konzepte „ausprobiert" wurden, kann ich nur begrenzt etwas sagen.

Relativ zu Beginn der Mitarbeit an dem Projekt wurden von Andreas Frank und mir jeweils mit kleinen Gruppen einzeln Interviews durchgeführt.

Leider meldeten sich nur wenige Kommilitonen und Kommilitoninnen als freiwillige Interviewpartner.

Diejenigen jedoch, die sich meldeten, waren sehr hilfreich in ihren Antworten Von mir wurden zunächst ein paar Leitfragen an die Interviewpartner per Email versendet, die sie sich anschauen sollten und ein paar grobe Leitgedanken dazu formulieren sollten.

Zu Beginn und auch im Verlauf des Interviews merkte ich, dass sich alle, bis auf Einen, die Leitfragen durchgelesen hatten und sich bereits Gedanken gemacht hatten. Dies gab uns einen positiven Ansporn und erleichterte das Interview

Entwicklungslabor Akademische Beredsamkeit, Anhang 24

Leider trafen wir (die studentischen Hilfskräfte) jedoch auch auf Unverständnis und Ungeduld von Seiten unserer und Kommilitoninnen. So kam bereits nach unserer dritten Bitte um Kommilitonen Mitarbeit keinerlei Verständnis auf oder Mitarbeit zustande.